# 백년식사

· 대한제국 서양식 만찬부터 K-푸드까지 ·

백년식사

1876~2020 ── 주영하 지음

나는 한국전쟁이 끝난 뒤 태어난 베이비붐 세대다. 압축성장이 막 시작
되었을 때 태어나 사이다와 콜라를 맛보았고, 학교에서 〈국민교육헌장〉
을 누구보다 빨리 외워 식빵을 상품으로 받기도 했고, 1972년 무렵에는
점심시간에 흰쌀밥 도시락인지 잡곡밥 도시락인지 검사를 받은 적도
있었다. 2016년 가을, 대학원 수업에서 이런 이야기를 했더니 학생들이
눈을 동그랗게 뜨고 신기해했다. 결국 그날 수업은 '나 때는 말이야'로
시작해서 내내 그 시절 이야기로 이어졌다. 그때 학생들이 보인 반응을
되돌아보면 그들에게 나의 1960~1970년대 경험은 하나의 역사였다.

나와 동년배인 일본의 민속학자 야노 게이이치(矢野敬一)는 오늘날 일
본 사회와 문화를 알기 위해서는 1950~1960년대를 이해해야 한다고
주장했다. 그는 많은 일본인의 마음속에 있는 '주부의 맛', 곧 '어머니의
맛'은 패전 이후 일본이 경제 회복을 한 1950년대 중반부터 1960년대
에 형성된 것이라는 사실을 밝혀냈다. 1964년 도쿄올림픽은 전후 일본
의 경제 회복을 보여준 계기였다. 그즈음 일본 사회는 도시는 물론이고
농산어촌에서까지 산업화가 진행되고 있었다. 당시 도시와 농산어촌의
가정에서는 공장에서 생산된 일본식 조미료를 널리 사용했고, 그것이

바로 '어머니의 맛'을 만들어냈다는 것이다.

한국도 마찬가지다. 한국전쟁이 끝나고 1960년대와 1970년대에 본격적인 경제개발이 이루어지면서, 인류의 식생활 문화를 혁신적으로 바꾼 통조림과 냉장고가 가정의 부엌에 등장하기 시작했다. 한국의 식품산업도 1960년대 중반부터 1980년대 중반까지 현대화의 기반을 다졌다. 이 시기, 한국의 중산층 가정에서는 '전업주부'인 어머니가 항상 부엌을 지켰다. 그런데 그 어머니의 부엌에는 본인이 직접 담근 간장·된장과 함께 공장제 양조간장과 설탕, 그리고 공장제 조미료가 한 자리를 차지하고 있었다. 당시 어머니의 손맛은 당신들의 어머니에게 배운 요리법과 식생활 개선을 위한 강습회에서 익힌 요리법, 여기에 재래식 간장·된장과 공장제 조미료가 결합한 결과물이었을지 모른다.

1980~1990년대 초반, 경제성장에 따른 생활양식의 변화로 대도시 가정에서는 간편하고 빠르게 만들어 먹을 수 있는 인스턴트 식품의 소비가 늘어났다. 특히 인기 있던 인스턴트카레로 만든 카레덮밥은 '어머니의 맛'으로 여겨지며 지금까지도 대표적인 가정식으로 손꼽히고 있다. 가수 신해철(1968~2014)이 1992년에 발표한 노래 〈도시인〉에 나오는 "아침엔 우유 한 잔, 점심엔 패스트푸드"를 먹는 한국인도 1990년대 초반에 대도시에서 등장했다. 그리고 다시 한 세대가 지난 2010년대 중반부터 '집밥' 요리 방송 프로그램이 사람들의 시선을 사로잡았다. 하지만 이 '집밥'은 1960년대 이후 생산이 늘어난 각종 공장제 조미료가 들어가야 제맛이 난다.

이 책의 제목은 《백년 식사》이지만, 다루는 시기는 조선이 외국에 문을 열기 시작한 강화도조약이 체결된 1876년부터 코로나19로 인해 마스크를 쓰지 않으면 사람들을 만나기조차 두려운 2020년 상반기까지의 145년 동안이다. 대한제국의 서양식 만찬부터 최근의 K-푸드에 이르기까지 짧지 않은 시간에 한국인이 영위해온 식생활의 세계사적 변화 양상을 책에 담으려고 애썼다.

나는 이 책을 2020년에 생겨난 '코로나 세대'에게 바친다. 이 책에 담긴 이야기는 그들에게 '경험'보다는 '옛날이야기'로 다가갈 수도 있다. 좀 장황하고 지루하더라도 한 번쯤 귀 기울여주기를 부탁한다. 그래야 지금 여러분의 식탁 위 음식이 어떤 역사적 과정을 거쳐 왔는지를 알 수 있기 때문이다. 자! 이제부터 음식인문학자 주영하의 '라떼는 말이야!'를 시작한다.

2020년 가을,
여느 해와 달리 유난히 맑고 높고 푸른 하늘을 바라보며
주영하

백년식사

차례

세계 식품체제의 형성과
한반도 편입의 역사


## 멕시코 출신 아보카도가 한국에 오는 세상

요사이 '아보카도(avocado)'라는 열대 과일을 넣어 만든 음식을 한국인의
식탁에서도 자주 보게 된다. 그중 손쉬운 요리는 아보카도 달걀 비빔밥
이다. 인터넷을 검색하면 아보카도 명란 비빔밥의 레시피도 나온다. 아
보카도의 원산지는 멕시코·칠레·도미니카·페루·콜롬비아·브라질·과
테말라 등 중앙아메리카지만, 1980년대 이후 소비량이 증가하면서 인
도네시아·미국·케냐를 비롯해 세계 각지에서 생산되고 있다. 이처럼
아보카도 생산지가 널리 퍼졌음에도 아직까지 멕시코가 전 세계 아보
카도의 3분의 1을 생산하고 있다.[1]

아보카도가 한국에 들어온 정확한 시점을 알 수는 없지만, 1972년
2월 5일자 일간지에 실린, 냉동 아보카도의 수입 관세율을 21퍼센트 인
하한다는 기사가 아보카도의 한국 상륙을 확인할 수 있는 비교적 이른
시기의 자료다.[2] 그러나 당시 한국인 중에서 아보카도를 아는 사람은
드물었다. 1980년대 후반 수입 아보카도는 대형 호텔의 음식점에서 초
밥 요리로 판매되었지만 큰 인기를 얻지는 못했다.

그런데 1990년대 후반 미국에서 아보카도가 대표적인 다이어트 식

품으로 인기를 끌면서 한국에까지 알려졌다. 2010년 이후 한국의 아보카도 수입량은 급증했다. 2008년 아보카도 수입액은 200만 달러, 수입량은 500톤이었다. 그런데 2017년이 되면 2008년에 비해 수입액은 15배인 3,000만 달러, 수입량은 12배인 6,000톤으로 늘었다.[3]

한국의 대형 마트 과일 코너에는 아보카도 외에도 바나나·오렌지·자몽 등 다양한 열대 과일이 진열되어 있다. 정월대보름 무렵에는 '부럼'으로 미국산 혹은 중국산 호두가 판매된다. 포장 식품과 음식점의 메뉴, 심지어 재래시장과 오일장의 곡물과 채소 판매대에서도 외국산이라는 표지를 쉽게 볼 수 있다.

## 국제적인 식품체제의 역사

음식의 역사를 정치·경제학적 측면에서 연구하는 학자들은 이러한 현상을 국제적인 '식품체제(food regimes)'가 구축되면서 나타난 결과라고 본다.[4] 국제적인 식품체제는 1870년 이후 세계 자본주의의 발전 과정에서 형성되었다. 이때부터 영국인은 멀리 떨어진 외국에서 공급되는 식량에 의지하기 시작했다. 국제적인 식량 교역은 세계 각지의 농민과 식량 소비자를 새로운 방식으로 서로 연결했다. 프랑스 사회학자 앙드레 마냥(André Magnan)은 세계 식품체제의 역사를 이렇게 세 시기로 나눈다.[5]

제1차 시기는 1870~1914년 사이로, 아메리카대륙의 밀과 고기가 유럽에 수출되고 유럽의 공장제 생산품이 아메리카대륙에 수출되는 양상의 식품체제다. 미국은 이 시기에 자국의 농축산물을 상품화했다. 제2차 시기는 제2차 세계대전 종전 이후 미국 정부가 남아도는 곡물을 일본·한국·타이완·인도 등의 국가에 무상 원조하면서 정치적·군사적 관계를 강화한 식품체제다. 이후 콩과 옥수수 같은 미국의 잉여농산물은 동물의 사료로 쓰였고, 이를 계기로 공장제 축산업이 시작되었다. 1970년대 이후 개발도상국의 축산업은 초국가적 곡물상과 사료 가공 업체가 공급하는 사료에 의지했다. 제3차 시기는 초국가적 슈퍼마켓 체인들이 세계 식품 유통을 장악하면서 구축된 식품체제다. 이 식품체제는 지금도 진행 중이다.

**한국인의 식생활을 이해하기 위한 여섯 가지 키워드**

이 책은 19세기 말부터 21세기 초반까지 한국인의 식생활이 어떻게 변화했는지를 다루는 데 목적이 있다. 145년 동안 이루어진 한국인의 식생활을 본격적으로 다루려면 책 한 권으로 부족할지 모르지만, 여기서 나는 세계 식품체제의 형성과 한반도 편입이라는 프레임을 적용해 한국사의 주요 시기에 이루어진 한국인의 식생활과 세계 식품체제와의 접점을 집중적으로 살펴보려고 한다.[6]

이 프레임을 구성하는 키워드는 여섯 가지다. 1876년부터 대한제국 시기의 '개항', 1910년부터 1937년까지의 '식민지', 1938년부터 1953년까지 태평양전쟁과 한국전쟁을 아우르는 '전쟁', 한국전쟁 이후 1970년대까지의 '냉전', 한국인이 경제성장의 결과를 맛보기 시작한 1980년대와 1990년대의 '압축성장', 그리고 1990년대부터 지금까지 진행되고 있는 '세계화'가 그것이다.

나는 오늘날 한국인이 소비하는 음식은 대부분 이 여섯 가지 키워드를 관통하면서 구축되었다고 본다. 개항·식민지·전쟁·냉전·압축성장의 다섯 시기는 한반도가 세계 식품체제에 편입되어가는 과정이었다. 그러나 1990년대 이후 세계화가 전면화되면서 한국에서 생산된 식품과 음식이 다른 나라에 전파되기 시작했다. 영화 〈기생충〉이 2020년

2월 10일 미국의 제92회 아카데미 시상식에서 작품상·감독상·각본상·국제장편영화상을 받자 뉴요커(New Yorker)들 사이에서 '채끝 짜파구리' 먹기가 유행이었다. 그들이 그 음식을 먹을 수 있었던 배경에는 이미 한국이 세계 식품체제의 한 축을 이루고 있었기 때문이다.

오늘날 한국인이 소비하는 음식 중에는 개인과 공동체의 취향에 따라 좋은 음식도 있고 나쁜 음식도 있다. 개인과 공동체가 판단하는 음식의 취향은 주관적일 수밖에 없지만, 또 다른 측면에서 보면 그것은 역사의 산물이기도 하다. 나는 이 책에서 여섯 가지 각기 다른 안경을 그때그때 바꾸어 끼면서, 지난 145년 동안 한국인이 영위해온 식생활의 역사를 살펴보려 한다.

# 1부

# 개항의 식탁

---

## 이국 음식과 만남

## 개항, 나라의 문을 열다

개항(開港)은 외국과 통상하기 위해 항구를 개방한다는 말이다. 그러나 19세기 중·후반 중국과 일본에서 이루어진 개항은 엄밀히 말하면 서양 열강이 불평등조약을 맺고 강제로 특정 항구를 개방한 일을 가리킨다. 불평등조약에 의해 개항된 항구를 조약항(treaty ports)이라고도 부른다.

영국은 1842년 제1차 아편전쟁 이후 중국과 불평등조약을 맺고 홍콩을 자국의 영토로 삼았다. 미국은 1854년 일본을 협박해 시즈오카현(静岡県)의 시모다(下田)와 홋카이도(北海道)의 남부에 있는 항구 하코다테(函館)를 조약항으로 얻었다.

서양을 흉내 낸 일본은 1876년 조선과 강화도조약을 체결하고서 일본 상인에 대한 치외법권을 인정하는 개항장으로 부산·인천·원산을 확보했다. 일본은 자국 식품은 물론이고, 서양에서 수입한 식품을 관세를 내지 않고 조선에 수출했다.

조선은 1882년 5월 22일 미국과, 1883년에 독일 및 영국과, 1884년에 러시아 및 이탈리아, 그리고 1886년에 프랑스와 수호통상조약을 체결했다. 조약 체결 후 서양의 외교관·선교사·여행가·상인 등이 중국이나 일본을 거쳐 조선의 개항장에 도착했다.

## 서양인의 조선 여행

그들 중에는 귀국 후에 조선 방문의 경험을 여행기로 집필해 책을 낸 사람도 적지 않았다. 서양인이 집필한 조선 여행기에는 '은둔의 나라(the hermit nation)',[1] '금단의 나라(ein verschlossenes Land)',[2] '고요한 아침의 나라(the land of the morning calm)'[3]라는 제목이 붙었다. 그들에게 조선은 중국과 일본보다 덜 알려진 나라였다.

조선을 방문한 서양인들은 이국에서의 식사를 걱정해 필요한 식품을 직접 싸가지고 왔다. 1888~1889년에 조선을 여행한 프랑스 여행가이자 지리학자 샤를 루이 바라(Charles Luois Varat, 1842~1893)는 프랑스를 떠나면서 와인을 비롯해 보르도(Bordeaux) 항구 근처의 공장에서 만든 푸아그라(foie gras) 통조림[4]까지 챙겨 왔다.[5] 하지만 조선 음식을 먹는 데 주저하지 않은 서양인도 있었다.

왕실(혹은 황실)과 관청의 관료들은 서양인들을 따뜻하게 맞이했다. 서양인들은 젓가락질이 서툴렀지만 이국의 음식 문화에 적응하려고 애썼다. 낯선 조선 음식을 대하는 그들의 어색한 분위기를 눈치챈 '동방예의 지국(東方禮儀之國)' 사람들은 서양인 요리사를 초빙해 서양 손님에게 서양 음식을 대접했다.

## 조선인의 외국 여행

조선 왕실은 1897년 10월 12일 통치체제를 황제 중심의 전제군주제로 바꾸고 국가의 이름을 대한제국(大韓帝國)으로 바꾸었다. 대한제국은 나름의 근대화 정책을 펼쳤지만, 국제 정세의 악화와 경제력 약화로 1910년 8월 29일 국권을 잃었다.

조선의 관료 중에는 바람 앞의 등잔불 같은 나라를 구하기 위해 미국·영국·프랑스·독일·러시아 등지를 종횡으로 다닌 사람도 있었다. 비록 외세의 힘을 빌렸지만, 제물포(지금의 인천)에서 서울까지 철로가 놓이고, 서울에 전기가 들어오고, 중심가에는 자동차도 다녔다.

개항으로 인해 조선인은 서양인뿐만 아니라, 서양의 근대적 물산과도 만나게 되었다. 북아메리카와 유럽을 여행한 몇몇 조선인은 서양 음식을 먹을 때 나이프·포크·스푼을 사용하는 데 익숙지 않아 고생했다. 그러나 서양식 식사에 대한 생소함도 오래 가지 않았다.

1896년 학부(學部, 지금의 교육부)에서는 영국인 중국학자 존 프라이어(John Fryer, 1839~1928)가 중국인들을 위해 서양 예법을 중국어로 간략하게 정리한 《서례수지(西禮須知)》(1886)를 한문으로 편역해 출판했다. 이후 이 책을 1902년 학부에서 다시 한글로 번역하여 《서례슈지》라는 이름으로 펴냈다. 이 책에는 나이프·포크·스푼의 사용법을 비롯해 서양인과의 교제 예법이 소개되어 있다.[6] 이 책의 독자가 얼마나 되었는지 확인할 수 없지만, 조선의 관리와 상류층에게는 필독서였을 것이다.

1898년에 편찬된 《대한예전(大韓禮典)》은 대한제국의 국가 전례를 담은 예서로, 그중 황실에서 서양식 연회를 할 때 참석자의 좌석 배치 규칙을 그림으로 그려 설명해놓은 부분도 있다.[7] 이 책을 통해 대한제국의 의전 담당 관리들이 서양식 연회의 좌석 배치 규칙을 익혀 실제로 실행했음을 알 수 있다.

**1**

# 미국인 조지 포크가
# 묘사한 조선 음식

## 포크, 보빙사의 조선어 통역을 맡다

미국인 조지 클레이턴 포크(George Clayton Foulk, 1856~1893)는 한반도 곳곳을 여행하면서 조선 음식을 먹었던 대표적인 외국인이다. 그는 1876년 미국 해군사관학교를 졸업하고 아시아 함대에 배속되었다. 해군 포크는 6년 동안 아시아 함대에서 근무하면서 함대가 자주 들른 일본 항구에서 일본어를 배웠다.

포크는 아시아 함대 복무 후 귀임하는 길에 시베리아 횡단 여행을 허락받아 1882년 6월 3일~9월 8일까지 해군 동료 두 명과 함께 일본 고베항에서 미쓰비시 증기선을 타고 나가사키(長崎)와 부산, 원산을 거쳐 블라디보스토크까지 가서 시베리아를 횡단했다. 부산과 원산 방문을 계기로 조선에 관심을 갖게 된 포크는 귀국 후 워싱턴 D.C.의 해군성 자료부에서 사서로 일하면서 일본어와 함께 조선어를 공부했다.[8] 마침 1883년 9월 15일 조선 정부의 미국 방문 외교단인 보빙사(報聘使)가 워싱턴 D.C.에 도착하자, 미국 정부에서는 포크에게 조선어 통역을 맡겼다.

이때 그는 보빙사의 대표였던 민영익(閔泳翊, 1860~1914)을 만났다. 보빙사 일행은 시찰 여행이 끝난 뒤 10월 12일 백악관을 예방했다. 이날 체스터 아서(Chester A. Arthur, 1829~1886) 미국 대통령은 보빙사 일행과 고별인사를 하면서 미국 함대 트렌턴(Trenton)호를 타고 대서양을 건너 유럽과 동남아시아를 거쳐 귀국하면 좋겠다는 제안을 했다.[9] 민영익은 그 제안을 받아들이면서 포크를 안내자로 동행하게 해달라고 요청했다. 민영익의 요청에 미국 정부는 포크를 조선 주재 미국 공사관 해군 무관으로 임명해 동행토록 했다. 민영익 일행은 12월 1일[10] 뉴욕항에서 출발해 유럽과 수에즈 운하를 거쳐 1884년 5월 31일 제물포에 도착했다.

조선에 도착한 포크는 민영익의 지원을 받아 1884년 9월 22일~10월 7일 사이에 서울을 떠나 파주·개성·강화도·수원·경기 광주를 거쳐 서울로 돌아오는 첫 번째 조선 여행을 했다. 포크의 두 번째 조선 여행은 11월 1일 서울에서 출발해 안성·천안·공주·전주·나주·담양·남원·해인사·진주·마산·부산·밀양·대구·상주·충주·이천을 거쳐 12월 14일에 서울로 돌아오는 여정이었다. 그는 매일 일기를 썼다.[11] 당시 권력의 중심에 있던 민영익의 지원이 있었기에 포크의 조선 여행은 아주 순탄했다. 그는 가는 곳마다 지방관들의 환대를 받았다.

1884년 11월 10일, 이날 포크는 전주에 도착했다. 당시 전라도 관찰사는 김성근(金聲根, 1835~1919)이었다. 포크는 일기에서 김성근을 감사(監司)라고 적었다. 김성근은 1883년 음력 2월부터 1885년 음력 1월 사이에 전라도 감사로 재직했다. 포크는 전주에 도착하자마자 김성근을 관아에서 만났다. 포크와 김성근은 각자의 나라 사정을 소개하는 대화를 나누었다. 포크는 김성근이 "조선의 음식 종류가 미국 음식보다 더 많은가? 미국은 조선만큼 좋은 나라인가?" 같은 질문을 받고 매우 황당했

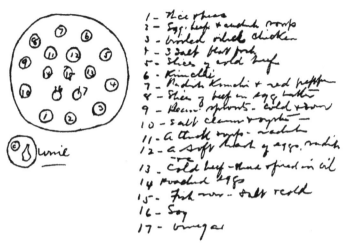

——— 조선 주재 미국 공사관 해군 무관 조지 포크가 1884년 11월 전주 감영에서 받은 식사 상
차림 그림.

| | |
|---|---|
| 1 | 콩밥 |
| 2 | 달걀과 소고기, 무가 들어간 국 |
| 3 | 닭구이 |
| 4 | 돼지고기구이 |
| 5 | 소고기 조각 |
| 6 | 김치 |
| 7 | 나박김치 |
| 8 | 달걀을 입힌 소고기 산적 |
| 9 | 콩나물무침 |
| 10 | 조개젓과 굴젓 |
| 11 | 무를 넣은 오리고깃국 |
| 12 | 꿩탕 |
| 13 | 숯불에 구운 고기 |
| 14 | 수란 |
| 15 | 생선으로 만든 젓갈 |
| 16 | 간장 |
| 17 | 초간장 |

——— 전주 감영에서 조지 포크에게
제공한 식사 상차림의 메뉴.

다고 일기에 적었다.[12]

## 가슴에 닿는 식탁

전주 감영의 숙소에서 포크는 이불을 여러 채 깔아 침대처럼 만든 잠자리에서 잠을 잤다. 다음 날 포크는 8시에 일어나서 9시에 이미 방에 들여다놓은 꿀·밤·감을 아침 식사로 먹었다. 10시가 되자 감사가 특별히 포크를 위해 식사를 보내왔다. 포크는 음식이 차려진 상을 "가슴에 닿는 식탁(on a table reaching my breast)"이라고 일기에 적었다.[13] 또 포크는 자신이 받은 식사를 훌륭했다고 하면서 상차림을 일기에 그려놓았다.

포크는 오전 11시부터 전주 감영 안을 돌아다니며 사진을 찍었다. 그리고 감사와 대화를 나눈 다음, 함께 군인과 기생의 공연을 관람했다. 그 뒤 포크는 마루에서 호랑이 가죽 방석 위에 앉아 붉은색의 식탁, 즉 붉은 옻칠을 한 상을 받았다. 아마도 오후 3~4시쯤 되지 않았을까 추정되지만, 포크는 일기에 시각을 적지는 않았다. 포크는 붉은색의 상에 차려진 음식에 대해 일기에 이렇게 썼다.

"각 식탁 옆의 작은 식탁에는 화로가 달린 놋쇠 솥(a brass furnace pot)에

──── 포크가 "가슴에 닿는 식탁"이라고
묘사한 원반(圓盤). 소반보다 지름
이 두 배나 넓어서 많은 음식을 한
상에 차리는 일이 많았던 왕실이나
관청에서 주로 사용했다.

백년 식사

채소와 고기가 김을 내며 끓고 있었다. 내가 전에 적었던 요리와 비슷했지만, 하얀색, 갈색, 검은색, 노란색, 그리고 빨간색의 포슬포슬하고 달콤한 작은 떡을 쌓아올린 떡 더미가 놓여 있었다. 베르미첼리(vermicelli)는 주요리다. 국화 모양의 튀긴 모찌(mochi) 하나를 곁들여놓았다. 먹을 때 이것들을 꿀에 살짝 담근다. 작은 식탁에 와인도 한 병 놓여 있었다."[14]

첫 번째 음식은 화로가 달린 놋쇠 솥에서 채소와 고기가 끓고 있었다고 적혀 있다. 아마도 그 음식은 신선로(神仙爐)였을 것이다. 신선로는 본래 화로의 이름이지만, 그 속의 음식을 먹고 나면 신선이 된 듯하다는 뜻에서 음식 이름으로 불리게 되었다. 여러 어육과 채소를 색스럽게 넣어 끓인 신선로는 입을 즐겁게 하는 탕이라고 해서 '열구자탕(悅口子湯)'이라고도 불렸다. 열구자탕은 겨울철 왕실 연회에서 빠지지 않았던 고급 요리였다.

## 포슬포슬 작은 떡 더미와 조선식 파스타

두 번째 음식은 다섯 가지 색으로 꾸민 떡이다. 포크는 이것을 달콤하고 작은 떡이라고 적었다. 아마도 경단이었을 것이다. 경단은 찹쌀가루를 뜨거운 물에 반죽해 동그랗게 빚어서 끓는 물에 익힌 다음, 콩·팥·깨·대추·계피 등 색깔이 서로 다른 재료로 고물을 묻혀 만든 떡이다. 포크가 '포슬포슬한(notched)'이라고 표현한 이유는 고물 때문이었을 것이다. 그 색깔도 다섯 가지로 맞추었으니 '오색경단'이 아니었을까?

세 번째 음식은 '베르미첼리'이다. 포크는 이 음식이 '주요리(the chief dish)'라고 적었다. 그런데 정말로 포크가 베르미첼리를 먹었던 것일까? 베르미첼리는 파스타의 한 종류로, 스파게티보다 면발이 좀 더 가늘다. 1884년 11월에 전라도 감영에서 포크에게 제공한 음식이 파스타일 리

——— 포크가 "포슬포슬하고 달콤한 작은 떡 더미"라고 묘사한 경단.

는 없다. 포크는 전날 김성근을 만나 자신이 전주에 오기 전에 '베르미첼리'를 먹어봤다고 했다.[15]

포크가 먹었던 '베르미첼리'는 아마도 면발이 가는 국수로, 당시 조선의 왕실과 관청에서 연회 음식으로 마지막에 제공했던 메밀국수일 가능성이 크다. 요사이야 메밀국수 하면 물냉면이 떠오르겠지만, 당시 왕실 연회에 오른 메밀국수는 조선간장으로 비빈 비빔냉면이었다. 비빔냉면은 메밀국수에 여러 가지 재료가 한데 섞였다는 뜻에서 골동면(骨董

麵)이라고도 불렸다.

　포크는 이 메밀국수 위에 "국화 모양의 튀긴 모찌" 하나가 있었다고 적었다. 포크는 떡을 일본어 '모찌'라고 했다. 이것은 국화전인 듯하다. 국화전은 찹쌀가루를 뜨거운 물에 반죽해 동글납작하게 빚어 그 위에 국화 꽃잎을 붙인 후 기름에 지져낸 떡이다. 포크는 국화전과 비빔냉면을 꿀에 살짝 담가서 먹었다고 일기에 적었는데, 먹는 방법이 이상하다. 조선 후기의 왕실 상차림에서 꿀은 경단 같은 떡을 찍어 먹을 수 있도록 곁들여 내는 소스였다. 포크의 착각이 아니었을까?

　포크의 일기에는 전주뿐만 아니라 공주 등 여러 지역의 음식 이야기와 조선 사람들의 삶에 관심을 기울인 대목이 곳곳에 나온다. 포크는 여행 후에 대리공사를 지내면서도 조선에 대해 각별한 애정을 가지고 공무를 처리했다. 1887년 9월 7일, 그는 그동안 편지로 사귀었던 일본인 무라세 카네(村瀬かね, 1858~1936)와 결혼하면서 이후 조선을 떠나 일본에서 살았다. 조선을 떠날 때부터 건강이 좋지 않았던 포크는 1893년 아내와 함께 후지산(富士山) 근처의 온천 휴양지 하코네(箱根)에 머물다가 등산 도중 행방불명되어 다음 날 주검으로 발견되었다.[16] 당시 그의 나이는 만 37세였다.

**2**

# 김득련이 세계 일주 중에 먹은
# 서양 음식

## 야만적인 나이프와 포크

1883년 미국을 방문했던 보빙사의 대표였던 민영익은 조선인 최초로
세계 일주를 한 인물이다. 최초의 미국 유학생 유길준(兪吉濬, 1856~1914)에
이어 세 번째로 세계 일주를 한 사람은 민영환(閔泳煥, 1861~1905)이다. 민
영환은 1896년 5월 26일 상트페테르부르크에서 열릴 예정인 러시아의
마지막 황제 니콜라이 2세(Aleksandrovich Nikolai II, 1868~1918)의 대관식에 대
한제국을 대표하는 특명전권대사(特命全權大使)로 임명되어 세계 일주를
할 기회를 얻었다. 민영환을 수행했던 사절단에는 조선인 최초 일본·미
국 유학파로, 영어 통역을 맡은 수행원 윤치호(尹致昊, 1866~1945), 중국어
통역관 김득련(金得鍊, 1852~1930), 러시아어 통역관 김도일(金道一), 민영환
의 비서(從人) 손희영(孫熙榮), 그리고 조선 주재 러시아 공사관의 통역관
예브게니 페도로비치 스테인(Evgenii Fedorovich Stein) 등이 포함되었다.

민영환 일행은 1896년 4월 1일 서울을 출발해 제물포에서 러시아 군
함을 탔다.[17] 다음 날 오전 10시에 드디어 군함은 제물포항을 떠나 상

───── 러시아 모스크바의 조선 사절단. 앞줄 왼쪽부터 김득련, 윤치호, 민영환, 불란손(러시아
외무 관리), 파스코프(러시아 무관), 뒷줄 왼쪽부터 김도일, 스테인, 손희영이다.

하이로 향했다. 당초 민영환 일행은 상하이에서 프랑스 기선을 타고 홍
콩과 수에즈 운하를 거쳐 러시아로 갈 계획이었다. 그러나 프랑스 배의
표를 구하지 못해 어쩔 수 없이 태평양을 관통하는 영국 기선을 타게
되었다.

4월 11일 오전 11시에 영국 기선은 민영환 일행을 태우고 일본 나가
사키로 향했다. 난생 처음 기선에 탄 김득련은 그 감상을 〈양식을 먹으
면서 재미 삼아 짓다〉라는 한시로 표현했다.

"상보 깔린 긴 식탁엔 메뉴판 펼쳐져 있고, 우유와 빵이 눈앞에 쌓여
있네. 수프, 고기, 생선, 샐러드 차례로 나오고, 나이프·포크·스푼·접시

번갈아 사용하네. 제철 아닌 진귀한 과일 유리그릇에 올라오고, 여러 가지 술이 유리잔에 가득하네. 식사 끝에 커피 나와 마신 다음, 긴 회랑을 산책하며 담배 피우네."[18]

이 시만 보면 민영환 일행은 전형적인 서양식 정식을 먹었던 것 같다. 그것도 나이프·포크·스푼을 사용하면서 말이다. 1896년이면 서양인들이 서울에 제법 많이 살고 있었다. 특히 프랑스계 독일인 앙투아네트 손탁(Antoinett Sontag, 1854~1925)은 1885년 여름에 서울에 와서 1895년에 지금의 이화여고 자리에 일명 손탁호텔을 운영하면서 손님들에게 서양음식을 제공했다.

그러나 중국어 통역관 김득련은 영국 기선의 식당에서 제공한 양식이 매우 어색했을 것이다. 윤치호가 영문으로 번역한 김득련의 한문 편지에는 앞의 한시와 달리 매우 적나라한 식사 장면이 나온다.[19]

"내가 서울을 떠난 후 겪었던 한 가지 고충은 외국 음식과 식사 매너에 익숙해지는 것이었다. 처음 며칠 동안 나는 아무것도 먹을 수 없었다. 야만적인 오래된 유물인 나이프와 포크로 입술을 베지 않고, 혀를 찌르지 않고, 고깃덩어리 따위를 옷 곳곳에 떨어뜨리지 않고, 나이프와 포크를 다루려면 상당한 숙달이 필요하기 때문이다."[20]

## "맙소사! 그것은 꿈이 아니었다"

숟가락과 젓가락이 아닌 나이프와 포크를 사용하는 식사는 요사이 한국인에게도 익숙지 않은 일인데, 120여 년 전 김득련은 오죽했을까? 식사 때의 또 다른 괴로움은 난생처음 잘 알지도 못하는 숙녀들 틈에 끼여 앉아서 식사하는 일이었다. 게다가 방이나 마룻바닥이 아닌 의자에 앉았으니 더욱 불편했을 것이다. 간신히 식탁에 자리 잡고 앉은 김득련

───── 민영환 일행이 탔을 것으로 추정되는 캐나다 태평양 기선회사(Canadian Pacific Steamship Company)의 기선 안에 마련된 일등석 식당.

에게 웨이터가 다가와서 프랑스어로 쓰인 메뉴판을 건네주었다.

"나는 메뉴판에서 무언가를 가리켰다. 웨이터가 웃으면서 뜨거운 커피 한 잔을 들고 돌아왔다. 나는 왼손에 나이프를 들고 있어서 오른손으로 설탕이라 생각되는 것을 한 스푼 떠서 넣었다. 커피를 잘 저어 맛있게 한 모금 마셨다. 그런데 내가 넣은 그 하얀 가루가 설탕이 아니라 소금이었음을 알아차렸을 때는 이미 너무 늦었다. 고개를 들자 의미심장한 눈길과 웃음이 감지되었지만 아무렇지도 않은 것처럼 행동했다. 그러고서 나는 이 곤경에서 벗어나는 가장 안전한 방법은 다른 사람을 따라 하는 것임을 깨달았다. 주변 사람들이 노르스름한 뭔가를 빵에 바르는 것을 보고, 나는 그것이 꿀이라 생각하고 한 덩어리를 집어 입에 넣었다. 맙소사! 그것은 꿀이 아니었다. 영어로 버터라고 부르는데, 나는 최근까지 어떤 버터도 다시는 먹지 않는다. 그래도 나는 꿀이라고 여겼던 것을 침착하게 삼키고, 심기일전해 메뉴판에서 한 번 더 다른 음식을 골랐다. 이번에는 다행히 웨이터가 꽤 괜찮은 음식 한 접시를 가져다주었다. (나중에 친구 아라이소가 핫케이크라고 알려주었다.) 정확히 그것이 무엇인지 알지 못했지만, 다른 사람이 소스를 뿌리는 것을 보고, 나도 소스, 소금, 그리고 후추를 뿌렸다. 나는 약간의 머스터드(mustard)로 양념을 마무리하려고 하는데, 식탁 맞은편의 공사(민영환)가 '김, 멈춰, 그건 케이크라네!'라고 했다. 다행히 사람들 대부분이 식탁을 떠났고, 나는 잘 양념된 케이크와 유명한 커피, 그리고 악명 높은 버터를 눈에 띄지 않게 두고 자리를 떴다.”[21]

## “양식만 먹던 끝에 우리 음식이 비위에 댕긴다”

기선은 나가사키·시모노세키(下關)·고베(神戶)를 거쳐 4월 16일 요코하마(橫濱) 항구에 정박했다. 민영환 일행은 요코하마에서 기차를 타고 도쿄(東京)에 가서 일본 주재 러시아 공사관에서 저녁 식사를 했다. 민영환은 “요리가 깨끗”[22]했다고 적었다. 그리고 조선 공사관에서 자고, 17일 아침 식사는 조선식으로 했다.

거의 16일 만에 먹는 조선 음식이었으니 얼마나 감격했을까? 민영환은 “양식만 먹던 끝에 우리 음식이 비위에 댕긴다”[23]고 적었고, 김득련은 〈우리 공사관에 머물러 하룻밤을 자며 서기 유찬에게 지어 보이다〉라는 한시를 지었다. “외국에서의 인연이란 본래 기약 못해, 등불 돋우며 이야기하다 보니 하룻밤이 짧구나. 아침밥까지 우리 식으로 지어주니 정말 고마워, 집에 있을 때보다 도리어 낫구나."[24]

그러나 이후 민영환 일행이 조선 음식을 맛보는 일은 5월 26일 상트페테르부르크의 대관식에 참석한 후 시베리아를 횡단해 10월 10일 블라디보스토크에 와서야 가능했다. 당시 블라디보스토크에는 조선인 마을이 있었는데, 10월 14일 오후 1시에 그곳에 가서 "반찬을 우리나라 방식으로 깔끔히 준비해서 배불리 먹고 돌아왔다."[25]

민영환 일행은 블라디보스토크에서 기선을 타고 부산을 거쳐 10월 20일에 제물포에 도착했다. 서울에서 민영환 일행을 맞이하기 위해 많은 사람이 제물포에 와 있었다. 그리고 다음 날 오후 6시에 민영환·김득련·김도일은 고종(高宗, 1852~1919, 재위 1863~1907) 황제에게 러시아 황제의 회답 친서를 바치고 귀국 보고를 했다. 민영환은 "이번 길은 무릇 7개월이 걸렸는데 8개국(실제로는 중국·일본·캐나다·미국·아일랜드·영국·네덜란드·독일·폴란드·러시아·몽골의 11개국)을 거쳤고, 6만 8,365리를 두루 지났다"[26]고 적었다.

# 엠마 크뢰벨이 서울에서 차린
# 프랑스식 코스 요리

## 황실찬사, 손탁

1885년 서울에 러시아 공사관이 개설되고, 초대 공사로 카를 베베르 (Karl I. Weber, 1841~1910)가 파견되었다. 베베르 부인의 언니 앙투아네트 손탁도 이때 함께 서울에 왔다. 손탁은 온화한 풍모와 단정하고 고운 미모를 지녔을 뿐 아니라, 영어·독일어·프랑스어·러시아어 등 외국어에도 능통했다.[27] 사교성이 뛰어났던 손탁은 베베르의 주선으로 왕실을 출입하면서 명성황후(明成皇后, 1851~1895)의 신임을 얻었다.

마침 서양인들의 방문이 잦았던 조선 왕실에서는 그들에게 서양 음식을 대접할 사람이 필요했고, 손탁을 적임자로 여겼다. 손탁은 기회를 놓치지 않고 고종과 명성황후에게 서양 사정과 음식을 소개했다. 1895년 10월 8일 명성황후가 시해를 당한 을미사변이 일어나자, 고종과 왕세자는 불안해하다가 그다음 해인 1896년 2월 11일 경복궁에서 러시아 공사관으로 거처를 옮겼다. 이 사건을 역사에서는 아관파천(俄館播遷)이라고 부른다. 러시아 공사관과 긴밀한 관계에 있던 손탁은 커피와 서

─────── 〈송탁 계약 해제 조건(宋卓契約解除 條件)〉, 손탁이 1900년 5월 13일부터 1909년 4월 23일까지 대한제국 황실의 서양 음식 총책임자인 '황실찬사(皇室餐師)'로 근무했음을 알려주는 문서다.

양 음식 등을 대접하며 고종을 극진히 모셨다.

이에 대한 감사의 표시로 고종은 손탁에게 러시아 공사관 출입문 왼쪽에 있던 왕실 소유의 방 다섯 칸짜리 벽돌 건물을 하사했다.[28] 손탁은 하사받은 집의 실내 장식을 서양식으로 바꾸고, 마룻바닥에는 양탄자를 깔았다. 그녀는 고종에게 올리던 프랑스식 요리를 자신의 집에 모인 서양인들에게도 제공했다. 1894년에 결성된 정동구락부[29]는 손탁의 집에서 모임을 가졌다.

1897년 10월 12일, 고종은 조선의 국호를 대한제국으로 바꾸고, 황제가 되었다. 1902~1903년에 이탈리아 공사로 서울에 머물렀던 카를로 로세티(Carlo Rossetti, 1876~1948)는 "황제의 수라상을 준비하는 일은 한국의 다른 어떤 공무보다 잘 조직이 되어 있는데, 이는 황제가 러시아 공사관에 피난했던 시절에 러시아 공사 부인의 시녀로 이후 유럽식 수석 요리사 자격으로 황제의 궁정에 머물게 된 알자스 지방 출신의 손탁이라는 여인 덕분이다"[30]라고 했다. 실제로 손탁은 1900년 5월 13일 대한제국 황실의 서양 음식 총책임자로 임명되었다. 그녀의 직책은 '황실찬사(皇室餐師)'였다.[31]

## 엠마 크뢰벨, 손탁을 대신하다

손탁은 1905년 봄부터 1년 동안 유럽 휴가를 계획하고 있었다. 고종 황제는 손탁에게 황실찬사 업무를 대신할 적임자를 구해놓고 떠나라고 명했다. 적임자의 조건은 서양 예법과 고급 음식 문화에 정통한 서양 여성이었다. 손탁은 마침 독일인 엠마 크뢰벨(Emma Kröbel, 1872~1945)이 남편과 같이 중국 칭다오(淸島)에 머물고 있음을 알고 그녀에게 1년 동안 자신의 일을 대신 맡아달라고 요청했다.[32] 보수 문제가 걸림돌이었는데, 그 문제가 해결된 이후 크뢰벨은 1905년 8월부터 1906년 7월까지 1년 동안 손탁을 대신해 황실찬사를 맡았다.

엠마 크뢰벨은 손탁의 대리 역할을 무사히 마치고, 독일로 돌아가 1909년 베를린에서 이때의 경험을 책으로 펴냈다.[33] 그 책에는 1905년 9월 19일 저녁 대한제국 황실에서 열린 서양식 연회의 메뉴판 사진이 실려 있다. 크뢰벨은 자신의 책에서 그 메뉴판의 음식을 "황제가 이토 히로부미(伊藤博文, 1841~1909)를 환영하기 위해 마련한 연회의 식단"이라고 썼다.[34]

──────── 손탁(오른쪽에서 두 번째)과 크뢰벨(오른쪽에서 첫 번째).

그런데 그것은 크뢰벨의 착각이었다. 메뉴판에 1905년 9월 19일이라고 날짜가 밝혀져 있는데, 그날 이토 히로부미는 조선에 오지 않았다. 그 연회의 주인공은 미국 제26대 대통령 시어도어 루스벨트(Theodore Roosevelt, 1858~1919)의 딸 앨리스 루스벨트(Alice Lee Roosevelt, 1884~1980)였다. 앨리스 루스벨트는 9월 19일 제물포에서 특별열차를 타고 오후 6시 30분 신문외(新門外, 지금의 서울 광화문 새문안 서쪽) 정거장에 도착하여 미국 공사관에서 서울에서의 첫날 밤을 보냈다.[35] 크뢰벨은 이날 앨리스 루스벨트를 위한 연회에서 손탁이 해왔던 대로 프랑스식 정찬 코스 요리를 차렸던 것이다.

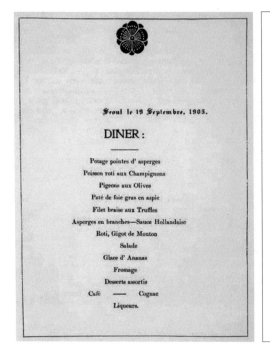

**Seoul le 19 Septembre, 1903.**

**DINER :**

Potage pointes d' asperges
Poisson roti aux Champignons
Pigeons aux Olives
Paté de foie gras en aspic
Filet braise aux Truffles
Asperges en branches—Sauce Hollandaise
Roti, Gigot de Mouton
Salade
Glace d' Ananas
Fromage
Desserts assortis
Café ——— Cognac
Liqueurs.

Potage pointes d'asperges
아스파라거스 머리 부분을 이용한 수프
Poisson rôti aux Champignons
버섯을 곁들인 생선구이
Pigeons aux Olives
올리브를 곁들인 비둘기구이
Pâte de foie gras en aspic
젤리로 굳힌 푸아그라 파테
Filet braisé aux Truffes
송로버섯을 곁들인 안심 숯불구이
Asperges en branches - Sauce Hollandaise
아스파라거스 줄기와 홀란데이즈 소스
Rôti, Gigot de Mouton 양 넓적다리 구이
Salade 샐러드
Glace d'Ananas 파인애플 아이스크림
Fromage 치즈
Desserts assortis 디저트 모듬
Café - Cognac 커피 - 코냑
Liqueurs 주류

───── 대한제국 황실에서 미국 제26대 대통령 시어도어 루스벨트의 딸 앨리스 루스벨트에게
제공한 프랑스식 정찬 코스 요리 메뉴판.

## 대한제국 황실의 프랑스식 코스 요리

프랑스식 정찬 코스 요리는 프랑스어로 '오트 퀴진(haute cuisine)'이라고
불린다. 오트 퀴진의 전체 코스는 '아페리티프(Aperitif)→차가운 전채요
리(Cold appetizer)→수프(Soup)→뜨거운 전채요리(Hot appetizer)→생선요리
(Fish)→육류요리(Meat)→소르베(Shervet)→로띠(Roast)→샐러드(Salad)→치
즈(Cheese)→디저트(Dessert)→커피와 디제스티프(Disgestiv)'의 순서로 음식
을 낸다.

이 오트 퀴진을 완성한 사람은 프랑스 요리사 오귀스트 에스코피에

40                                                                     백년 식사

(Auguste Escoffier, 1846~1935)다. 프랑스식 연회가 오트 퀴진처럼 '시간 배열형'이 된 역사와 관련해 여러 주장이 있다. 그중 18세기 말엽 프랑스 파리에 머물던 한 러시아 사절이 프랑스 음식점에 러시아의 음식점 서비스 방식을 소개하면서 시간별로 음식을 내는 러시아식 서비스가 파리에 알려졌다는 주장이 있다.[36] 이와 달리 마리 앙투안 카렘(Marie-Antoine Carême, 1784~1833)이 러시아의 황제 알렉산드르 1세(Aleksandr I, 1777~1825)의 초청을 받아 잠시 러시아에 머물면서 그곳의 '시간배열형' 배식 방식을 보고서 프랑스식 연회에 도입했다는 주장도 있다.[37]

　분명한 사실은 카렘이 1814년 9월부터 1815년 6월까지 프랑스 혁명과 나폴레옹 전쟁 후의 유럽 질서와 영토 분할을 협의한 빈 회의(Congress of Vienna)의 연회 책임 요리사를 맡아서 프랑스식 코스 요리를 선보였고, 이 회의에 참석한 유럽 각국의 왕족과 정치인들이 이후 자신들의 연회에도 카렘의 방식을 채용했다는 것이다. 19세기 말 일본의 천황가에서도 영국·미국·프랑스·독일·이탈리아 등 각국 공사를 초대한 오찬에 프랑스식 코스 요리를 내놓았다.[38] 크뢰벨이 앨리스 루스벨트에게 제공한 프랑스식 코스 요리의 메뉴판은 카렘이 만든 코스 요리에 가깝다.[39]

　그런데 이 메뉴판을 보면서 한 가지 의문이 든다. 도대체 1905년에 대한

─────── 대한제국 황실의 서양식 연회에 올린 케이크를 만드는 데 쓰인 제과형 틀. 영국 베넘 앤드 프라우드(Benham & Froud)사에서 제작. 높이 19.4cm, 지름 13.7cm.

제국 황실에서는 아스파라거스, 올리브, 푸아그라, 트뤼프, 파인애플, 아이스크림, 초콜릿 등을 어디에서 구해 이 많은 프랑스 요리를 마련했을까? 당시 프랑스산 식재료는 통조림으로 제조되어 세계 각국으로 수출되고 있었다. 대한제국 황실 주방에서도 통조림을 서울에 있던 서유럽 무역상회를 통해 사들였다. 초콜릿은 물론 프랑스산 코냑·와인·샴페인도 그렇게 마련했다. 또 부엌에는 케이크와 아이스크림을 만들 수 있는 요리도구까지 갖추고 있었다.[40] 그러니 크뢰벨이 프랑스 요리를 마련하는 데 큰 어려움은 없었을 것이다.

# 4

<h1 style="text-align:center">앨리스 루스벨트가<br>고종과 함께 먹은 조선식 점심</h1>

## 고종 황제, 서양 여성과 처음으로 공식적인 식사를 하다

고종 황제는 9월 20일 오찬에 앨리스 루스벨트를 초청했다. 오찬 장소
는 서울의 경운궁(慶運宮, 지금의 덕수궁) 중명전(重明殿) 2층 홀이었다. 고종은
서양 여성과 단 둘이 식사하기가 꺼려졌는지, 황세자[순종(純宗, 1874~1926,
재위 1907~1910)]와 함께 앨리스 루스벨트를 맞이했다. 홀의 중앙에는 원형
의 서양식 식탁이 차려졌다. 세 사람은 아마도 둥근 식탁에 빙 둘러앉
았을 것이다.

  그런데 대한제국의 공식 행사였던 이 오찬 이야기는 왕의 일과를 꼼
꼼하게 기록해놓은 《고종실록(高宗實錄)》이나 《승정원일기(承政院日記)》에
서는 찾아볼 수 없다. 이날의 기록은 앨리스 루스벨트가 남긴 자서전에
나온다. 앨리스 루스벨트는 "우리는 황실 문양이 장식된 조선 접시와
그릇에 담긴 조선 음식(Korean food)을 먹었다. 내가 사용했던 물건을 선
물로 받았으며, 작별 인사에서 황제와 황태자가 자신들의 사진을 주었
다"[41]고 적었다.

앨리스 루스벨트는 이날 식사 메뉴판까지 챙겨서 귀국했다. 수집가 프랭크 E. 버톨프(Frank E. Buttolph, 1844~1924)는 1900년부터 세상을 떠나기 전까지 호텔과 음식점의 메뉴판을 수집했는데, 그녀의 수집품 중에 앨리스 루스벨트가 챙겨간 대한제국의 메뉴판도 들어 있었다. 버톨프는 이 메뉴판을 비롯해 자신의 수집품을 모두 미국 뉴욕공공도서관(The New York Public Library)에 기증했다.

앨리스 루스벨트가 챙겨간 메뉴판의 뒷면에는 이런 글이 적혀 있다. "메뉴-루스벨트 양(앨리스 리). 9월 20일 궁정에서의 점심. 황제가 참석하다. 이것은 그가 외국 숙녀와 공개적인 식사를 한 첫 번째 행사였다."[42] 고종 황제는 서양인을 초대한 연회가 열리더라도 보통은 직접 참석하지 않고 인사만 전했다고 한다.

### 고종 황제와 앨리스가 먹은 점심 메뉴

오찬 메뉴판은 위쪽 가운데에 대한제국 황실의 상징문인 '오얏꽃 문양'이 금박으로 찍혀 있다. 그 아래 식단이 적혀 있는데, 당시에는 오른쪽에서 왼쪽으로 글씨를 쓰고 세로쓰기를 더 많이 했다.

윗줄 오른쪽의 '열구자탕(신선로) → 골동면(간장비빔국수) → 수어중(숭어찜) → 편육 → 전유어(생선구이) → 전복초(전복 볶음) → 화양적(산적)'은 이 식단의 중심을 이루는 음식이다. 편육과 전유어 아래에 쓰인 초장은 간장에 식초를 넣은 것으로 이 두 가지 음식의 양념이다. 전복초와 화양적 아래의 개자(겨자)는 이 두 가지 음식을 먹을 때 찍어 먹는 것이다.

'후병(두텁떡) → 약식(약밥) → 숙실과(과실을 익혀 으깬 후 모양 빚어 만든 한과) → 생리(배) → 생률(밤) → 포도 → 홍시 → 정과(꿀에 조린 과실) → 원소병(새알을 넣은 꿀물 음료)'은 후식에 해당하는 음식이다. 후병 아래에 적힌 백청(꿀)도 떡을

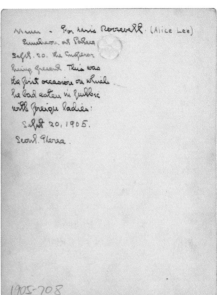

─────── 1905년 9월 20일 고종 황제와 앨리스 루스벨트의 오찬 메뉴 앞면과 뒷면.

## 식　　　　　단

| 약식 | 후병 | 화양적 | 전복초 | 전유어 | 편육 | 수어증 | 골동면 | 열구자탕 |
|------|------|--------|--------|--------|------|--------|--------|----------|
| 약밥 | 두텁떡 | 산적 | 전복 볶음 | 생선구이 | | 숭어찜 | 간장비빔 국수 | 신선로 |

| 백청 | 개자 | 초장 |
|------|------|------|
| 꿀 | 겨자 | 식초간장 |

| 장침채 | 원소병 | 정과 | 홍시 | 포도 | 생률 | 생리 | 숙실과 |
|--------|--------|------|------|------|------|------|--------|
| 간장김치 | 새알을 넣은 꿀물 음료 | 꿀에 조린 과실 | | | 밤 | 배 | 과실을 익혀 으깬 후 모양 빚어 만든 한과 |

─────── 1905년 9월 20일 오찬 메뉴.

───────  〈신축 사월 이십팔일 진찬도감 사찬하오신 발기〉 부분.

찍어 먹기 위해 곁들여 낸 것이다. '장침채'는 주식을 먹을 때 곁들이는 반찬으로, 간장에 채소를 절여 만든 김치다.

　이 메뉴판의 음식이 원형 식탁에 어떻게 차려졌는지를 알려주는 자료는 아직 없다. 만약 음식을 한꺼번에 모두 차렸다면 원형 식탁이 매우 컸을 것이고, 식기는 매우 작았을 것이다. 보통 황실에서는 잔치 때 옻칠을 한, 다리가 짧은 큰 원형 식탁에 20여 가지의 음식을 한꺼번에 차렸다.

　1901년 4월 28일 고종 황제가 헌종(憲宗, 1827~1849, 재위 1834~1849)의 계후(繼后) 명헌태후(明憲太后, 1831~1904)의 71세 생일을 축하하는 잔치를 열었다. 이날 잔치의 상차림을 기록한 〈신축 사월 이십팔일 진찬도감 사찬하오신 발기〉가 있는데, 이는 대한제국 황실의 전통적인 잔치 메뉴판이라 할 수 있다. 이 발기에는 25가지 음식 이름이 적혀 있는데, 그중 밑줄 친 부분은 서로 다른 음식을 하나의 그릇에 담았다는 뜻이다.

## 골동면의 정체

〈신축 사월 이십팔일 진찬도감 사찬하오신 발기〉에는 주식인 탕, 온면, 냉면, 창면이 마지막 부분에 적혀 있다. 이에 비해 앨리스 루스벨트의 메뉴판에는 주식인 열구자탕과 골동면이 제일 앞에 나와 있다. 아마도 고종 황제와 앨리스 루스벨트의 점심 식사는 시간별로 음식을 제공했을 가능성이 크다. 즉, 주식인 열구자탕과 골동면을 먼저 제공하고, 다음에 생선과 고기 요리, 이어서 떡과 약식·숙실과, 그리고 마지막에 과일과 정과·원소병을 제공한 것이 아닐까?

앞에서 미국 공사관의 해군 무관 포크가 전주 감영에서 '조선식 파스타, 베르미첼리'라고 불렀던 골동면도 고종과 앨리스 루스벨트의 오찬 식탁에 차려졌다. 〈신축 사월 이십팔일 진찬도감 사찬하오신 발기〉에 나오는 냉면의 재료는 메밀국수 30사리, 소 등심 4분의 1, 달걀 다섯 개, 후춧가루 한 움큼, 들깻가루 한 움큼, 간장 두 숟가락, 참기름 두 숟가락, 파 세 뿌리 등이다.[43] 만약 고종과 앨리스 루스벨트가 먹었던 골동면의 재료도 이와 같았다면 다음과 같은 요리법을 상상할 수 있다. 간장(한식간장)·참기름·후춧가루를 넣고 양념을 만들어 삶아낸 메밀국수에 넣고 버무린 다음 그릇에 담고, 소 등심을 삶아서 만든 편육과 달걀 노른자를 얇게 지져 만든 알 고명을 위에 올리고, 다시 잘

─────── 2019년 9월 20일 조선호텔 조리팀에서 재현한, 고종과 앨리스 루스벨트의 오찬 메뉴 중 골동면.

게 썬 파와 들깻가루를 뿌려서 식탁에 내놓았을 것이다.

17~18세기에 중국에서 국수를 빼는 국수틀이 한반도로 전해진 이후 메밀국수로 만든 음식의 종류가 늘어났다. 18세기 이후 메밀국수 사리에 동치미 국물을 부은 물냉면이 평양과 해주에서 유행했다.[44] 순조(純祖, 1790~1834, 재위 1800~1834) 때가 되면 서울의 궁궐 근처에 메밀국수를 만들어 판매하는 국숫집이 여러 군데 생겼다.[45] 한여름에 일부 지역에서만 수확하는 밀과 달리, 메밀은 여름에 파종해 2~3개월만 지나면 수확할 수 있을 정도로 생육 기간이 짧고 토양을 가리지 않고 잘 자란다. 이처럼 메밀이 밀보다 공급이 원활한 까닭에 18세기 후반이 되면 국수틀에 메밀가루 반죽 덩어리를 넣고 뽑아낸 메밀국수를 많이 먹었다.

겨울에 동치미나 배추김치가 있으면 그 국물에 메밀국수의 사리를 말았고, 다른 계절에는 간장·참기름과 후춧가루 혹은 고춧가루 등으로 양념해 비빔냉면을 만들었다. 소고기를 삶은 국물에 메밀국수의 사리를 말아서 온면을 만들기도 했다.

고종이 즐겨 먹었던 골동면을 대접받은 앨리스 루스벨트의 반응에 대해서는 알 길이 없다. 그리고 이미 7월 27일 미국 육군 장관 윌리엄 태프트(William Howard Taft, 1857~1930)는 도쿄로 가서 일본 총리 가쓰라 다로(桂太郞, 1848~1913)와 미국의 필리핀 지배와 일본의 조선 지배를 상호 인정하는 비밀조약을 맺었다. 그런 상황을 잘 몰랐던 고종 황제는 앨리스 루스벨트가 귀국하여 그녀의 아버지에게 대한제국의 사정을 알려 "일본의 마수를 떨쳐버리고 해방되길"[46] 도와주리라 기대했다. 그러나 고종 황제의 바람은 이루어지지 않았고, 미국 대통령 딸과의 오찬은 단지 최초의 외국인 숙녀와의 식사로 끝나고 말았다.

**5**

# 황실 원유회에서 마신
# 맥주와 위스키

## 창덕궁 후원에서 열린 원유회

고종 황제는 일본의 침략을 저지하기 위해 앨리스 루스벨트와의 오찬은 물론이고 자신이 할 수 있는 온갖 외교적 노력을 기울였다.[47] 그러나 1905년 12월 20일, 일본은 열강들의 동의와 묵인 아래 조선에 통감부를 설치하겠다고 공포했다. 이후 일본은 1906년 1월 31일 서울의 일본 공사관을 폐쇄하고 2월 1일 통감부를 설치했다. 조선통감부는 일본이 대한제국의 황실을 인정한다는 전제를 내세웠지만, 대한제국의 외교권을 박탈하고 국정 전반을 장악하기 위한 식민 통치 준비 기구였다.

1906년 3월 2일 이토 히로부미가 조선통감부의 초대 통감으로 취임했다. 그는 같은 해 4월 2일 창덕궁 후원에서 '통감부 설치 기념행사'를 개최했다. 창덕궁 후원에서 열린 기념행사는 당시 말로는 원유회(園遊會)라고 불렸다. 원유회는 영어 '가든파티(garden party)'를 일본어[엔유카이(園遊會)]로 옮긴 것이다. 19세기 말 조선에 대한 일본의 영향력이 강해지면서 조선 왕실에 일본의 원유회가 알려졌다. 1895년 4월 한반도에서 벌

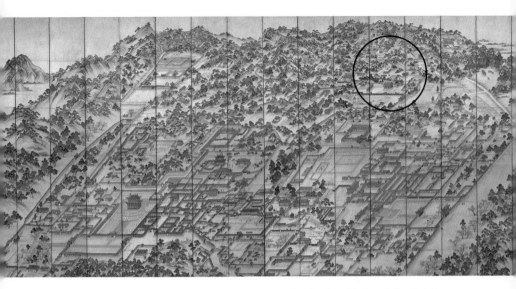

─────── 창덕궁과 창경궁을 그린 동궐도(東闕圖). 1906년 4월 2일의 원유회는 창덕궁 후원(오른쪽 원 표시 부분)에서 개최되었다.

어진 청일전쟁에서 일본이 승리한 후, 같은 해 6월 6일(음력 5월 14일) 조선 왕실은 청으로부터의 독립 경축을 표방한 승전 기념 원유회를 창덕궁 후원 건물과 정원에서 개최했다. 이 원유회는 조선 왕실 최초의 서양식 가든파티였다. 그전에 본 적 없던, 신발을 신은 채 서서 먹고 마시면서 즐긴 잔치였다.[48]

### 일본산 맥주와 탄산수

조선통감부가 주관한 원유회의 메뉴는 무엇이었을까? 1907년 6월 12일 창덕궁 후원에서 개최된 원유회의 경비 지출 명세서가 남아 있어 메뉴 구성을 추정해볼 수 있다. 이 원유회의 메뉴는 양요리(洋料理), 즉 서양 음식이었다. 술은 원유회에서 빠질 수 없는 중요한 음료였다. 양요리에

| 품목 | 수량 | 금액 | 기타 |
|------|------|------|------|
| 양요리(洋料理) | 450인분 | 1,125환 | 40환 반납 |
| 맥주(麥酒) | 15상자 | 145환 50전 | |
| 샴페인(杉鞭酒) | 7상자 | 231환 | |
| 히라노스이(平野水) | 6상자 | 27환 | |
| 우이쓰기(위스키) | 1상자 | 24환 | |
| 브랜디(佛安茶酒) | 1상자 5병 | 28환 30전 | |
| 향차(香茶) | 400인분 | 28환 | |
| 과자 | – | 2환 | |
| 면죽(緬粥) | 300인분 | 30환 | |

〈표 1〉 1907년 6월 12일 창덕궁 후원의 원유회 경비 지출 명세서 부분

어울리게 각종 서양 술이 제공되었다. 그리고 차와 과자, 밀국수와 죽도 차려졌다. 당시 서양식 연회에는 참석자에게 각종 담배를 제공했다. 참석자들은 야외 식탁에 차려진 음식과 술·음료를 먹고 마시며, 동시에 공연을 보았다.[49]

〈표 1〉은 이 원유회의 경비 지출 명세서를 참고해 그날 준비된 음식의 품목을 정리한 것이다.[50] 양요리는 서양 음식으로, 무려 450인분이 마련되었다. 식사 비용만 1,125환(圜)으로, 1인분의 값이 2환 50전(錢)이다. 준비된 과자의 금액이 2환이니, 서양 음식 1인분의 값이 꽤 비쌌다. 서양 음식은 당시 서울에 있던 서양식 호텔의 주방에서 마련되었을 것으로 추정된다.

15상자나 마련된 맥주는 일본에서 수입된 것으로 여겨진다. 일본의 공장제 맥주는 1876년 홋카이도의 삿포로시(札幌市)에 설립된 삿포로맥주양조소(札幌麥酒釀造所)가 냉제삿포로맥주(冷製札幌ビール)를 생산하면서 본격적으로 시작되었다. 1904~1905년 러일전쟁 이후 대도시의 산업화

——— 1909년 이와타 가나에(嚴田鼎) 사진관에서 촬영한 것으로, 대한제국 황실의 야외 연회 장면으로 추정되는 사진.


가 급속하게 진행된 일본 사회에서는 맥주 소비 열풍이 강하게 불었다. 1906년 3월, 경쟁사이던 '에비스비루(Yebisu Beer)'의 일본맥주(日本麥酒), '삿포로비루(Sapporo Beer)'의 삿포로맥주(札幌麥酒), '아사히비루(Asahi Beer)'의 아사히맥주(旭麥酒), 이 세 회사가 합병을 결의해 '대일본맥주주식회사(大日本麥酒株式會社)'를 설립했다.[51] 창덕궁 후원에서 열린 원유회에는 대일본맥주주식회사에서 생산한 맥주가 제공되었을 것이다.

히라노스이(平野水)는 일본 효고현(兵庫県) 가와니시시(川西市)에서 생산된 탄산수이다. 1881년 영국 화학자가 이 지역의 광천수가 음용에 적합하다는 평가를 한 이후, 1884년 히라노촌(平野村) 주민들이 탄산수 공장을 설립했다. 초창기 탄산수 상품은 탄산가스를 그대로 병에 넣는 방식으로 생산되었다. 이 탄산수가 일본의 배에 실려 창덕궁 후원의 원유회 식탁에 놓였다.

## 서양에서 수입한 위스키

위스키는 한글로 '우이쓰기'라고 썼다. 1882년 12월 20일자 《한성순보》에는 위스키를 '유사길(惟斯吉)'이란 한자로 표기했다.[52] 이처럼 서양 술의 한자 이름은 발음이 비슷한 한자로 표기하거나 뜻을 헤아려 만든 한자 조어로 표기했다. 브랜디는 박란덕(撲蘭德)·발란덕(撥蘭德)·불안다주(佛安茶酒) 등으로 썼다. 샴페인은 삼편주(杉鞭酒)·상백륜(上伯允)이라고 표기했다. 서양 술의 특징을 염두에 두고 한자로 옮긴 것도 있다. 진(gin)은 향기 때문에 두송자주(杜松子酒), 럼(Rum)은 재료를 생각해 당주(糖酒)라고 표기했다.

1876년 강화도조약 이후 일본은 자신들이 수입한 서양 술을 조선에 되팔았다. 당시 일본이 판매한 서양 술은 일본의 수출품으로 간주되어 강화도조약에 따라 모두 무관세로 조선에 들어왔다. 하지만 1882년 조미수호통상조약을 시작으로 영국·프랑스·독일 등과 관세 및 수출세 등을 규정한 통상조약을 맺으면서 조선 정부는 해관세칙을 마련했다. 일본과는 1883년 7월에 조일통상장정과 해관세칙을 조인했다. 이때부터 일본의 무역상이 판매하는 서양 술에 관세가 부과되었다.

1880년대 조선에 들어온 위스키는 모두 스코틀랜드·아일랜드·영국·미국산이었다. 1894년 4월 서울에서 출발해 남한강을 따라 여행을 한 영국의 여행가이자 지리학자인 이사벨라 버드 비숍(Isabella Bird Bishop, 1831~1904)은 《한국과 그 이웃 나라들》에서 양주가 젊은 양반들 사이에

─────── 양반 남성에게 위스키 한 잔을 먹여주고 있는 기생. 소반 위에 놓인 위스키 병이 눈에 띈다.

인기라고 밝혔다.[53] 젊은 양반들이 좋아하던 양주 중에는 위스키도 있었을 것이다. 예전부터 독한 증류식 소주를 즐기던 조선의 양반들이 위스키를 마다했을 리가 없다. 1882년 이후에는 위스키의 수입량도 점차 증가했다.

1900년대 서울에 영국의 위스키를 직접 수입하는 한양상회라는 회사가 있었다. 한양상회는 1910년 7월 26일자 《황성신문》에 영국의 '무아위스키' 광고를 실었다. 이 광고는 영국 런던에 본사를 둔 '쩸스무느로앤드쏘'[54] 주식회사에서 게재한 것으로, 한양상회가 위스키를 대리 판매한다고 적혀 있다.

지금의 서울 종로에 있었던 한양상회는 오늘날의 무역회사였다.

1909년 8월 부채로 인해 폐점할 위기에 직면한 한양상회는 간신히 채권자와 은행의 도움으로 영업을 재개했다.[55] 한양상회의 광고는 1910년 8월 2일까지 연이어 《황성신문》에 실렸다. 그러나 1910년 8월 29일 대한제국이 일본에 강압적으로 병합되고 말았으니, 이 '무아위스키'를 얼마나 많은 사람이 맛보았는지는 알 길이 없다.

1910년 10월 1일 조선총독부가 설치됨으로써 대한제국은 일본의 식민지로 전락했다. 그 후 한반도에 일본의 '화양절충요리(和洋折衷料理)'가 들어왔는데, 일본인들은 이를 서양 음식으로 판매했다. '화(和)'는 일본, '양(洋)'은 서양을 가리키는 말이었다. 1900년대 초반 일본에서 만들어진 '화양절충요리'는 여러 가지 유형이 있었다. 서양식으로 요리했지만 겉모양은 일본 음식인 것, 일본의 재래 간장 따위로 맛을 냈지만 서양 겨자, 후추 같은 서양 식재료를 가미한 것, 식재료는 일본 것이지만 요리 방식이나 조미료는 서양 것을 사용한 것 등이었다.[56]

한반도가 일본 제국주의의 침탈을 당하지 않았다면 서양식 요리법을 가미한 '조선과 서양의 절충요리'가 100여 년 전에 만들어지지 않았을까? 포크와 앨리스 루스벨트가 맛본 골동면은 파스타와 만나 새로운 음식이 되었을지도 모른다. 그러나 한반도에는 그런 기회가 오지 않았다. 그로부터 100여 년 후 한국 음식은 서양에서 인기를 누리고 있다. 지금의 시선에 보면, 개항과 대한제국 멸망은 한국 음식에서 '잃어버린 100년'이라고 부를 만하다.

2부

# 식민지의 식탁

—

## 조선의 일본식 음식과
## 일본의 조선식 음식

## 식민지 근대도시의 산업화된 음식점

1910년 8월 29일 일본은 칙령 제319호 조선총독부 설치령을 공포하고, 이어서 9월 30일에 본부와 소속 관서의 관제를 제정했다. 이에 따라 조선총독부는 10월 1일부터 입법·사법·행정을 비롯해 군 통수권에 이르기까지 전권을 행사했다. 일본은 행정관료·군인·경찰관·교사 등으로 구성된 비교적 적은 숫자의 통치 권력이 일정 기간 한반도에서 근무한 뒤 귀국하는 식민 통치 방식을 택했다.[1] 이 소수 권력이 중심이 된 조선총독부의 식민정책은 한반도의 인적·물적 자원을 착취 대상으로 활용하는 데 목표가 있었다.

조선총독부는 효율적인 식민정책을 펼치기 위해 한반도를 근대적인 공간으로 재구성했다. 근대적인 사회기반시설 건설은 1900년대 대한제국 시기부터 시작되었지만, 본격적인 시행은 조선총독부에 의해 이루어졌다. 1910년대 후반이 되면, 한반도 곳곳에 근대적인 도시가 형성되었다. 이 시기에 구축된 한반도의 근대도시는 크게 세 가지 유형으로 나뉜다.

조선시대부터 행정도시이자 상업 중심지였던 서울·평양·개성·전주·대구, 19세기 말 개항 이후 근대도시가 된 부산·인천·원산·마산·

군산·목포, 그리고 조선시대 행정 중심지로 관청만 존재하다가 조선총독부의 부(府)·군(郡)·읍면(邑面)의 행정조직 개편으로 지역의 행정·경제·교육의 중심지가 된 곳 등이다. 식민지 근대도시는 전근대적인 공간과 근대적인 공간, 그리고 한국인과 일본인의 거주 지역이 구분된 '식민지 이중도시(colonial dual city)'였다.[2] 도시 곳곳에는 산업화된 한국 음식, 일본 음식, 중국 음식, 서양 음식을 판매하는 공간이 자리 잡았다.

### 서울의 조선 음식점

1900년대부터 서울에는 온갖 음식점이 문을 열었다. 고급 음식점인 조선요리옥(조선요릿집)을 비롯해 술집·전골집·냉면집·장국밥집·설렁탕집·비빔밥집 등이 있었다.[3] 조선 음식점은 조선인 신사, 노동자 등 계층과 남녀노소의 구분 없이 누구나 자유롭게 이용했다. 심지어 술집과 중하급 음식점의 손님들은 한 식탁에 차려놓은 음식을 자리를 가리지 않고 앉거나 서서 먹었다.

19세기 중반까지만 해도 조선 사회에서는 계층과 남녀 구분이 엄격했기에 이런 모습을 보기가 어려웠다. 그런데 20세기 초반 식민지 한반도에서 기존의 사회적 관념이 무너져갔다. 서울의 중하급 조선 음식점 메뉴 중에서 인기가 많았던 음식은 설렁탕이었다. 하지만 일부 양반 출신들과 근대적 취향을 가진 모던보이(modern boy)와 모던걸(modern girl)은 설렁탕을 먹고 싶어도 직접 음식점에 가서 먹는 것을 꺼렸다.

양반 출신들은 여전히 계층과 남녀 구분을 따졌고, 모던보이와 모던걸은 자신들도 식민지 국민이면서 하층민을 경멸의 대상으로 여겨 설렁탕집 출입을 삼갔다. 서울의 설렁탕집 주인 중에는 이런 '별난' 고객을 위해 배달 서비스를 하기도 했다. 국밥집이 서민을 상징한 음식점이라면, 조선요리옥은 부유층과 권력자가 드나들던 고급 음식점이었다. 조선요리옥의 가장 큰 특징 중 하나는 손님을 접대하는 기생이 있었다는 점이다.

### 카페 vs 선술집

1920~1930년대 도시의 모던보이들은 근대적 유흥 공간인 카페(cafe)를 즐겨 찾았다. 일본을 통해 서울에 유입된 카페는 커피하우스이자 술을 마실 수 있는 바(bar)였다. 1920년대 말이 되면 웨이트리스를 두고 남성 손님을 접대하는 카페가 성행하게 된다. 당시 카페의 주된 메뉴는 양주, 칵테일, 맥주였다. 카페의 웨이트리스는 조선요리옥의 기생 같은

남성 손님의 접대부였다.

1932년 9월 1일자 한 잡지 기사에서는 최근 몇 해 사이에 카페가 서울 청계천 북쪽에 많이 생겼다고 하면서, 울긋불긋 단장한 2층, 3층 양옥에서 레코드의 재즈 음악이 울려 퍼진다고 했다.[4] 1920~1940년대 초반, 서울을 비롯한 대도시에는 카페와 선술집이 공존하고 있었다. 이러한 공존은 식민지 조선에 근대(modern)와 전통(tradition)이 마구 뒤섞여 있었음을 단적으로 보여준다.

근대와 전통의 뒤섞임뿐만 아니라, 대도시를 중심으로 조선인과 일본인도 뒤섞여 살았다. 식민지 조선에 거주했던 일본인은 1910년 17만 명 정도에서 1920년대 중반에 40만 명, 1930년대 50만~60만 명, 1944년 5월 약 71만 명으로 증가했다.[5] 제국의 중심부에서 왔다는 의미로 '내지인(內地人)'[6]이라고 불렸던 식민지 조선의 일본인은 행정관료·군인·경찰관·교사로 일하거나 각종 기업을 운영했다. 그중 농어업·식품제조업·음식업 등에 종사하는 일본인은 조선과 일본 내에서의 유통은 물론이고, 유럽과 북아메리카 지역으로까지 유통망을 확장했다. 이 과정에서 식민지 시기 조선인의 식생활은 점차 세계 식품체제에 편입되어갔다.

**1**

# 일본식 두부와
# 빙수의 유행

## 조선 속의 일본

일본인 역사학자로 한국사 연구의 개척자였던 하타다 다카시(旗田巍, 1908~1994)는 1908년 신마산(新馬山, 지금의 창원시 마산합포구 일대)에서 태어났다. 그러나 조선인과의 교류는 거의 없었다. 그는 "나는 조선에서 자랐다고 하지만, 일본인 거리에서 살면서 일본인뿐인 소학교를 다녔고 일본풍 생활양식에 둘러싸여 살았다. 이런 환경이었기 때문에 조선인 아이들과 친해질 기회가 부족했다"[7]고 회상했다.

식민지 시기 마산은 신마산과 구마산(舊馬山)으로 나뉘었다. 구마산은 조선시대부터 형성된 조선인 마을이 곳곳에 자리 잡고 있었다. 이에 비해 신마산은 주요 행정관청이 집중되어 있었고, 그 주변에 일본식 건물이 들어선 일본인 거주지였다. 조선인과 일본인의 거주지 구분은 마산에만 해당하지 않았다. 서울·부산·인천·목포·군산·대구·대전·전주 등지에도 일본인만의 거주 지역이 있었다.

일본인 집단 거주 지역에는 두부·전병·채소·생선·간장·된장 같은

───── 식민지 시기 신마산의 일본인 중심 거리였던 경정(京町, 지금의 창원시 마산합포구 두월동 1가). 일본식 2층 건물이 도로 양쪽에 즐비하다.

일본 식료품을 판매하는 가게와 음식점 등이 들어섰다.[8] 식료품 중에서 간장과 된장은 초창기 일본인 거주민 수가 적었을 때는 일본에서 수입했지만, 일본인 인구가 늘어나자 거주지 근처에 공장을 설립해 생산했다. 1904년 지금의 서울 용산구와 중구 일대에 거주했던 일본인 수가 5,000여 명이었는데, 그 무렵에 용산구 청파동에 다카미장유양조장(高見醬油醸造場)이 들어섰다. 이 공장에서 생산된 일본식 간장은 오로지 서울에 거주하는 일본인을 대상으로 판매되었다.

### 일본인을 위한 두부회사 경룡

조선에서 살았던 일본인들은 자신들의 고향에서 먹던 것과 비슷한 식재료와 음식이 있었기에 서양인들에 비해 상대적으로 타지에서 생활하기가 편했다. 그러나 자신들에게 익숙한 음식 맛과 조선 음식 맛의 차이를 극복하기는 어려웠다. 두부만 하더라도 일본인들은 소나무 통에 담아놓은 조선의 콩물에서 나는 솔잎 냄새에 불쾌감을 느꼈다. 완성된 두부의 맛도 내지(內地, 일본)의 두부 맛과 달랐다.[9] 조선에서 두부를 만들어 팔던 일본인 상인들은 일본식 도구를 사용해 일본식 두부를 만드는 일이 급선무였다. 1909년 6월 한 신문 기사에 따르면, "경성과 용산 사이에 일본인 두부 장사가 100명가량" 있었다.[10] 이 일본인 두부 상인들은 나무통을 비롯해 두부 제조에 필요한 각종 도구를 일본에서 들여와 일본식 두부를 만들어 판매했다.

그중 대표적인 두부회사가 '경룡(京龍)'이었다.[11] 경룡의 사장 도이 가즈요시(土井一義, 1880~?)는 오카야마현(岡山縣) 출신으로, 1907년 한강을 통해 들어온 쌀을 용산에서 받아서 정미업을 했다.[12] 얼마 후 그는 정미업을 그만두고 조선에 주둔한 일본 육군에 생필품을 납품하면서 동시에 청엽정(靑葉町, 지금의 서울시 용산구 청파동 3가)에서 양돈업에 뛰어들었다. 그러다가 1910년 고시정(古市町, 지금의 서울시 용산구 동자동 일대)에 설립된 두부회사 경룡의 지배인으로서 운영을 맡았다.

경룡에는 두부 제조용 나무통이 무려 2,000개나 있었고, 직공도 25명, 판매원은 88명이나 근무했다.[13] 두부 제조 도구와 직원 수로 보아, 공장 규모가 꽤 컸을 것으로 짐작된다. 경룡은 처음에는 기계식 시설을 갖추었지만, 판매량이 그만큼 되지 않아 나중에 수동식으로 바꾸었다. 경룡의 시설이 어떠했는지에 관한 자료는 아직 없다. 다만, 일본의 국학자 사카키바라 요시노(榊原芳野, 1832~1881)가 1872년에 집필한 《두부일람(豆腐一覽)》에 삽화로 소개된 수동식 두부 제조 도구들을 갖추었을 것으로 추정된다.[14]

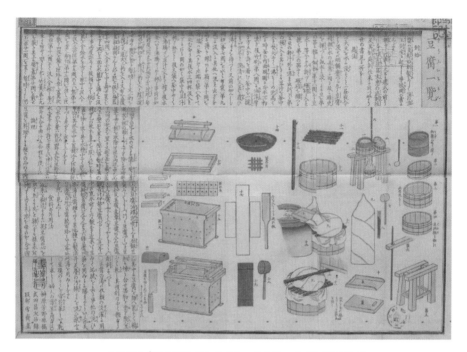

——————— 1872년 출판된 수동식 두부 제조 공정을 그림과 글로 정리한《두부일람》.

18세기 이후 에도(江戶, 지금의 도쿄)와 오사카(大阪)는 인구가 100만 명에
이르는 대도시로, 분업화된 식품업 공장이 매우 많았다.《두부일람》에
실린 두부 제조 시설도 전문화의 결과물이다. 이 책에 그려진 두부 성
형 나무통은 일정한 모양과 크기의 판매용 두부를 만드는 도구이다. 이
나무통에는 사면에 구멍이 나 있어 두부의 수분을 밖으로 빼내는 데 효
과적이다. 또 두부를 누르는 압력을 조정하기 위해 나무통의 뚜껑에는
각목을 1, 2층으로 넣었다.

1925년에 오사카아사히신문경제부(大阪朝日新聞経済部)에서 펴낸《장사
의 안과 겉(商売うらおもて)》에는 당시 일본의 두부 장수 사진이 나온다.[15]

일본에서 두부 장수들은 두부를 수레에 싣고 놋쇠 종을 흔들고 다니면서 두부를 판매했다.

두부 장수는 두부를 수레에 싣고 놋쇠 종을 흔들고 다니면서 두부를 판매했다. 이 사진으로 미루어보면, 식민지 시기 일본인 두부 장수도 두부를 나무 상자에 넣어 등짐을 지거나 수레에 싣고서 놋쇠로 만든 종을 흔들고 다녔을 것이다. 일본인들의 두부 판매 방식이 호응을 얻자 이를 본 조선인 두부 장수들도 종을 흔들며 "두부 사시오"라고 외쳤다.[16] 점차 일본인뿐 아니라 조선 사람들도 종소리가 들리면 으레 두부 장수가 왔다고 생각하게 되었다.

## 일본식 빙수점의 대유행

1920년대 서울의 여름은 빙수의 계절이었다. 일본에서 들여온 빙수는 여름철 간식으로 인기가 많았다. 1890년대 일본의 대도시에는 여름이면 거리 곳곳에 빙수점(氷水店)이 자리 잡고서 노점 영업을 했다. 그러나 빙수를 파는 노점 중에 얼음을 눈처럼 분쇄하는 빙삭기(氷削機)를 갖춘 곳은 없었다. 1900년대 전후 일본의 빙수점에서는 겨울에 후지산이나 홋카이도에서 채취해 보관해둔 얼음이나 암모니아를 냉매로 이용해 기계로 제조한 얼음을 공장에서 사다가 빙수를 만들었다. 얼음 빙삭기가 없으니 직접 얼음을 깨서 작은 덩어리로 만들어 하얀 보자기에 넣고 잘게 부수어 빙수를 만들었다.[17]

1900년대 초반에 서울에도 일본식 빙수점이 등장했다. 1903년 5월 16일자《제국신문(帝國新聞)》에 '국영당(菊影堂)'이란 상호의 빙수점에서 개업 광고를 실었다. 서울 종로에 문을 연 국영당은 특이하게도 유행병 예방약을 빙수에 '가미'해서 판매했다.[18] 당시 얼음은 한겨울에 한강에서 채취했으므로 식중독 같은 유행병에 걸릴 수도 있었다. 국영당에서는 이 점에 주목해 유행병 예방약을 첨가한 특이한 빙수를 판매했던 것이다. 당시 서울의 빙수점에서도 일본과 마찬가지로 빙삭기가 아닌 직접 손으로 얼음 덩어리를 깨서 빙수를 만들었다.

일본에서는 1900년대가 되면 철제 빙삭기로 얼음을 눈처럼 곱게 갈아 빙수를 만들었다. 빙삭기는 1887년경 일본에서 발명특허를 얻었지만, 1900년대 후반에 상용화되었다. 조선에서 일확천금을 노렸던 일본 상인들은 1920년대 후반 일본에서 철제 빙삭기를 수입했다. 조선 거주 일본인을 위한 일본어 신문《조선신문(朝鮮新聞)》의 1927년 3월 23일자 광고란에는 오사카 중양상점(中陽商店)의 빙삭기 광고가 실렸다. 이 광고에는 빙삭기 그림이 그려져 있는데, 1980년대까지 한국의 빙수점에서 사용했던 빙삭기와 그 모양이 유사하다. 가장 전형적인 빙삭기는 1929년 같은 신문의 광고란에 실린 쇼치쿠바이(松竹梅) 빙삭기다.

1929년 잡지《별건곤》(제22호)에는 빙수점에서 빙삭기로 얼음을 갈아

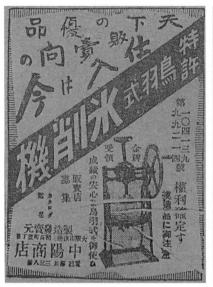
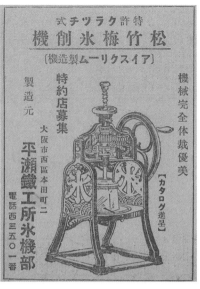

─────── 《조선신문》 1927년 3월 23일자에 실린 오사카 중앙상점 빙삭기 광고(왼쪽)와 1929년 6월 28일자에 실린 '쇼치쿠바이(松竹梅)' 빙삭기 광고(오른쪽).

빙수를 만드는 모습을 생생하게 묘사한 글이 실려 있다. "찬 기운이 연기처럼 피어오르는 얼음덩이를 물 젖은 행주에 싸 …… (빙삭기에서 얼음이) 써억 써억 소리를 내면서 눈발 같은 얼음이 흩어져 날리는 …… 눈부시게 하얀 얼음 위에 유리같이 맑게 붉은 딸기물이 국물을 지을 것처럼 젖어 있"[19]다고 했다. 그러면서 이 글의 저자는 "빙수에는 바나나물이나 오렌지물을 쳐(서) 먹는 이가 있지만은 얼음 맛을 정말 고맙게 해주는 것은 새빨간 딸기물이다"라고 덧붙였다.

일본에서 유행한 음식은 식민지 조선의 대도시에서도 어김없이 유행했다. 그 음식을 들여온 주역은 식민지에 살고 있던 제국의 국민이었다. 어린이날을 제정하는 데 크게 이바지한 방정환(方定煥, 1899~1931)은 "여름에 빙수점에서 파는 빙수 같은 것은 보통 오십 그릇은 범(호랑이) 본 사람의 창(窓) 구멍 감추듯"[20] 즐겨 먹었다. 비록 식민지라는 암울한 시대였지만, 음식 취향은 그런 정치적 사정을 구분하지 않았다.

일본에서는 빙삭기로 얼음을 갈아서 그릇에 담고 그 위에 시럽을 친 빙과(氷菓)를 '가키고오리(かき氷)'라고 불렀다. 그러나 식민지 시기나 지금이나 한국인은 '빙수'라고 부른다. 일본에서는 가키고오리 위에 연유(煉乳)와 함께 설탕이나 흑사탕을 녹인 즙인 사탕밀(砂糖蜜) 혹은 팥소(小豆餡) 등을 뿌렸다. 이 중 팥소 뿌리는 방식이 한국식 팥빙수로 진화한 듯하다. 그러나 1970년대 중반이 되어서야 한국 신문에서 '팥빙수'라는 말이 등장한다.[21]

**2**

# 청국우동에서
# 우동으로

## 중국 음식점의 우동

우동은 일본어다. 국립국어원《표준국어대사전》에는 이 말이 일본어이기 때문에 '가락국수'라는 순화한 용어를 써야 한다고 되어 있다.[22] 그러나 '우동'을 '가락국수'라 부르는 한국인은 거의 없다. 심지어 한국의 중국 음식점 메뉴판에서도 가락국수가 아니라, '우동'이라고 적힌 메뉴를 찾을 수 있다. 그런데 알고 보면, 한국의 일본 음식점 우동과 중국 음식점 우동은 요리법에서나 맛에서 같은 음식이 아니다. 다만 밀가루를 반죽해 만든 굵은 가락의 국수를 사용하고 고춧가루를 넣지 않은 맑은 국물을 낸다는 점이 같다.

일본에도 중국 음식점이 많이 있지만 그곳에서 우동을 팔지는 않는다. 중국 대륙과 타이완의 중국 음식점에도 우동이란 메뉴는 없다. 그런데 왜 한국의 중국 음식점에만 우동이란 음식이 있을까? 그 이유는 식민지 시기 중국 음식점에서 국수류의 음식을 일본식 표현으로 우동이라고 불렀기 때문이다.

―――― 1930년대에 사용된 것으로 추정되는 인천 공화춘 메뉴판의 면류 부분.

| 번호 | 음식명 | 중국어 이름 | 일본어 설명(밑줄은 필자) | 한국어 번역 |
|---|---|---|---|---|
| 129 | 口茉麵 | 커우웨이몐 | 木ノ子入レタウドン | 버섯(mushroom)을 넣은 우동 |
| 130 | 鷄絲麵 | 지쓰몐 | 鷄肉絲切ニシタ物ヲ入レタウドン | 닭살을 실처럼 자른 것을 넣은 우동 |
| 131 | 三鮮麵 | 싼셴몐 | ナマコ鮑類ノ入レタウドン | 해삼과 전복류를 넣은 우동 |
| 132 | 蝦仁麵 | 샤런몐 | エビ入レウドン | 새우를 넣은 우동 |
| 133 | 大滷麵 | 다루몐 | 玉子入ウドン | 계란을 넣은 우동 |
| 134 | 炸醬麵 | 자장몐 | ミソカケウドン | 미소를 얹은 우동 |
| 135 | 干拌麵 | 간반몐 | 凉イウドン | 차가운 우동 |
| 137 | 餛飩 | 훈툰 | ブタヲ少サク丸メテ入レタ耳ウドン | 돼지고기를 작게 소로 만들어 넣은 미미우동(耳 うどん) |
| 147 | 鷄絲炒麵 | 지쓰차오몐 | 糸切鷄ヲ入レタヤキウドン | 길게 자른 닭고기를 넣고 볶은 우동 |

―――― 위의 공화춘 메뉴판 중 '우동'이란 설명이 들어간 음식 목록.

인천에서 가장 먼저 개업한 중국 음식점 공화춘(共和春)에서 1930년대 (추정)에 사용했던 메뉴판에는 중국어로 된 음식 이름에 일본어 설명이 붙어 있다. 그중 면류(麵類) 아홉 가지에 대한 일본어 설명에 우동이란 글자가 보인다. 커우웨이멘·지쓰멘·쌴셴멘·샤런멘·다루멘은 이름에 걸맞은 주재료를 넣고 끓인 국물로 만든 국수다. 이에 비해 자장멘·간 반멘·지쓰차오멘은 국물 없이 양념만 넣은 국수다. 훈툰은 크기가 작은 만두를 넣고 끓인 만둣국이다. 그러나 일본어 설명에는 우동이라고 적혀 있다. 따라서 이 메뉴판의 우동은 밀가루로 만든 국수에 국물을 붓거나 양념을 올린 음식과 만둣국을 가리켰을 가능성이 크다.

## 일본 우동의 역사

일본어 '우동(うどん)'의 한자는 '온돈(饂飩)' 혹은 '온돈(溫飩)'이다. '온돈'은 중국어 '훈툰(餛飩)'에서 유래했다. 요사이 중국인은 피(皮)가 매우 얇은 작은 만두를 넣은 만둣국을 훈툰이라고 한다. 하지만 양웅(揚雄, 기원전 53~18)을 비롯한 기원 전후 시기의 중국인은 만둣국이나 완탕(훈툰의 광둥(廣東)식 발음)을 훈툰이라고 인식했다.[23]

934년 일본에서 출간된 백과사전 《화명류취초(和名類聚抄)》에는 '혼돈(餛飩)'을 "떡이다. 다진 고기를 밀가루 피로 싸서 삶는다"라고 설명해놓았다.[24] 그런데 14세기 이후 혼돈과 비슷한 온돈(饂飩 혹은 溫飩)이란 일본식 한자어가 생겼다. 《화명류취초》의 혼돈이 온돈으로 변했는지 명확히 알 수는 없지만, 온돈 역시 밀가루를 반죽해 속에 소를 넣고 밤톨만큼씩 둥글게 빚어서 익힌 것을 가리켰다.[25] 또한, 밀가루를 수제비처럼 빚어서 익힌 음식도 온돈이라고 불렀다.

19세기 일본의 문헌 중에는 온돈을 '삭면(索麵)'이라고 기록한 것도 있

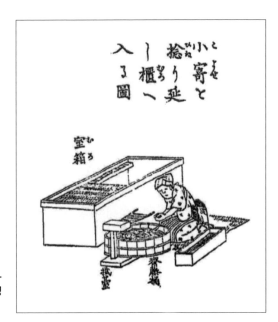

삭면 만드는 모습.
우동을 만드는 과정
과 같다.

다.[26] 삭면은 밀로만 만드는데, 당시 사람들은 사메키노(讚岐, 지금의 가가와현
(香川県))와 히고(肥後, 지금의 구마모토현(熊本県))에서 생산된 것을 가장 고급으
로 쳤다.[27] 삭면은 밀가루를 반죽해 얇게 펴서 발효한 다음에 칼로 타래
처럼 잘라서 길게 늘어트려놓고 숙성되면 그늘에서 말린다. 삭면, 즉 우
동은 소면(素麵)과 비교하면 만드는 법은 비슷하지만 국수의 굵기가 더
굵다.

19세기 이후 일본에서 온돈과 삭면은 소바와 우동으로 불렸다. 도쿄
사람들은 메밀국수와 밀국수를 모두 소바(蕎麥)라고, 오사카 사람들은
밀국수와 메밀국수를 모두 우동이라 불렸다.[28] 즉, 도쿄의 소바는 오사
카의 우동이었던 셈이다. 20세기 이후 일본에서는 밀을 수입하면서부
터 밀로 만든 국수는 우동, 메밀로 만든 국수는 소바라고 부르기 시작

했다. 식민지 조선에서도 일본의 영향을 받아 밀국수와 메밀국수를 구분해 우동과 소바라고 불렀다.

## 청국우동의 탄생

1883년 청일전쟁 이후 외국의 조차지로 개발된 제물포(지금의 인천)에 중국인이 정착했다. 그러나 본격적으로 제물포에 중국인이 집단으로 거주할 수 있게 된 때는, 1884년 4월 2일 청나라와 조선 사이에 '인천구화상지계장정(仁川口華商地界章程)'이 체결된 뒤였다. 이 무렵부터 조선 화교(華僑)가 형성되기 시작했다.

조선 화교는 대부분 남성들로, 식료품·잡화·해산물 등의 수출과 수입에 종사하는 무역상들이 일부였고 외국 선박이 입항할 때 노역을 하는 노동자들이 다수를 이루었다. 전체 화교의 95퍼센트를 넘는 노동자들은 대부분 인천에서 가까운 산둥성(山東省) 출신이었다. 이들은 음력 1월 1일 춘제(春節)를 앞두고 고향으로 갔다가 봄이 되어야 돌아와 다시 일을 했기에 식민지 시기 조선인은 그들을 '제비'라고 불렀다.

조선 화교들은 가정을 이루고 있는 경우가 거의 없이 대부분 남성들끼리 집단생활을 하면서 끼니를 음식점에서 때웠다. 그래서 화교의 집단 거주지에는 중국인이 운영하는 중국 음식점이 많았다. 이런 중국 음식점은 대부분 식탁을 서너 개 정도 갖춘 소규모로, 주로 가정집의 한 모퉁이나 상점의 한쪽을 빌려서 영업했다. 메뉴는 주로 자오쯔(餃子, 교자)나 젠빙(煎餅, 전병)처럼 빨리 먹을 수 있으면서 끼니가 되는 화베이(華北) 지방의 길거리 음식이었다.

1900년대 이후 한반도에 거주하는 중국인의 수가 날로 늘어나면서 한반도 도시 곳곳에 중국 음식점이 생겨났고, 점차 조선인도 중국 음식

맛에 익숙해져갔다. 특히 만두·교자·국수는 어느 중국 음식점에서든 먹을 수 있는 메뉴였다. 공화춘의 메뉴판에서 볼 수 있듯이, 처음에는 중국 국수의 이름은 중국어였다. 그러나 일본 우동이 널리 알려지면서, '밀국수=우동'이라는 인식이 점차 자리 잡아갔다.

일본 나가사키의 화교가 개발한 짬뽕의 이름도 처음에는 '시나우동(支那饂飩)'이었다.[29] 여기에서 '시나(支那)'는 일본인이 차이나(China)를 낮추어 부르던 말이다. 일본인이 중국식 밀국수를 '시나우동'이라고 불렀듯이, 식민지 조선인도 중국식 밀국수를 '호면(胡麵)'[30] 혹은 '청국우동이라고 불렀다.[31] 여기에서 '호'는 만주족을 가리키고, '청국'은 만주족이 세운 중국의 마지막 왕조 청나라를 가리킨다. 그러다가 1930년대 이후 조선인은 중국 음식점의 밀국수를 그냥 '우동'이라고 불렀다. 이런 관행이 오늘날까지 한국의 중국 음식점에서 이어지고 있다.

**3**

# 식탁에 스며든 일본산 조미료,
# 아지노모토

## "문화적 조미료 아지노모도"

1925년 3월 10일자《동아일보》4면 하단에 일장기를 그려 넣은 광고가
게재되었다. 광고의 카피는 "일본의 국산으로 자랑할 것이 있는가?"라
는 질문으로 시작된다. 그 아래 "있다! 있다!"라고 하면서, "이에 유일한
문화적 조미료 아지노모도(味の素)가 있다!"라는 답을 덧붙였다. 광고의
왼쪽 부분에는 "원료는 소맥(밀가루) 味(아지)の(노)素(모도)"라고 적혀 있다.
이 광고는 화학조미료 혹은 인공조미료의 대명사로 불린 아지노모토를
소개한 것이다. 지금은 한국어로 '아지노모토(Ajinomoto)'라고 적지만, 식
민지 시기 신문에는 '아지노모도'라고 적었다.

아지노모토는 도쿄제국대학의 화학자 이케다 기쿠나에(池田菊苗,
1864~1936) 교수가 곤포(昆布, 다시마의 일종)에서 인공적인 방법으로 '글루탐
산나트륨(sodium glutamate)'을 추출하는 데 성공한 뒤 1908년 7월 25일 특
허 승인을 받으면서 탄생한 새로운 조미료다.[32] 농민 출신으로 쌀장사
를 하다가 요오드 제조 사업에 뛰어든 사업가 스즈키 사부로스케(鈴木三

郎助, 1868~1931)는 이케다의 특허에 주목해 새로운 사업이 될 수 있다고
판단했다. 그러나 스즈키는 곤포에서 글루탐산나트륨을 추출하는 방식
은 수익성이 크지 않을 거라고 보았다.

스즈키의 주장에 설득당한 이케다는 곤포 대신 밀을 이용해 글루탐
산나트륨을 추출하는 데 성공했다. 밀의 식물단백질을 염산으로 분해
해 얻은 글루탐산나트륨을 상품화하면서 처음에는 '아지세이(味精)'라는
이름을 붙였다. 이것은 이케다의 제안이었다. 그런데 '아지세이'라는 이
름은 화학약품 이미지가 강하다는 의견이 제기되었다.[33] 스즈키는 세상
에 없던 상품을 판매하기 위해서는 상품명이 아주 중요한 판매 전략이
라고 생각했다. 여러 차례 논의 끝에 마침내 이 상품은 '아지노모토(味の
素)'라는 이름을 얻었다.

아지노모토는 도쿄를 중심으로 1909년 5월 20일에 첫 출시되었다.
이 새로운 식품을 본 도쿄의 소비자들 중에는 '뱀가루'라고 오해한 사

람도 있었다. 스즈키는 소비자를 직접 만나 아지노모토에 관해 자세히 설명하면서 과학성을 부각한다면 오해를 풀 수 있으리라 생각했다. 하지만 소비자와의 접촉은 쉽지 않았다. 그러던 차에 퇴근길에 샐러리맨들이 맥주 대리점에 자주 들르는 것을 본 스즈키는 그곳에 아지노모토를 진열하고 직접 홍보 설명회를 열었다. 맥주를 사러 온 소비자들은 이 설명회를 보고서 차츰 아지노모토에 관심을 보이기 시작했다.[34]

스즈키는 여기에서 멈추지 않고 신문에도 광고를 실었다. 1909년 5월 26일 《도쿄아사히신문(東京朝日新聞)》에 게재된 아지노모토 첫 광고에는 이케다 박사의 발명품으로, 이상적인 조미료이자 식재료의 대혁신을 이루는 제품이라는 점 등을 강조한 매우 상세한 설명을 담았다. 당시 신문 광고료는 지금보다 훨씬 비쌌지만, 홍보 효과가 큰 편이었다. 또 스즈키는 전차 광고판, 팸플릿, 간판, 포스트, 가로등 광고 등을 활용한 대대적인 홍보에 나섰다. 그야말로 당시로서는 첨단의 마케팅 전략을 구사했는데, 그 결과는 대성공이었다. 일본의 가정과 음식점에서는 아지노모토를 필수 조미료로 여기게 되었다.

## 식민지 조선의 입맛을 점령하다

아지노모토가 조선에 소개된 때는 1915년이다. 《매일신보》 1915년 10월 7일자 광고에 "소맥(밀)과 대두(콩)로 정제한 순백의 분말이오니, 각종의 음식에 소량을 가하면 곧 천래의 미미(美味)를 생(生)합니다"라고 하면서, 일본·영국·미국·프랑스에서 전매특허를 냈다는 내용을 실었다. 그러나 이 광고는 일본에서 초기에 했던 설명 방식을 그대로 번역해서 실은 것에 지나지 않았다. 그런 탓인지 큰 관심을 끌지 못했다.

조선에서 아지노모토의 판매량이 급증한 때는 1929년부터였다.[35] 특

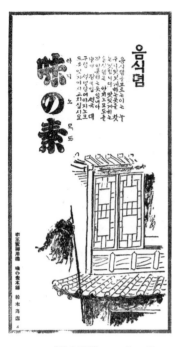

《동아일보》 1929년 10월 22
일자 6면 광고.

히 1929년 9월 12일부터 10월 31일까
지 경복궁에서 개최된 '조선박람회'는
아지노모토의 마케팅에 큰 전환점이었
다. 조선총독부는 경복궁 앞에 청사를
새로 짓고 식민 통치 20년간의 '진보'를
기념하는 조선박람회를 개최했다.[36] 아
지노모토의 일본 본사와 조선 대리점에
서는 조선박람회에 참여해 전시장에 간
판과 애드벌룬을 설치하고 경품행사를
여는 등 적극적인 마케팅을 펼쳤다.

동시에 신문 광고도 조선인들의 관심
을 끌 수 있는 방향으로 바꾸었다. 조선
인 작가를 고용해 조선인을 주인공으로
내세운 광고를 만들었다. 광고 이미지
에는 가정주부에서부터 남편·조부모·
어린이, 모던보이와 모던걸, 조선 음식점의 주인과 손님까지 망라되었
다. 이런 이미지와 함께 광고에 아지노모토가 가정의 필수품이며, 냉면
이나 국밥을 판매하는 음식점에서 아지노모토를 넣어 음식 맛을 내면
손님을 많이 모을 수 있고, 심지어 김장할 때도 사용해야 한다는 내용
을 담았다.[37]

음식점 주인들을 대상으로 한 아지노모토의 광고는 매우 구체적이었
다. 《동아일보》 1929년 10월 22일자 6면에 실린 광고에는 헤드 카피가
'음식점'이었다. 그러면서 "음식점을 고르는 이는 누구나 맛있게 하는
곳을 찾는 것입니다. 맛있게 하는 음식점은 아지노모도를 잘 이용하는

백년 식사

 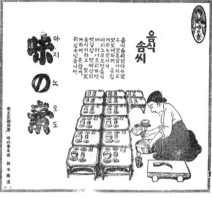

《동아일보》1929년 5월 11일자 5면 광고.　　《동아일보》1929년 10월 30일자 4면 광고.

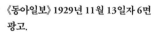

《동아일보》1929년 11월 13일자 6면 광고.

《동아일보》1929년 12월 13일자 4면 광고.

─────── 평양의 냉면집에서는 아예 아지노모토를 식탁 위에 놓아두고 손님들이 입맛대로 육수에 넣어 먹도록 했다.

곳입니다. 냉면·장국밥·떡국·대구탕·설렁탕에 아지노모도를 잊지 마시고 치십시요"라고 적었다. 국물이 들어가는 음식에는 무조건 아지노모토를 넣으라는 광고다.

광고 문구 아래의 2층 한옥 그림도 매우 사실적이다. 당시 냉면집에서는 종이로 만든 실타래를 대나무에 묶어 출입구 쪽 처마에 내걸었다. 냉면뿐만 아니라, 국수를 판매하는 음식점도 이런 표식을 내걸었는데, 아지노모토 광고에서는 이런 부분도 놓치지 않고 반영했다.

아지노모토 회사는 서울·부산·평양 지역에 홍보를 집중했다. 특히 평양에는 냉면집이 많았다. 아지노모토 회사는 평양의 냉면집 32곳의 주인들을 모아서 면미회(麵味會)와 아지노모토회를 결성했다. 아지노모토회에 가입한 냉면집에는 한글로 '아지노모도'라고 쓴 홍보용 함과 금색 캔을 경품으로 사용하라고 제공했다.[38] 냉면집에서는 한여름에는 동치미를 마련하기 어려워 따로 육수를 만드는 데 비용이 많이 들었는데, 아지노모토를 쓰면 훨씬 경제적이었다. 결국 평양 물냉면의 국물 맛은 아지노모토의 글루탐산나트륨에 지배당하고 말았다.

## 요리책을 통한 입맛 길들이기

아지노모토의 조선 판매를 책임진 스즈키상점(鈴木商店)에서는 1934년 한글로 쓴 《사계(四季)의 조선요리(朝鮮料理)》를 펴냈다. 표지에는 '아지노모도본포(味の素本鋪) 스즈키상점 찬(撰)'이라고 쓰여 있다. 곧 저자가 아지노모토 회사다. 이 요리책은 크기가 가로 11센티미터, 세로 15센티미터로, 표지와 머리말을 제외하면 40쪽의 작은 책이다. 1934년에 나온 초판본은 판권에 비매품이라고 적혀 있다. 스즈키상점에서 아지노모토를 홍보하기 위해 증정용으로 발간한 듯하다.[39]

스즈키상점에서는 1935년과 1937년에 증보판을 출판했다. 역시 상품 홍보용이었기 때문에 비매품이었다. 다만, 증보판은 크기가 가로 13센티미터, 세로 18.2센티미터로 초판본보다 커졌고, 지면도 97쪽으로 늘었다. 초판본에 실었던 52종의 요리법에다 조선 음식 45종, 서양 음식 11종을 더해 모두 108종의 요리법을 실었는데, 모든 요리법에 아지노모토가 재료로 들어가 있다.[40]

이 책의 육개장 요리법을 살펴보자. "고기를 정하게(깨끗하게) 씻어 솥에 넣고 물을 붓고 삶아서 잘 무른 후에 꺼내어 길이 칠 푼, 너비 너 푼만큼씩 썰어서 넣고 파잎을 한 치 길이씩 잘라서 펄펄 끓는 물에 넣어 데쳐서 꼭 짜서 고기와 함께 넣고 깨소금·기름·후춧가루·간장과 파를

五、육개장

재료

고기 반근
파 여섯개

사태 二十匁
곱창 二十匁
양 二十匁
호초 조금
기름 한숫가락
물 어덥사반

홈데기 十匁
웃게(이탄탄)한마디
배소금 한숫가락
간장 반보시기
아지노모도 비사시(아지노모도사시톤)

고기를음 집하게 썻어 손에 꿈을맛고 삼아서 잠무노후에 꼬내어 긴이 희문 넘이 너분 만큼식 씰어서뷔고 파읽을 합치 질니식 찰나서 원분 끔는 골에 넣이 대처서 쌕싸서 고기와 한게넝고 배소금 기뮴 호초가루 간장과 파뮬 이거뵈고 참석어서 민든후 고기국내 쌀아넣고 다시 끓이서 간을 맞우어 만화모 끌면후에 아지노모도룰 치고 푸나니라

———— 스츠키상점에서 발간한 《사계의 조선요리》 중 육개장 요리법.

이겨 넣고 잘 섞어서 만든 후 고깃국에 쏟아 넣고 다시 끓여서 간을 맞추어 만화(慢火, 약한 불)로 끓인 후에 아지노모도를 치고 푸느니라." 소고기 반 근(300그램)으로 만드는 육개장에 들어가는 아지노모토의 양은 네 사시(沙匙, 자루가 짧은 사기 숟가락)이다. 같은 책의 '가리구이', 즉 갈비구이 요리법에도 아지노모토는 반드시 넣어야 한다고 적혀 있다. 암소 갈비 두 대로 갈비구이를 할 때 양념은 간장·파·마늘·참기름·후춧가루·설탕, 그리고 네 사시의 아지노모토를 넣어야 한다는 것이다. 음식점뿐 아니라 가정에서도 본격적으로 사용하기 시작한 일본산 아지노모토는 식민지 조선 사람의 입맛을 점차 길들이고 있었다.

**4**

# 선일융화를 실현한
# 일본 장유

## 간장과 장유

간장은 한자로 '간장(艮醬)'이라고 쓴다. 그런데 한자 '간(艮)'은 음차하여 썼을 뿐 본래의 한자 뜻과는 관계가 없다. "간을 맞춘다"라는 말의 '간'은 고유어다. '간장'이란 말이 등장하는 조선시대 문헌은 15세기 중반 세조(世祖, 1417~1468) 때 어의(御醫)였던 전순의(全循義, 생몰년 미상)가 편찬한 《산가요록(山家要錄)》이다. 한문으로 쓰인 이 책에는 장 제조법 몇 가지가 나오는데, 그중 하나가 바로 '간장'이다. 그런데 《산가요록》의 간장 만드는 법은 19세기 이후 알려진 제조법과 약간 다르다.[41] 이후 임진왜란과 병자호란을 겪으면서 이전 시기의 문헌들이 많이 사라진 탓에 《산가요록》 외에는 한동안 문헌에서 '간장'을 언급한 사례를 찾기가 어렵다.

17세기 이후에야 왕실과 민간의 문헌에서 '간장'이란 단어를 적지 않게 볼 수 있다. 그런데 17세기 말 경상도에 살던 장계향(張桂香, 1598~1680)이 한글로 쓴 《음식디미방》이란 요리책에는 '간장'이란 말 대신에 '지렁'이란 말이 나온다. 아마도 경상도 사람들은 간장보다는 지렁이란 말

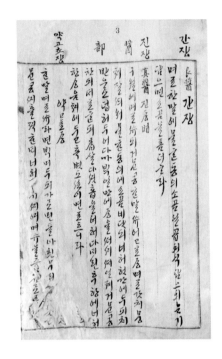

─────── "메주 한 말에 물 한 동이 소금을 일
곱 되씩 담되 늦게 담으면 소금을
좀 더 하라"고 적힌 《시의전서·음
식방문》에 나오는 간장 제조법.

을 더 많이 사용한 듯하다. 이후 19세기 말에 경상북도 상주의 어느 집
안에서 쓴 것으로 추정되는 《시의전서(是議全書)·음식방문(飮食方文)》이란
요리책에는 지령이 아니라 '간장'이라고 적혀 있다. 이로 미루어보아 서
울말 간장이 그즈음에 전국적인 단어로 자리 잡은 듯하다.

그런데 간장의 중국어는 '장유', 일본어는 '쇼유'로, 둘 다 한자는 '장
유(醬油)'라고 쓴다. 그 이유는 다음과 같다. 중국의 남송(南宋, 1127~1279) 때
의 임홍(林洪, 생몰년 미상)이 쓴 《산가청공(山家淸供)》에 처음으로 '장유'란 단
어가 등장한 이후 많은 문헌에서 이 말이 나온다. 일본의 승려 중 남송
으로 유학을 다녀온 이들이 많았는데, 그들이 남송의 여러 문헌을 일본
으로 가져와 전했다. 15세기 이후 일본의 문헌에 중국 문헌의 '장유'라

백년 식사

는 단어가 등장하며, 후대의 일본 문헌에서는 간장을 '장유'라고 적었다. 조선시대 문헌에도 '장유'라는 단어가 나오지만 주로 중국과 일본의 간장을 가리킬 때 썼지 민간에서는 널리 사용하지 않은 듯하다.

대한제국 시기 창덕궁의 건축도면 중에 '장유고(醬油庫)'란 명칭이 보인다.[42] 일본 관리가 창덕궁을 개조하면서 붙인 이름인 듯하다. 19세기 후반부터 조선에 거주하는 일본인이 늘어나면서 서울을 비롯해 그들의 집단 거주지에는 어김없이 '장유회사'가 들어섰다. 심지어 조선인 사업가도 장유회사 설립에 나섰다. 1909년 2월 조선인 조의연(趙義淵)과 김용제(金鎔濟)는 거액을 들여 지금의 서울 종로구 효자동에 대한장유제조주식회사(大韓醬油製造株式會社)를 설립했다.[43] 이런 과정에서 간장의 일본어 한자 '장유'가 조선인들 사이에서 보통명사로 자리 잡아갔다.

## 일본 장유의 근대적 개량

일본은 1868년 근대적인 국가로 나아가기 위해 '메이지유신(明治維新)'이라는 위로부터의 개혁을 단행했다. 이때 나온 구호 중 하나가 "서양을 배우자!"라는 것이었다. 그런데 일본의 근대화론자 중에는 서양의 과학 기술을 도입해 재래식을 개량해야 한다고 주장하는 사람들이 생겨났다. 서유럽에 가서 과학 기술을 공부하고 온 일부 학자는 일본식 된장인 미소(味噌)에 함유된 콩 단백질의 우수성을 증명했다.[44]

이에 중소 규모의 장유회사가 일본 열도 곳곳에 들어섰지만 초창기 공장제 장유는 재래식 장유보다 품질이 좋지 않아 소비자에게 외면을 받았다.[45] 일본의 공장제 장유는 화학자들이 실험실에서 발효공학을 연구해 좋은 성과를 내면서 차츰 질이 나아지기 시작했다. 특히 1902년을 전후로 술에 관한 발효공학 수준이 높아지면서, 비슷한 공정을 거치는 장유 생산 기술도 덩달아 산업화의 길을 걷기 시작했다. 이후 일본의 장유는 재래의 농산물 식품에서 최신 화학공업의 성과가 반영된 가공식품으로 그 위상이 바뀌게 되었다.

오늘날 일본 장유의 기초는 농학자 도가노 메이지로(梅野明二郎, 1882~1940)에 의해 이루어졌다. 그는 1913년에 거의 900쪽이 넘는《최신 장유양조론(最新醬油釀造論)》을 펴냈다. 이 책에서 그는 장유를 빠른 기간에 발효하는 속양법(速釀法)을 제시했다.[46] 이 속양법의 바탕에는 제조공장의 청결과 발효균의 제어, 그리고 기계적 생산이 있었다.

조선의 간장은 대두(大豆)라고 불리는 황색의 큰 콩을 쪄서 직사각형이나 원형의 메주를 만들어 실외에 두고 띄운 다음, 메주를 깨끗하게 씻어 소금물을 담은 항아리에 넣고 발효해 만든다. 5개월쯤 지나서 메주 건더기와 간장을 가른 뒤 간장을 솥에 넣고 끓인 다음 다시 항아리에 담아 숙성한다. 일본 장유의 주재료도 대두이다. 그런데 도가노가 제시한 속양법 공정에는 밀가루를 볶아서 찐 콩과 섞어 누룩실에서 발효해 메주를 만든다. 이것을 발효 통에 넣고 숙성한 다음 짜서 생(生)장유를 추출한다. 생장유를 두 번에 걸쳐 끓이면 시판할 수 있는 장유가 완성된다.

한편, 1887년에 결성된 노다장유양조조합(野田醬油釀造組合)에서는 온도조절을 통해 황국(黃麴) 미생물을 배양해 대두와 밀로 만든 메주에 접종한 후 석탄으로 불을 때서 온도를 높여 발효 시간을 단축하는 방법을 고안했다. 1917년 노다장유주식회사로 전환되면서 장유 생산은 본격적인 공업화의 길을 걸었다. 1920년대 도시에 거주하는 일본인들은 대부분 공장에서 생산된 장유를 구매했다.

## "장유라는 것이 선일융화를 실현시켰다"

식민지 조선에 거주한 일본인들에게도 일본식 장유는 필수품이었다. 서울을 비롯한 한반도 각지의 일본인 거주지에는 일본인에 의한, 일본인을 위한 장유양조장이 들어섰다.[47] 그러나 1910년대까지만 해도 장유양조장의 시설이 영세해서 일본에서 들여온 장유가 더 많이 판매되었다. 1920년대 이후, 일본의 장유 생산이 공업화의 길을 걸으면서 조선에 있는 영세한 장유양조장은 통폐합되어 대형 공장 위주로 재편되었다.

식민지 시기 조선의 일반 가정에서 일본식 장유를 사용하는 일은 드물었다. 조선인 입맛에는 일본식 장유가 간장에 비해 달고 깊은 맛이 없었기 때문이다. 그러나 일본인 손님이 많았던 조선요리옥은 일본식 장유로 만든 음식을 제공했다. 당시 김재은이라는 인물은 1919년경 고급 조선요리옥에 갔다가 "통곡할 현상을 구경한 일이 있다. 조선의 요리 독립까지 잃어버리는 것을 구경했다"라고 했다.[48] 스키야키(すき焼き, 장유·설탕 등으로 만든 다레(タレ)에 얇게 썬 소고기·대파·두부·배추·곤약 등의 재료를 넣고 자작하게 졸인 일본의 냄비 요리)가 신선로를, 후쿠진즈케(福神漬, 무·가지·오이·생강·연근 등을 얇게 썰어 장유·설탕·미린(味醂, 술의 일종으로 달콤한 맛의 조미료)의 혼합물에 절인 음식)가 짠지를, 양과자가 다식을, 정종이 소주를 정복했다고 하면서, "장유라는 것이 우리나라 간장을 동화시켜가지고 소위 선일융화(鮮日融和)를 실현시켰다"고 탄식했다. 여기에서 '선일'은 조'선'과 '일'본을 가리킨다.

조선의 일부 부유층과 지식인들은 이런 고급 조선요리옥을 드나들면서 일본식 장유의 맛에 길들었다. 1930년대 조선의 도시민 중에는 일본의 식민지에서 벗어날 가능성이 별로 없다고 여기는 사람들이 많았다. 그들 중에는 일본인이 전파한 각종 신문물을 즐기는 사람도 적지 않았

다. 《동아일보》 1935년 5월 16일자 석간 4면의 〈가정 일용품 상식〉이란 칼럼에 '진간장의 좋은 것을 가리는 법'이란 글이 실릴 정도로 이미 일본식 장유는 필수품의 위치에 올랐다.[49] 조선의 부유층 주부들은 일본식 장유를 '왜간장' 혹은 '진간장'이라고 부르면서 일본 음식은 물론이고 조선 음식에도 사용했다.

1937년 중일전쟁이 일어나면서 일본의 장유회사에서는 주원료인 콩과 밀의 수급에 어려움을 겪었다. 이때 개발된 장유가 산분해(酸分解) 장유 혹은 아미노산 장유이다.[50] 이 장유의 주재료는 콩과 밀이 아니라, 콩깻묵·땅콩깻묵·비지 등이다. 이 재료를 식용 염산으로 가수분해하

백년 식사

여 단백질 성분인 아미노산을 추출한 다음 식용 수산화나트륨(caustic soda, 가성소다)이나 탄산나트륨(sodium carbonate, 탄산소다)을 넣어 중화한다. 여기에 기존 장유의 색과 맛과 향을 내는 화학약품을 추가하면 산분해 장유가 완성된다.[51] 이 방식은 콩과 밀이 아닌 곡물의 부산물을 사용하고, 발효 과정을 거치지 않아 단기간에 대량 생산이 가능하며 제조 원가가 저렴하다.

1945년 8월 15일 해방 이후, 그 많던 일본식 장유회사는 한국인 손에 넘어갔다. 그러나 일본인 장유 기술자들은 자신들 밑에서 일하던 조선인 노동자들에게 산분해 장유의 생산 기술을 알려주지 않은 채 일본으로 돌아갔다. 해방 후 2년여가 지난 1948년 4월에야 일본인이 남겨놓고 간 장유회사의 실험실에서 한국인이 산분해 장유 생산에 성공했다.[52] 식민지가 끝났음에도 불구하고 적산(敵産, 일본인이 남긴 재산)으로 남은 장유공장에서 한국인이 생산한 일본식 장유와 산분해 장유가 음식점은 물론이고 가정의 부엌으로 진하게 스며들었다.[53]

# 제국으로 옮겨간
# 야키니쿠와 가라시멘타이코

## 도쿄 조선요리옥 명월관의 메뉴, 야키니쿠

1920년대 중반 이후 일본 단체 여행단이 조선을 방문하는 일이 크게
늘었다.[54] 일본인 단체 여행단은 부산에서 기차를 타고 경주를 방문한
후 서울에 도착했다. 서울에서의 주요 관광지 중 하나는 기생의 접대를
받을 수 있는 조선요리옥이었다. 서울을 다녀간 일본인이 늘어나자, '명
월관(明月館)'이라는 상호의 조선요리옥이 도쿄 간다(神田)의 사루가쿠정
(猿樂町)에서 문을 열었다.

　도쿄 명월관은 평양의 한 기생이 1926년경에 개업했는데, 장사가 잘
되어 1928년경에는 신주쿠(新宿)에도 지점을 냈다.[55] 도쿄 명월관 본점
은 2층 양옥 건물로, 입구에는 '조선요리 명월관'이란 돌출 간판이 붙어
있었다. 1층은 식탁 3개와 의자 10여 개가 놓인 입식 홀이고, 2층은 바
닥에 다다미(畳, 속에 짚을 넣고 돗자리를 씌워 꿰맨 직사각형의 바닥재)가 깔린 좌식 방
으로 구성되었다. 손님의 3분의 2는 일본인이었고, 나머지는 조선인이
었다. 그러나 메뉴는 오로지 조선 음식이었다. 메뉴 중에는 장국밥·떡

───── 숯불 화로는 식민지 시기에 갈비구이뿐 아니라 각종 구이 음식을 요리하는 데 사용된 도구였다. 1910년대부터 서울에서 숯불 고기구이 음식점이 유행했다. 1920년대에 평양 사람들은 모란봉 같은 야외에서 숯불 고기구이를 즐겨 먹었다. 이런 유행은 신의주를 거쳐 지금의 중국 랴오닝성(遼寧省) 선양시(沈陽市)의 조선족 마을에까지 퍼졌다. 사진은 2013년 7월, 선양시 만룽촌(滿融村) 조선족 음식점에서 숯불 화로로 고기를 굽는 모습이다.


국·약밥 같은 주식과 김치·깍두기·반찬 등을 비롯해 갈비구이도 있었다.[56]

식민지 시기 서울 사람들은 갈비를 '가리'라고 불렀다.[57] 당시 지금의 서울 종로구 낙원동에 있던 냉면집에서 '가리구이'를 판매했다. 이 냉면과 갈비구이가 일본에 사는 조선인들 사이에서도 유행했다. 1930년대 후반 오사카의 조선인 거주지 근처에는 냉면과 갈비구이를 판매하는 음식점이 제법 많았다. 이 음식점에서는 식탁 가운데에 숯이 든 화로를 놓았다. 화로에 불을 지핀 다음 석쇠에 갈비를 놓고 손님이 직접 고기를 굽도록 했다.[58] 이런 방식을 처음 접한 일본인 손님들은 대단히 좋아했다. 그러자 조선 음식점에서는 갈비뿐 아니라 각종 소고기 부위를 구이의 재료로 내놓았다.

일본인은 이 음식을 '야키니쿠(燒肉)'라고 불렀다. 오늘날 일본어 '야키니쿠'는 소와 돼지 등의 고기와 내장에 소스를 묻혀 직화로 굽는 요리를 가리키는 말이다. 1900년대 도쿄 시내 골목에는 포장마차로 영업하는 야키니쿠집(燒肉屋)과 야키토리집(燒鳥屋)이 많았다.[59] 주인은 소고기와 부속물, 닭고기와 부속물을 대나무 꼬치에 꽂아 장유(일본식 간장)로 양념해 숯불에 구워서 손님들에게 낱개로 팔았다. 좁은 포장마차에는 앉을 자리가 변변치 않아서 손님들은 서서 꼬치구이를 먹었지만 음식 값이 일반 음식점보다 많이 쌌기 때문에 불평하는 사람은 드물었다. 손님들은 대부분 노동자들이었고, 조선인과 인도인 같은 외국인도 많았다.

야키니쿠를 먹어본 일본인 손님들은 도쿄와 오사카의 조선요리옥과 냉면집에서 판매하는 소고기구이도 야키니쿠라고 불렀다. 그런데 2000년대 이후 일본에 소개된 한국의 불고기는 야키니쿠라고 부르지 않고 한국어 발음을 그대로 살려 '푸루코기(プルコギ)'라고 부른다. 심지어 야키니쿠는 일본 음식, 푸루코기는 한국 음식이라고 생각한다. 조선의 갈비구이나 소고기구이는 20세기 초반 일본에 유입되었지만, 식민지 음식이었으므로 일본식으로 야키니쿠가 되었고, 시간이 흐르면서 일본 음식으로 자리 잡았다.

### 일본 어부들, 함경도 명태를 싹쓸이하다

야키니쿠와 마찬가지로 일본인 중에는 명란젓을 일본 음식으로 여기는 사람들이 많다. 명란젓은 명태의 알을 소금에 절인 음식이다. 명란젓의 일본어는 '멘타이코(明太子)'다. '멘타이코'는 '명태의 알'이란 뜻이다. 명란젓의 다른 이름으로 '가라시멘타이코(辛子明太子)'가 있다. '가라시멘타이코'의 '가라시(辛子)'는 고추를 가리킨다. 즉, '가라시멘타이코'는 명란을 소금에 절인 후, 고춧가루를 겉에 바른 젓갈이다. 일본에서는 어패류의 살이나 내장, 알 등을 소금에 절여 발효한 젓갈을 '시오가라(鹽辛)'라고 부른다. 그래서 일본인은 명란젓을 '시오가라'의 일종으로 일본 음식이라고 여긴다.

그러나 명란젓은 조선시대 함경도 사람들이 먹던 음식이다.[60] 조선시대 사람들은 생선의 알을 소금에 절여 햇볕에 반쯤 말린 어란(魚卵)을 만들어 밥반찬이나 술안주로 먹었다. 명란젓은 어란의 한 종류였다. 다만, 명란은 알집이 단단하지 않아 겨울이 아니면 상온에서 쉽게 썩어서 명태를 잡자마자 명란을 소금에 절여두었다.[61]

명태에 관한 기록은 17세기 문헌에서부터 나온다. 문헌에서는 북쪽에서 나는 생선이라서 '북어(北魚)'라고 적었지만, 민간에서는 명씨(明氏) 어부가 잘 잡아서 명태라고 불렀다는 주장이 있다. 조선 후기 함경도 어부들은 초겨울에 명태를 대량으로 잡아서 관찰사에게 세금으로 냈다. 함경도 관찰사는 엄청나게 많은 양의 명태를 수레에 실어 서울의 왕실로 보냈다. 거의 한 달이 넘는 동안 함흥에서 서울로 옮겨지면서 명태는 얼었다 녹았다를 반복했고, 서울에 도착하면 꾸덕꾸덕 마른 상태가 되었다. 이 과정에서 명태의 살이 연해져 맛이 좋았다.

1883년 7월 조선과 일본이 맺은 '조일통상장정'에는 경상도·전라도·강원도·함경도 연안에서 일본 어부들이 어로 행위를 할 수 있는 통어권(通漁權) 허락 조항이 들어 있었다. 그러자 일본 시코쿠(四國) 지역 어부들이 대거 동해안 어촌으로 이주했다. 일본 어부들은 함경북도 경흥에서 함경남도 원산까지 이어지는 동해 어장에서 명태가 대량으로 잡

─── 1920년대 함경남도 북청군 남쪽 신포(新浦) 지역의 명태 덕장. 겨울에 생태를 매달아 두면 날씨와 기온에 따라 건조, 동결, 해동을 반복하면서 명태 살이 부드러워진다. 19세기 이후 명태가 전국으로 유통되면서 개발된 방법으로 추정된다.

히는 광경을 목격하고 깜짝 놀랐다. 일본인은 명태를 먹지 않았지만, 조선인이 매우 좋아한다는 사실을 알고 일본 어부들은 명태 잡이에 몰두했다.

1910년대 이후 원산을 비롯해 함경도의 주요 어항에 진출한 일본 어부들은 발동선으로 명태를 싹쓸이하기 시작했다.[62] 원래 조선인 어부들은 걸그물이라 불리는 자망(刺網)으로 명태를 잡았다. 자망 어법은 옆으로 기다란 사각형의 그물을 어군이 지나는 통로에 수직으로 펼쳐서 그물코에 걸리도록 하여 잡는 방법이다. 그러나 일본 어부들은 수조망(水繰網) 어법으로 명태를 잡았다. 수조망은 너비가 매우 넓은 그물이다. 이 그물로 명태 어군을 삥 둘러서 해당 구역 내의 명태를 휩쓸어 잡으면 말 그대로 싹쓸이할 수 있었다.

심지어 일본 어부들은 석유로 운항하는 발동선을 타고 명태잡이를 했다. 1930년 함경남도 어항에서 가동되었던 발동선은 모두 24척이었는데, 그중 21척이 일본인 소유였다. 일본인들은 속도가 빠른 발동선을 타고서 수조망으로 명태 치어(稚魚)까지 모조리 잡아들였다. 1920년대 말부터 함경도의 주요 어항에서 활동했던 조선 어민들은 이 문제를 여론화했지만[63] 식민지의 어부들이 제국의 어부들을 이길 방법은 없었다.

## 명란젓의 유통을 장악한 일본 상인들

함경남도 홍원군의 삼호(三湖)는 1920~1930년대 당시 전국에서 명태 어획량이 가장 많은 어항이었다. 그런데 당시 일본 어부들이 어항을 장악하고 있었다. 일본 상인들은 명태의 가공은 물론이고 명란마저도 통조림으로 가공하여 일본 열도를 비롯해 타이완과 만주로 수출했다. 이에 1933년 8월 25일 '삼호마루보시(三湖丸干し, 마루보시는 생선의 내장을 제거하지 않고 건조한 생선)상점'의 대표 지표준은 면장과 어민들을 모아서 명란 문제 협의회를 결성했다.[64] 그러나 가공 기술이 일본에 미치지 못한 탓에 판매가 부진했다. 일본인이 운영하는 명란 상점에서는 가공한 고급 명란젓을 비싼 값으로 일본 시장에, 하급품을 조선의 내수 시장에 판매했다.[65]

1930년대 초반 일본인 명란 상점에서는 명란을 씻어 물기를 뺀 다음에 소금에 절여 고춧가루를 겉에 바르고 나무로 만든 통에 넣어 판매하는 가공 기술까지 개발했다.[66] 조선에서 명란을 취급하던 일본인 상점 중 히구치상점(樋口商店)은 명란 가공 기술이 뛰어난 곳 중 하나였다. 히구치상점의 주인인 히구치 이쓰하(樋口伊都羽, 1872~1956)는 도쿄 출신으로,

1897년경 가난에서 벗어나기 위해 조선에 와서 경찰이 되었다. 1907년
경 그는 조선 어부들이 명태를 가공하면서 명란을 따로 상품으로 만들
지 않는다는 사실을 알고 경찰을 그만두고 원산에서 히구치상점을 차
리고 명란 가공업에 뛰어들었다.[67] 히구치상점에서는 명란젓을 시모노
세키(下關)로 보내면서 '멘타이코'라고 부르지 않고, '시오가라'라고 불렀
다. 1905년 러일전쟁 후에 시모노세키와 부산 사이에 연락선(連絡船)이
생기자, 1907년 히구치는 상점을 원산에서 부산으로 옮겼다. 그는 원산
에서 시모노세키로 명란젓을 보내는 것보다 부산에서 보내는 편이 훨씬
효율적이라고 판단했다. 만주에 진출한 일본인들의 명란젓 수요도 적지
않았는데, 이 또한 부산에서 철로를 이용해 공급하는 데 큰 어려움이 없

었다. 이미 원산에서 서울까지, 서울에서 부산까지, 부산에서 만주의 펑텐(奉天, 지금의 선양)까지 철로가 놓였으므로 부산은 유통의 중간 지점이었다.

1945년 8월 15일 제2차 세계대전이 일본의 패전으로 끝나자 히구치는 후쿠오카(福岡)의 하카타(博多)로 이주했다가, 사위의 고향인 미에현(三重県)의 한 마을로 옮겨 살았다. 모든 사업 자산을 부산에 그대로 두고 귀국한 히구치는 더는 명란 사업을 하지 못했다. 하지만 시모노세키와 후쿠오카 하카타의 기존 생산업자들은 가공과 판매를 이어갔다.[68] 그 중 하카타의 가와하라 도시오(川原俊夫, 1913~1980)는 1949년 1월 10일부터 '맛있는 명란(味の明太子)'이란 상표의 명란젓을 판매해 크게 성공했다. 이후 하카타는 일본 가라시멘타이코의 고향이 되었다.

일본의 멘타이코와 가라시멘타이코는 식민지 조선에서 제국 일본으로 건너간 음식임을 부정할 수 없다. 다만, 명란을 소금에 절여 고춧가루를 입힌 가라시멘타이코는 식민지 시기 조선인과 조선의 일본인에 의해 개발된 것일 수 있다. 이후 멘타이코는 일본인의 기호품으로서 상품화의 길을 걸었다. 식민지의 맛이 제국의 맛이 된 것이다.[69]

1970년대까지만 해도 음식의 역사를 연구하는 학자들 대부분은 제국의 음식이 일방적으로 식민지에 전파되었다는 주장을 많이 펼쳤다. 하지만 1980년대 이후 음식의 역사를 연구하는 학자 중에는 제국과 식민지의 지배관계가 해체된 후에 오히려 식민지의 음식이 제국으로 이동하는 사례가 있음을 증명하기 시작했다.[70] 영국의 커리가 그러하고,[71] 일본의 야키니쿠와 가라시멘타이코가 그러하다.

3부

# 전쟁의 식탁

배급, 통제,
그리고 구호의 식생활

## 일제의 총력전체제와 식품 배급제

1929년에 시작된 대공황은 1933년 말 거의 모든 자본주의 국가를 휩쓸고 지나갔으며, 1939년까지 여파가 지속되었다. 이러한 상황에서 일본 육군은 군사력 강화와 전쟁 준비를 최우선에 둔 군국주의(軍國主義)로 무장했다. 1931년 9월 18일 '만주사변'을 일으켜 중국 북동부를 점거한 일본은 다음 해 괴뢰국가인 '만주국(滿洲國)'을 세웠다. 이후 1937년 7월 베이징 교외에서 일어난 일본군과 중국군 사이의 싸움을 빌미로 일방적인 중국 침략에 돌입했다(중일전쟁). 일본은 1941년 12월 8일(미국 시간 12월 7일) 선전포고도 없이 하와이의 진주만을 공습해 미국과도 전면전을 벌이며 태평양전쟁을 일으켰다. 이로써 제2차 세계대전은 아시아·태평양으로까지 확대되었다.

1945년 8월 15일 일본 쇼와(昭和, 재위 1926~1989) 천황이 항복 선언을 하기까지, 중일전쟁부터 8년여의 전쟁은 일본 군국주의의 총력전이었다. 식민지 조선인도 "일본과 조선은 하나다"라는 '내선일체(內鮮一體)'의 이데올로기 아래에서 '총후(銃後, 후방)의 황국신민(皇國臣民)'이 될 것을 강요받았다.[1] 조선총독부는 군수품 생산을 늘리고 모든 물품을 전선에 투입하기 위해 경제구조를 전시경제로 재편했다.

전시경제의 핵심은 전쟁에 필요한 물품 위주로 생산체제를 가동하는 것이었다. 이를 위해 조선총독부는 쌀, 보리, 밀 등 곡류를 비롯해 채소·과일·소고기·돼지고기·닭고기·설탕·고추·간장·된장·식용유·과자류·연료류 같은 생활필수품의 생산과 소비를 강제로 통제했다.[2] 이러한 생필품 통제정책은 특히 농산물 산지에서 떨어져 있는 도시 거주민들의 식생활에 큰 영향을 미쳤다. 조선총독부는 식생활 문제를 해결하기 위해 전국적으로 나물 캐기 같은 식민지 조선인의 대용 식품 확보를 강제했다.

### 해방 후에도 지속된 식량 부족 문제

1945년 8월 15일, 드디어 한반도는 일제의 강압적인 지배에서 해방되었다. 그러나 해방의 기쁨도 잠시, 국내에서 간신히 생활해온 사람들이나 해외에서 귀국한 사람들이나 생활 형편은 그전과 크게 달라지지 않았다. 특히나 식생활은 더욱 궁핍해졌다. 미군이 남한을 통치하면서 행정적으로 어느 정도 안정되었지만, 연이은 벼농사의 흉작으로 인해 일부 부유층을 제외한 국민 대다수는 끼니조차 해결할 수 없는 상황에 처했다.

엎친 데 덮친 격으로 해방 이듬해인 1946년 5월에는 전염병인 콜레라가 돌기 시작했다. 남한의 미군정청에서 미군들에게 한국산 음료를 사 먹지 못하도록 지시할 정도로 상황이 심각했다. 심지어 냉면 판매 금지령까지 내려 6월 1일부터는 음식점에서 냉면을 사먹을 수 없게 되었다. 1948년 8월 15일, 남한에 대한민국 정부가 수립된 이후에도 식량 부족 문제는 쉽게 해결되지 않았다. 식량 부족을 핑계 삼아 소 도살이 암암리에 행해지자, 서울시에서는 1949년 1월 1일부터 소 도살을 제한하는 행정명령을 내렸다. 또 정부에서는 1949년 8월 12일부터 매주 수요일을 소고기를 먹지 않는 '무육일(無肉日)'로 정했다. 나아가 1950년 3월부터 매주 수요일에 요정과 일반 음식점에서 술과 고기를 팔지 못하도록 했다. 그러나 식량이 부족한 상황에서 행정당국의 명령은 제대로 시행될 수 없었다.

### 한국전쟁, 극단적인 식량 부족의 시대

1950년 6월 25일 북한의 남침으로 시작된 한국전쟁은 1953년 7월 27일에 휴전협정이 체결되기까지 3년여 동안 한국인의 식생활을 극단적인 상황으로 몰아갔다. 최악의 식량 부족 상황에서 유엔군의 참전과 구호물자로 피란민이나 피란을 떠나지 않은 사람이나 모두 간신히 생명을 유지할 수 있었다.

특히 1950년 11월 북한군을 지원하기 위해 중국군이 참전하면서 1951년 1월 4일 서울이 다시 공산군 치하에 들어갔다. 이때 가장 많은 피란민이 생겼다. 1951년 3월 16일 유엔군과 한국군은 다시 서울을 수복했다. 수복된 지역마다 피란민 구호품이 지원되었다. 의복과 침구류 같은 기본적인 생활용품과 밀·설탕·분유 같은 미국산 식료품이었다.

전선이 밀고 밀리던 상황에서도 임시정부가 머물고 있던 부산에는 비록 시설이 평시만 못했지만 최고급 요릿집이 손님으로 붐볐다. 유엔군 구호품인 미국산 밀가루로 만든 음식을 판매하는 음식점이 문을 열고 길거리 좌판도 곳곳에 자리 잡았다. 한국전쟁은 한반도의 북쪽 사람들이 남쪽으로 대거 이주한 사건이기도 했다. 북쪽에서 내려온 사람들이 생계를 위해 운영한 음식점이 부산은 물론이고 제주도에까지 들어섰다. 한국전쟁은 남과 북으로 구별되던 한반도의 음식 지형을 마구 흔들어놓았다.

**1**

# "총후의 국민은 쌀을 절약하고 대용식을 먹읍시다"

## 수입한 만주의 좁쌀, 전방으로 보내는 조선의 쌀

부산에 사는 일본인을 위해 발행된 《부산일보》 1939년 8월 1일자 석간 2면에 〈총후의 국민은 쌀을 절약하고 대용식을 먹읍시다〉라는 기사가 실렸다. 제목의 '총후(銃後)'는 전쟁의 현장인 전선(戰線)에 반대되는 일본어로, 전방에서 비교적 멀리 떨어져 있는 지역인 '후방(後方)'을 뜻하는 말이다. 대용식(代用食)은 쌀을 대신하는 끼니를 가리킨다. 즉, 후방에 있는 국민은 전방의 군인들에게 쌀을 제공하기 위해 다른 식재료로 끼니를 때우자는 캠페인이다.[3]

1937년 7월 일본군은 중국 베이징을 침략한 후 바로 남하하여 12월 13일 국민정부의 수도였던 난징(南京)을 점령하고 3개월 동안 중국인 20만~30만 명을 학살했다(난징 대학살). 1939년 7월 일본군은 중국 전역에서 침략전쟁을 일으키고 있었다. 이런 상황에서 조선총독부는 식민지 조선인에게 쌀을 절약하고 대용식을 먹자는 국민운동을 펼쳤다.

쌀을 대신하는 곡물은 만주에서 수입한 좁쌀(粟)과 일본과 한반도 남

─────── 《부산일보》 1939년 8월 1일자 석
간 2면. 후방의 국민은 쌀 대신 좁
쌀과 보리를 먹자는 기사를 싣고
서, 이 기사 위에는 '산꼭대기의
적진을 점령하고 만세를 부르는
황군부대(皇軍部隊) 용사'의 사진
을 실었다.

쪽에서 생산한 보리였다. 이런 잡곡을 섞어 지은 밥을 혼식(混食)이라고
불렀다. 그래도 식량이 부족하자, 조선총독부에서는 만주에서 수수(高粱)
를 수입하여 배급제로 나누어주었다. 또 감자·고구마·호박·나물 등으
로 끼니를 해결하라고 강요했다. 당시 친일 관료와 지식인 중에는 이런
캠페인에 앞장서는 사람이 많았다.

### 대용식이란 무엇인가?

가장 대표적인 인물이 홍선표(洪善杓)다. 그는 1937년경 조선찬연구소(朝
鮮饌研究所)를 설립하고, 1940년 6월에 《조선요리학(朝鮮料理學)》을 펴냈다.[4]
홍선표는 남성 작가로, 조선 음식 예찬론자였다. 그러나 엄중한 총력전

체제 아래에서 조선총독부의 대용식 캠페인에 앞장섰다. 그는 〈대용식이란 무엇인가〉라는 글에서 육식 대신 채식주의로 가자고 주장했다.[5]

그는 먼저 대용식은 보리와 좁쌀뿐 아니라, 지방에 따라 옥수수 또는 감자로 밥을 지어 먹을 수 있고, 그것도 힘들면 칡뿌리로 끼니를 해결할 수 있다고 보았다. 그러면서 이런 대용식이 장수에 좋다는 점을 강조했다. 그는 옛날부터 장수하는 사람을 보면 채식만 하는 사람이 많았다는 점을 근거로 내세웠다. 특히 감자는 쌀보다 값이 싸고 영양가도 많고 맛도 훌륭하다며 다양한 감자 요리법을 소개했다.

① 감자잡채: 감자를 무채 썰듯 잘게 썰고 양파나 부추를 역시 무채 썰듯 썰어서 소금에 20분 동안 절였다가 물을 짜 버린 뒤에 참기름에 볶는다.
② 감자녹말: 감자를 여름에 물에 담가 썩혀서 죽같이 되거든 다시 물을 여러 번 갈아내어 곱게 녹말을 만들어 볕에 말렸다가 가루가 되거든 떡이나 전병을 만들어 먹는다.
③ 감잣국: 감자를 깍두기같이 썰어 국을 끓인다.
④ 감자전유어: 감자를 제 모양대로 얇게 썰어 밀가루를 씌워 기름에 지진다.
⑤ 감자과자: 감자를 깍두기같이 썰어 꿀과 엿을 넣고 약간 끓이되 감자가 익을 만하거든 그릇에 담아놓고 냉수를 다른 그릇에 떠다놓았다가 감자를 젓가락으로 집어 냉수에 잠깐 담갔다가 먹으면 훌륭한 과자가 된다.
⑥ 감자떡: 감자를 썰어 무떡 모양으로 시루떡에 넣어서 만들 수 있다.
⑦ 삶은 감자: 감자를 그대로 물에 삶아 점심 대신 먹을 수 있다.
⑧ 감자찌개: 감자를 간장이나 고추장에 졸여 찌개를 할 수 있다.
⑨ 감자밥: 감자를 잘게 썰어 밥에 두어 먹는다.
⑩ 감자엿: 엿을 고을 때 감자를 넣어 끓인다.

——— 《매일신보》 1939년 1월 3
일자 11면에 실린 홍선표
의 〈대용식이란 무엇인가
(상)〉.

　그러나 홍선표가 제시한 감자 대용식 요리법이 실제로 일반 가정에
서 얼마나 쓰였는지 확인할 길은 없다. 감자잡채는 요사이 가정에서 간
혹 만들어 먹는 감자채볶음과 비슷하다. 다만, 오늘날에는 참기름 대신
식용유를 쓰는 점이 다르다. 총력전체제에서 참기름을 구하기도 힘들
었을 테니, 이 요리법을 부엌에서 실천하기는 어려웠을 것이다. 감자과
자도 꿀이나 엿을 넣기에는 부재료가 비쌌을 것이다. 홍선표는 '채식주
의' 이야기까지 하면서 대용식을 제안했지만, 그의 글은 당시 일반 가정
의 살림살이 형편과 동떨어진 선전용이었을 가능성이 크다.

### 정량식과 필승식

1939년만 해도 '총후의 국민은 대용식을 먹자'는 조선총독부의 국민운
동은 이름 그대로 운동이었다. 국민운동이 잘 지켜지지 않자, 조선총독

부는 강제적인 방법을 동원했다. 가장 대표적인 조치가 바로 '대용식일 (代用食日)' 지정이다. 즉, 특정일을 정해놓고 아침·점심·저녁 세끼를 쌀 한 톨 섞지 않고 잡곡만 먹는 것이었다.

1938년 6월 중순 무렵, 조선총독부의 종용에 따라 총후 봉사활동을 목표로 조직된 친일 단체 '국민정신총동원조선연맹(國民精神總動員朝鮮聯盟)' 의 경기도 지회에서는 1940년 2월부터 매월 10일을 대용식의 날로 정 한 뒤 이를 실천할 것을 각 부군 연맹에 통지했다.[6] 강원도에서는 매월 15일을 대용식의 날로 정하고 빵·죽·경단·국수·떡 같은 음식을 먹자 는 통지를 각 군청에 알렸다.[7] 대용식의 날 지정은 전국으로 확산했다. 대용식 실천으로 엄청난 양의 쌀을 절약하게 되었다는 조선총독부의 선전도 더해졌다.

1941년 12월 8일 일본군의 진주만 공습 이후 제2차 세계대전은 태 평양전쟁으로 확전되었다. 군국주의 일본은 이 전쟁을 동아시아를 하 나로 만든다는 명분을 내세워 '대동아(大東亞, 대동아시아)전쟁'이라고 불렀 다. 1942년 초반이 되면 조선총독부는 식량을 비롯한 생활필수품을 배 급제로 통제했다. 동시에 반드시 정해진 양만 먹어야 하는 정량식(定量 食)을 강요했다. 정량식 실천을 통해 전쟁에서 이기자는 뜻에서 '필승식 (必勝食)'이라고도 불렸다. 대용식의 날도 5부제로 확대 시행해 '1'과 '6' 으로 끝나는 날에는 대용식을 할 것을 강요했다.[8]

식량 부족 상황이 심해지자 심지어 면미(麵米)라는 인공곡물을 만들어 내는 데까지 이르렀다.[9] 면미는 밀가루와 메밀가루를 기계로 압착하여 쌀알처럼 만든 것이다. 일본에서 개발된 면미를 조선제분과 경성면업 같은 제분회사가 생산해 경기도에 시험적으로 배급한 뒤 전국으로 확 대했다. 그러나 갈수록 전쟁은 극단의 국면으로 치달았다. 이에 따라 식

────── 1909년에 출간된《조선만화》에 실린 '조선인의 참외 먹기'에 관한 글과 그림.

량 통제도 더욱 강화되면서 조선총독부의 대용식 정책은 밀가루 등의
곡물 부족으로 푸성귀나 산나물로 대체되어갔다.

1942년 여름이 되자, 경기도에서는 참외를 대용식으로 먹자는 운동
까지 펼쳐졌다.[10] 일찍이 1909년 일본인의 시선으로 본 조선의 풍속과
사회·문화를 글과 삽화로 꾸민《조선만화》가 출간되었는데, 당시 글을
쓴 우스다 잔운(薄田斬雲)은 조선의 하층민들이 참외로 끼니를 대신한다
고 놀라워했다.[11] 심지어 한꺼번에 20개를 먹는 사람도 있다고 감탄했
다. 이 책의 저자는 자신의 책이 발간되고 나서 33년 뒤에 전쟁에 몰입
한 조선총독부가 참외를 대용식으로 삼을지는 몰랐을 것이다.

# 2

# 소고기 대신
# 무엇을 먹을까?

## 값싸고 좋기는 멸치가 제일?

홍선표만 조선총독부의 총후 국민의 대용식 캠페인에 앞장섰던 것은
아니다. 1930년대 후반 조선에서 활동했던 지식인 대부분이 이 캠페인
에 나섰다. 《매일신보》 1938년 5월 4일자 기념호 2면에는 '가정특집'으
로 〈가정생활을 어떻게 개선할까〉라는 주제로 지식인들이 좌담회를 한
기사가 실렸다.[12] 이 좌담회에 참석한 사람은 당시 내로라하는 가정학
관련 지식인들이었다. 김활란 이화여자전문학교 교수, 같은 학교 교수
이자 식민지 시기 베스트셀러 요리책 《조선요리제법(朝鮮料理製法)》의 저
자 방신영, 일본어로 《조선요리(朝鮮料理)》(1940)를 써서 출판한 손정규 경
기고등여학교 가사 교사, 송금선 동덕고등여학교 가사 교사, 김현실 숙
명고등여학교 교사, 그리고 의사 김복인 등이 참석했다.

　그들은 개선해야 할 가정생활의 첫 번째로 대용식을 꼽았다. 특히 소
고깃값이 오른 이때 가정 경제상 소고기 대신 먹을 만한 음식을 생각할
필요가 있음을 강조했다. 김복인은 자신의 집에서 이미 한 달째 소고기

─────── 《매일신보》1938년 5월 4일자 기념호 2면에 실린 〈가정특집-가정생활을 어떻게 개선할까〉 기사.

대신 멸치를 쓰고 있다면서 그 쓰임에 대해 말했다. 즉, 멸치는 찌개도 끓여 먹고 국에도 넣어 먹고 우려낸 건더기를 다시 간장에 조려서 도시락 반찬으로 만들어 먹을 수도 있다고 했다.[13]

손정규는 좀 더 현실적인 당시의 사정을 말했다. 그는 중류계급 이상에서야 소고기를 먹을 수 있으므로 중류 이하의 가정에 멸치를 소고기 대용식으로 제안해본들 아무 소용이 없다고 했다. 다만, 소고기를 살 수 없더라도 음식 맛을 좋게 하려면 멸치나 북어 같은 것이 제일 적당하다고 했다. 이 좌담회에 참석한 지식인들은 모두 과학 지식을 동원하여 영양을 따지며 대용식에 대해 의견을 내놓았다. 김복인은 멸치가 소고기보다 지방질이 조금 적을 뿐 단백질과 칼로리에서 소고기에 지지 않는다는 점을 강조했다. 김현실 역시 멸치에 칼슘이 있어 좋다고 맞장구를 쳤다.

멸치는 조선 후기부터 강원도의 동해안 일대에서 많이 잡혔던 생선이다. 당시 조선 어민들은 멸치 떼를 횃불로 유인해서 그물로 떠내 통째로 말려서 식재료가 아니라 거름으로 사용했다.[14] 1900년대 한반도로 이주한 일본 어민들은 조선 어민과의 충돌이 적은 경상남도 남해안 일대에서 멸치를 전문적으로 잡았다.[15] 일본 어민들은 멸치를 가공하지 않고 그대로 말리거나 한 번 찐 뒤 말려서 유통했다. 또, 생멸치를 소금에 절이거나 젓갈로 가공해 판매했다.

식민지 시기 조선인들이 멸치를 식재료로 여기지 않은 반면, 일본인은 말린 멸치를 국물 요리의 육수를 만드는 데 주로 사용했다. 김복인은 일본인의 멸치 사용법을 가지고 와서 조선인도 소고기 대신에 찌개나 국에 넣자는 제안을 한 것이다. 지금이야 말린 멸치를 고추장에 찍어 먹거나 기름에 볶거나 육수를 내어 먹지만, 이런 멸치 식용 방식은 해방 이후에 생겨난 것이다.[16] 해방 이후 멸치 어획량은 날로 증가했지만 일본 수출 길이 원활하지 않았다. 1960년대부터 언론에서 멸치의 영양과 맛과 요리법을 소개하면서 멸치 소비를 장려했다.[17] 멸치는 1970년대 이후 한국 음식의 중요한 식재료가 되었다.

## 맛있고 고소한 메뚜기

1941년 12월 8일 새벽, 일본 해군은 연합 함대를 이끌고 진주만을 기습적으로 공격했다. 이 공습으로 미국은 제2차 세계대전에 참전했다. 일본군이 일으킨 전쟁은 중국과 동남아시아뿐 아니라 태평양으로까지 확대되었다. 이로 인해 조선총독부는 식민지 조선에서 전면적인 배급제 시행과 함께 조선인에게 대용식을 먹도록 행정적으로 밀어붙였다.

그러나 사람들은 오랫동안 익숙해진 식습관을 하루아침에 바꿀 수가 없었다. 온갖 '총후봉공(銃後奉公, 후방의 민간인이 전쟁 수행에 필요한 일에 몸을 바치는 행위)' 캠페인을 펼치던 조선의 친일 지식인들은 대용식을 권장하는 데도 빠지지 않고 나서서 신문지상에 대용식을 옹호·권장하는 글을 남겼다. 그중 대표적인 인물이 3·1운동 민족대표로 참여한 정춘수(鄭春洙, 1875~1953)였다. 그는 1930년대 후반부터 일제에 적극 협력했다. 1939년 9월 28일 조선감리교 제4대 감독으로 부임한 그는 1940년 9월 1일 창설된 '국민정신총동원 기독교조선감리교연맹'을 지도했고, 1941년 1월 29일 '국민총력조선연맹'의 문화부 문화위원, 같은 해 10월 22일 '조선임전보국단'의 평의원을 맡았다.[18]

정춘수는 《매일신보》 1942년 10월 5일자부터 13일자까지 총 아홉 차례에 걸쳐 〈대용식 한담(閒談)〉이란 칼럼을 썼다.[19] 이 칼럼에서 그는 대용식으로 메뚜기·개구리·번데기·아기벌·잠자리·도토리·칡뿌리·버섯 종류 몇 가지를 제안했는데, 그 당시 총후체제에서 얼마나 효용이 있었는지는 알 수 없다. 정춘수가 대용식으로 제안한 메뚜기에 대해 한번 들어보자.

"메뚜기는 요새에 시골 농촌에 가면 논둑이나 풀밭에 흔히 있는 것입니다. 구워 먹으면 맛이 있고 고소한 까닭에 전날에도 어린아이들이 많이 먹었고 어른도 소위 보양지재(補陽之材, 몸의 양기를 보태는 재료)라고 하여 약으로 먹었습니다. 그러나 보통으로는 먹지를 않았습니다. 그러나 근래에 전문가들이 그 영양을 분석해놓은 것을 보면 단백질이 82.08이고, 지방질이 12.03, 석회분이 14요, 열량이 439요, 또 거기에 우리 영양에 가장 귀중한 '비타민에이'와 '씨'도 상당히 있는 모양입니다. 이것만 보아도 재래 메뚜기를 보양지재라 한 것이 과연 거짓말이 아닌 것 같습니다. 그리고 메뚜기는 논둑이나 풀밭에 생장하는 까닭에 깨끗도 하고 도처에 많이 있는 까닭에 잡기도 쉽습니다. 영양 식물(食物, 먹을거리)이 고귀한 때에 그것을 대용한다면 우리 영양에 얼마만 한 도움이 될지 모릅니다. 그것의 먹는 방법은 여러 가지가 있겠지만 첫째에 구워 먹는 것도 좋고 둘째에 멸치 모양으로 조려 먹어도 좋고 셋째에 가루를 묻혀서 지져 먹는 것도 좋습니다. 그리고 메뚜기는 대개 벼에는 해충인 까닭에 그것을 대용식으로 장려한다면 가히 일거양득이 됩니다."[20]

## 빼놓을 수 없는 동물류 대용식, 번데기

정춘수가 메뚜기 다음으로 제안한 대용식은 번데기다. 번데기는 곤충의 애벌레가 성충이 되는 과정에서 만들어진 몸이다. 여기에서 말하는 번데기는 명주실의 원료가 되는 고치를 짓는 누에의 번데기를 가리킨다. 누에는 뽕나무 잎을 먹고 자란다. 성충이 되기 전 누에는 번데기로 변할 때 실을 토하여 제 몸을 둘러싸는 고치를 짓는다. 이 고치가 명주실을 뽑아내는 원료이다. 누에고치를 끓는 물에 넣고 삶은 다음에 실을 뽑는데, 좋은 품종의 누에고치에서는 약 1,200~1,500미터의 실이 나온다. 실을 뽑고 나면 번데기가 남는데, 이것을 식용하는 것이다.

조선총독부 제1대 총독 데라우치 마사타케(寺內正毅, 1852~1919)는 1912년 3월 조선의 미작(米作, 벼농사)·면작(綿作, 목화농사)·축우(畜牛, 소 기르기)와 함께 누에를 치는 잠업(蠶業)을 일본 개량종 이식 품종으로 선정하여 농민들에게 장려하라는 훈시를 내렸다. 특히 조선총독부는 개량종 뽕나무 묘목을 전라도와 경상도 남부 지역 농촌에 배부하여 심도록 했다. 누에

───────── 1942년 대용식으로 꼽힌 번데기는 1960년대 중·후반부터 길거리 음식으로 판매되었다.

는 개량종 뽕나무 잎을 먹고 품질이 좋은 실을 뽑아냈다. 조선총독부의
잠업 개량 목적은 싸고 품질 좋은 명주실을 조선에서 생산하여 일본의
비단 제조업을 뒷받침하기 위해서였다. 조선의 명주실은 일본으로 넘
어가 값비싼 비단으로 제조되어 미국에 수출되었다.[21]

조선총독부는 1919년 4월 24일 '조선잠업령'을 제정하여 뽕나무 재
배와 누에고치 제조, 그리고 그 매매를 감독·단속했다. 이후 1942년 3
월 25일 '조선잠사업통제령(朝鮮蠶絲業統制令)'을 공포하여 잠사업 전체를
완전한 통제체제로 전환했다. 그 결과 농민들에게 누에고치 생산량을
할당하고 실을 거의 공짜로 가져갔다. 누에를 치는 농촌 마을에는 여름
이면 번데기가 지천으로 널려 있었다.

정춘수는 〈대용식 한담〉 칼럼에서 동물류의 대용식으로 누에고치의

번데기를 빼놓을 수 없다고 했다.[22] 이미 1920~1930년대 누에를 치는 농가에서는 어른 아이 할 것 없이 번데기를 즐겨 먹었다.[23] 정춘수는 번데기에 단백질·지방·비타민 등이 풍부하다는 점을 강조하며 일본의 나가노현(長野縣) 마쓰모토공업시험장(松本工業試驗場)에서 번데기를 가지고 실험한 결과도 소개했다. 즉, 번데기에서 추출한 기름이 식물성 액체 지방산과 흡사하여 먹기에 적당하고, 장유를 제조하는 데도 이용하며, 단백질의 구성 성분인 글루탐산이 많아 음식 맛을 내는 데도 좋으며, 세균 배양과 과자류 원료에도 이용한다는 것이다.

그는 "이런 점으로 본다면 이 번데기를 그대로 버린다는 것은 이 전시(戰時)는 고사하고 평상시에라도 국가 경제에 큰 손(失)이라 하겠습니다"[24]라는 말로 칼럼을 마무리했다. 고치를 삶아 실을 분리하고 남은 번데기를 바로 먹으면 맛이 매우 좋다. 그러나 시간이 좀 지나면 맛이 덜하기 때문에 단맛이 강한 일본식 장유로 번데기를 조려 술안주나 반찬으로 먹곤 했다.

1960년대 박정희 정부가 양잠업을 권장하면서 다시 남부 지역에 누에를 치는 농가가 늘어났다. 그러다 보니 자연스레 번데기도 많아져 1967년 한 무역회사에서는 남아도는 번데기를 가루로 만들어 일본 기업에 수출했다.[25] 일본에서는 번데기 가루를 비료 원료로 썼다. 1960년대 중반 초등학교 앞에서 좌판을 벌여놓은 '번데기 장수'는 아이들에게 인기가 많았다. 그러나 1970년대 번데기 조림은 불량식품의 하나로 꼽히기도 했다.[26] 번데기 식용에 대해 호불호가 갈리기는 하지만 지금도 길거리 음식으로 판매되고 있고, 한 식품회사에서는 통조림 번데기와 통조림 번데기탕을 상품으로 내놓았다.

# 3

# 대용식 장려로 주목받은
# 호떡과 소면

## 하루 두 끼 먹기—한 끼는 밥, 한 끼는 죽

식민지 조선인들은 1939년 여름 전례 없는 가뭄으로 최악의 식량난을
겪었다. 조선총독부는 당시 식량 부족 문제를 해결하고 '총후' 대중의
생활 안정을 위해 대안을 내놓았다. 즉, "쌀을 아껴 먹으며 좁쌀과 보리
를 섞어 먹자고 하는 혼식"[27]이었다. 이를 위해 조선총독부는 "정신총동
원연맹을 시켜서 도시와 농촌 또는 각 학교단체에 철저히 이것을 선전
하도록"[28] 했다.

하지만 이런 선전만으로 조선인의 혼식 실천이 바로 이루어질 수는
없었다. 결국 조선총독부 산하 철도국이 나서서 1939년 10월부터 직원
식당에서 혼식을 시행하도록 조치를 취했다.[29] 이때의 혼식은 쌀과 잡
곡을 섞어 밥을 짓는 것이었다. 현미를 쏧어서 쌀겨를 깎아내는 정도에
따라 10분도, 9분도, 8분도, 7분도 등으로 쌀을 구분하는데, 철도식당에
서는 7분도 쌀에 고구마·감자·콩 등을 번갈아 섞어가며 밥을 지어 쌀
을 아꼈다.

7분도 쌀로만 밥을 지으면 요사이의 현미밥이 된다. 조선시대 사람들은 현미밥을 주로 먹었지만, 20세기 이후 도시에 사는 사람들은 일본식 10분도 백미를 먹기 시작하면서 그 맛에 길들여져 있었다. 그렇게 30여 년이 흘렀는데, 다시 7분도 쌀을 먹자고 캠페인을 하니 사람들의 반응이 그다지 호의적이지 않았다. 조선총독부는 관공서의 식당이나 일반 음식점은 통제할 수 있었지만, 일반 가정의 밥솥까지 들여다볼 수는 없었다. 결국 조선총독부는 1939년 11월 1일에 '정백미(精白米) 금지령'을 발포했다.[30] 전국의 방앗간을 행정적으로 감독하여 8분도 이상의 정백미 도정을 금지한 것이다.

제7대 총독 미나미 지로(南次郎, 1874~1955)는 1937년 3월 22일, 지금의 청와대 자리에 총독 관저를 착공하여 1939년 9월 20일에 낙성식을 거행했다. 총독 관저가 있던 동네는 당시 행정적으로 경복정회(景福町會)에 속했다. 경복정회에서는 미나미 총독의 이사를 기념하여 10월 초순부터 11월 8일까지 동네 1,080호의 가정을 대상으로 '절미운동 실시 현황'을 조사했다. 그 결과는 〈표 1〉(122쪽 참조)과 같다.[31]

배아미(胚芽米)는 방앗간에서 벼를 찧을 때 약간 쓿어서 씨눈이 떨어져 나가지 아니한 쌀이다. 이것으로 밥을 지어 먹는 가정은 전체의 약 20퍼센트였다. 7분도 쌀로 밥을 지어 먹는 가정은 전체의 약 38퍼센트였다. 이처럼 비록 정백미는 아니지만, 쌀밥을 먹는 가정은 전체의 약 58퍼센트나 되었다. 보통 쌀에 잡곡을 섞어 밥을 지어 먹는 가정은 전체의 7퍼센트를 조금 넘었다. 7분도 쌀로 지은 밥과 잡곡으로 지은 밥을 함께 먹는 가정은 전체의 약 26퍼센트였다. 극소수이지만 하루에 두 끼를 먹으면서 한 끼는 밥, 한 끼는 죽을 먹는 가정이 13호, 하루에 두 끼만을 먹는 가정이 69호, 그리고 매번 밥을 지을 때 쌀 한 숟가락을 절약

| 정(町)<br>이름 | 실시<br>방법 | 배아미<br>사용 | 7분도<br>사용 | 잡곡 혼용 | 7분도·<br>잡곡 병행 | 일반일죽<br>(一飯一粥) | 이식주의<br>(二食主義) | 일시절약<br>(一匙節約) | 계(호) |
|---|---|---|---|---|---|---|---|---|---|
| 청운(靑雲) | | 28 | 66 | 22 | 71 | 3 | 4 | 3 | 197 |
| 신교(新橋) | | 26 | 84 | 15 | 53 | 3 | 11 | 1 | 193 |
| 궁정(宮井) | | 57 | 74 | 6 | 46 | 2 | 14 | | 199 |
| 효자(孝子) | | 86 | 178 | 34 | 115 | 5 | 40 | 2 | 460 |
| 광화(光化) | | 18 | 8 | 5 | | | | | 31 |
| 계(호) | | 215 | 410 | 82 | 285 | 13 | 69 | 6 | 1,080 |

**〈표 1〉 절미운동 실시 현황**
1939년 10월 초순부터 11월 8일까지 서울의 경복정회에서 조사한 각 가정별 절미운동 실시 현황.

하는 가정이 6호였다.

이 기사를 내보낸 《매일신보》 기자는 이 동네가 "비교적 생활의 여유가 있는 주민들이 많음에도 도리어 적극적으로 배를 주리면서까지 쌀을 사용하지 않겠다는 이식주의(二食主義, 하루 두 끼만 먹자는 태도)와 한 끼는 죽으로 때우는 것과 한 숟갈씩을 절약한다는 방법을 실행하는 집이 10퍼센트를 바라보는 다수인 점"[32]에 주목했다. 그러면서 잘사는 동네에서도 이러하니 75만 명의 서울 시민이 얼마나 심각하게 쌀에 관한 인식을 하고 있는가를 강조했다. 그러나 이 조사는 다른 지역 주민들에게 쌀을 아껴 먹으라고 강조하기 위한 선전 자료나 마찬가지였다.

이러한 캠페인에도 불구하고 쌀을 아끼자는 조선총독부의 정책이 철저하게 이루어지지는 않았다. 경기도 학무과(學務科, 지금의 교육위원회)에서 1940년 2월 21일부터 23일까지 3일 동안 서울·인천·개성 세 곳에 있는 공사립 소학교 학생들의 점심밥을 조사했다(〈표 2〉 참조).[33] 조사 대상 학생은 모두 6만 3,128명이었는데, 여전히 백미를 도시락으로 싸오는 학생이 8,047명으로 조사 대상자의 12퍼센트를 넘었다. 이 조사 결과를

| 도시락 내용물 | 학생 수(명) |
|---|---|
| 백미 도시락 | 8,047 |
| 백미에 보리를 섞은 도시락 | 7,733 |
| 7분도 쌀밥 도시락 | 3만 4,589 |
| 빵을 가지고 다니는 | 1,869 |
| 배아미 도시락 | 1만 890 |
| 계 | 6만 3,128 |

〈표 2〉 학생들의 혼식 현황
1940년 2월 21~23일 서울·인천·개성의 공사립 소학교 학생들의 점심 도시락 조사 결과.

본 조선총독부 학무국에서는 학생들의 도시락을 검사해 혼식을 더욱
철저히 지키도록 강요했다.

## "거리의 호떡 장사, 대용식 장려로 세월 맛나!"

1940년대 혼식과 함께 밀가루를 주재료로 한 분식(粉食)도 쌀을 아끼는
데 효과적인 음식으로 주목받았다. 1930년대부터 조선총독부에서는 남
한 일대의 농촌에 밀 재배를 강력하게 권장했다. 기존에 한반도에서 재
배하던 밀은 겨울에 씨를 뿌려 7월 장마가 시작되기 전에 수확하는 겨
울밀(winter wheat)이었다. 겨울밀은 보리와 같은 시기에 심어야 했기에 남
부 지역 농민들의 저항이 있었지만, 1930년대 후반이 되면 수확량이 날
로 증가했다. 1939년 여름, 조선의 겨울밀 수확량은 일부를 장유 양조
에 사용해도 종자용(種子用)과 자가용(自家用) 소비량에 맞출 수 있을 정도
였다.[34]
  조선총독부에서 밀가루로 만든 음식을 대용식으로 장려하면서 길거
리의 호떡 장수가 좋은 세월을 만났다.[35] 그동안 길거리에서 파는 호떡

은 더럽고 비위생적이라고 해서 경찰의 단속 대상이었다. 그런데 쌀이 부족해지자 조선총독부는 "위생상 지장이 없는 한" 대용식으로 장려할 방침이라면서 호떡 장수의 길거리 영업을 허락해주었다. 그러자 1940년 1~2월 두 달 사이에 서울 시내 길거리에 60여 명의 호떡 장수가 더 생겼다.

본래 호떡은 조선에 들어온 중국인이 독점으로 판매했던 음식이다. 조선총독부는 1920년대부터 중국 음식점을 규모와 판매하는 메뉴에 따라 중화요리점, 중화요리 음식점, 그리고 호떡집의 세 종류로 구분했다.[36] 호떡집은 가장 규모가 작은 중국 음식점이었다. 종업원은 대체로 주인을 포함하여 2~3명에 지나지 않았고, 가족이 경영하는 경우가 많았다.[37] 중국인은 밀가루 반죽에 검은 설탕을 넣은 호떡을 '당화소(糖化

燒)'라고 불렀다.

조선인은 만주족을 뜻하는 오랑캐 '호(胡)' 자를 붙여 '호떡'이라고 불렀다. 처음에는 길거리 호떡 장수 대부분이 중국인이었다. 그런데 1937년 중일전쟁 이후 조선에 살던 중국인들은 적국이 된 일본의 식민지에서 살기가 어렵다고 여겨 약 3만 명이 귀국했다. 1937년 9월 19일자 《동아일보》기사에 따르면, 서울 시내 292곳의 중국 음식점 중에서 237곳이 문을 닫았고, 개업 중인 곳은 57곳에 불과했다. 특히 서울 시내에 많았던 호떡집은 거의 자취를 감추었다.[38] 이에 대해 조선총독부 경찰 당국에서는 중국인 대신 조선인에게도 음식점업 허가를 내주는 문제를 각지 서장의 권한에 일임한다고 밝혔다.[39] 이후 길거리에서 호떡을 파는 조선인이 늘어났다.

## 대용식계의 왕, 함경남도의 소면

1938년 6월 중순 무렵부터 국민정신총동원조선연맹이 주도하여 대용식의 날을 정했지만 제대로 시행되지 않았다. 1942년에는 조선총독부가 나서서 대용식의 날을 매월 3회씩 강제로 시행하도록 조치했다. 그런데 문제는 쌀을 대신하는 대용식으로 어떤 음식을 제공할 것인가였다. 그 대안 중 하나가 소면(素麵)이었다.

소면은 밀가루로 만든 국수다. 당시 일본에서 통용된 소면 제조법은 다음과 같다.[40] 밀가루에 소금물을 넣고 반죽하여 약 하룻밤을 숙성한 다음 홍두깨로 눌러서 넓게 편 다음에 돌돌 감아서 가늘게 썬 뒤 상자에 잠시 넣어둔다. 이것을 손이나 기계로 펴서 말린 다음에 데쳐서 열탕에 넣은 후 냉수에 씻어낸다. 1930년대 이후 소면 제조는 기계로 이루어졌다. 손으로 밀가루를 반죽한 다음에 기계에 넣고 얇게 펼친 뒤

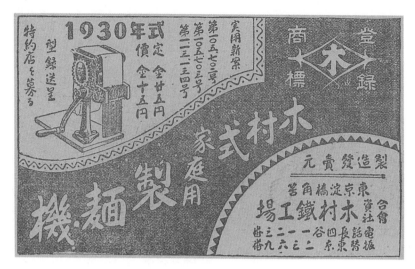
───────  《조선신문》1930년 7월 11일자에 실린 1930년식 가정용 수동 제면기 광고.

다시 국수 절단 기계에 넣으면 면발이 가는 소면이 줄줄이 나온다. 이
것을 나무 봉에 매달아 햇볕에 말리면 건면(乾麵)이 된다.

　건면은 조선어로 '말린 우동'이라고도 불렸다. 건면은 생면보다 유통
기한이 길고 단위별로 묶어서 판매하기도 좋아서 널리 퍼졌다. 제면업
은 일찍이 19세기 말 일본에서 출발한 사업으로, 식민지 조선에서도 제
면소는 대부분 일본인이 운영했다. 1930년대 중·후반이 되면 일본인에
게 소면 제조 기술을 배워 조선인이 운영하는 제면소가 등장한다. 1930
년대 중반부터 함경남도의 원산은 소면 제조업으로 널리 이름을 알렸
다. 1935년 9월 원산의 철산옥제면소(鐵山屋製麵所)에서는 전기 모터 제면
기 5대, 수동식 제면기 120여 대를 갖추고 매일 1,500여 근(斤)의 소면
을 생산했다.[41]

　한반도에서 소면은 '대용식계(代用食界)의 왕좌(王座)'로 꼽힐 정도로

다른 대용식에 비해 인기가 많았으며, 생산량 또한 부족하지 않았다. 1942년 이후 소면은 대용식의 한 가지로 한 달에 세 번씩 배급되었다.[42] 특히 함경남도 원산에 있던 함경남도소면공업조합의 소면은 생산량도 많고 맛도 뛰어났다. 그런데 다른 지역에까지 소문이 나 수요가 갑자기 늘게 되자 공급에 어려움을 겪게 되었다. 결국 함경남도에서는 노무자에게 우선 배급하고, 강원도·평안북도·평안남도 등지의 반출 요청을 거부할 수밖에 없었다.[43]

한국전쟁 이후 부산으로 피란 온 함경남도 사람 중에는 미국에서 원조로 들어온 밀로 함경도식 건면을 만들어 판매했다. 심지어 일제강점기에 원산에서 개발된[44] 냉면 제면기로 밀국수 냉면을 만들어 판매한 함경남도 출신 피란민도 있었다. 이처럼 전쟁 중 냉면 제면기를 만난 함경남도의 말린 국수는 이후 부산의 밀국수로 재탄생했다.

# 4

# 해방공간의 청계천
# 길거리 음식

## 청계천 변에는 노점이 와글와글

1945년 8월 15일 식민지 조선은 해방되었지만, 한국인의 삶은 식민지 시기보다 나아진 점이 거의 없었다. 한반도의 허리에 '38선'이 그어지고 남쪽은 미군, 북쪽은 소련군에 의해 신탁통치가 실시되었다. 해방 당시 재외 동포는 500여만 명에 달한 것으로 알려져 있는데, 이들 중 절반이 고국으로 돌아왔다.[45] 북한의 공산화를 피해 일찌감치 남하한 북한 사람들도 적지 않았다. 해방 1년여 전부터 해방 후 4년여에 걸친 총 5년여 동안 남한 인구는 430만 명 이상 증가했다.[46] 서울은 재외 동포, 월남한 북한 사람들, 그리고 지방에서 온 사람들로 북새통이었다.

그들 중에 부유한 사람들은 일본인이 살다가 버리고 간 집을 미군정청에 돈을 내고 샀다. 식민지 시기 서울의 일본인 거주 지역이었던 지금의 명동과 충무로·퇴계로·필동 일대의 일본인 집은 금세 새로운 이주민들로 가득 찼다. 그러나 돈도 도와줄 서울 사람도 없는 외지인들은 종로와 을지로 사이 청계천 일대로 몰려들었다. 청계천의 노점은 동쪽

─────── 나무로 만든 석유통 상자. 물자가 부족한 시절에는 이런 나무상자 하나도 요긴하게 사용되었다.

의 오간수다리(지금의 청계천 6가 오간수문)에서 서쪽의 수표교(지금의 청계천 2가, 수표교는 1959년 청계천 복개공사 때 장충단공원으로 옮겨졌다)까지 길게 이어졌다.[47]

청계천에는 일본군의 군수품, 일본인이 남겨놓고 간 세간살이, 미군정청에서 풀려나온 배급물자 등을 판매하는 노점뿐 아니라 시루떡·빈대떡·곰탕·설렁탕·순댓국·선짓국·막걸리 등을 판매하는 길거리 음식점도 있었다.[48] 노점들이 일정한 구분 없이 마구 들어서서 청계천은 무질서 그 자체였다. 길이면 길, 골목이면 골목마다 음식 장수·담배 장수·신문 장수·잡화 장수 들이 거미 떼처럼 와글거렸다.

노점이지만 문이 있고, 문에는 가리개가 걸려 있는 음식점도 있었다. 순댓국집의 가리개를 젖히고 들어서면 뼛국과 선짓국 냄새가 코를 찔렀다. 물자가 귀하던 시절이라 의자는 석유통을 넣었던 나무상자가 대신했다. "여자 대학생이 순댓국을 먹고 있는가 하면 귀부인이 땀을 흘려가며 선짓국을"[49] 먹기도 했다. 당시 청계천 노점에서 파는 미국제 신사 구두 한 켤레가 5,000원인 데 비해, 선짓국은 30원, 막걸리 대포 한 잔은 10원이었다. 물가가 날마다 뛰었지만 음식 값은 그나마 싼 편이었다. 심지어 직접 시장에서 개를 한 마리 사가지고 개장국집에 맡기고 점심때쯤 찾아가면 "스페셜한 원시적 개장을 맛볼 수 있다"고 했다.[50] 청계천 변 외에도 인현동, 낙원동, 당주동, 서울역 앞 등지에도 곳곳에 노점이 자리를 잡았다.

## 해방 후 유난히 많아진 빈대떡집

식민지 시기와 해방 직후에 활동했던 국어학자 방종현(方鍾鉉, 1905~1952)은 해방 후에 유난히 눈에 많이 띄는 음식으로 빈대떡을 꼽았다. "그전에는 거리에서 이것을 구해 먹을래야 힘들던 것인데, 해방 후에는 이것이 방 안에서는 물론 노상(路上)에서까지 거의 도처 어느 곳에서나 아니볼 수 없으리 만큼 성행하여졌다. 처음에는 골목 안에서 간혹 그 간판이라기보담은 그저 조그만 종잇조각에 '빈대떡'이라는 석 자를 겨우 보일 정도로 써 붙이었더니, 그 후 점차 일반의 환영을 받음인지 골목에서 넘쳐서 큰 길 정면인 가두(街頭)에까지 뚜렷한 간판을 가지고 진출하게 되었다."[51]

빈대떡은 녹두를 맷돌에 갈아서 부친 음식이다. 경제적인 여유가 있으면 돼지고기·숙주·고사리 등 다른 부재료를 더 장만하여 녹두 반죽에 넣는다. 빈대떡은 다른 이름으로 빈재떡, 빈자(貧者, 가난한 사람)떡, 빈대(賓待, 손님 접대)떡', 지짐, 문주, 녹두떡 등으로 불린다. 그중 가난한 사람을 뜻하는 '빈자' 혹은 손님을 접대한다는 '빈대'에서 유래되었다는 견해가 우세하다. 하지만 조선시대 문헌 자료를 뒤져보면, 병저(餠䐗)의 중국어 발음 '빙져'에서 생긴 이름일 가능성이 크다. 사람들이 한자를 모르

─── 고급 음식점에는 손님
이 없지만, 빈대떡을 판
매하는 대폿집에는 손
님들이 줄을 서 있다.

고 중국어 발음만을 흉내 내서 '빈대' 혹은 '빈재' 따위로 부르다가 음식
임을 밝히기 위해 끝에 '떡' 자를 붙여 '빈대떡'이 되었다는 것이다.[52]

빈대떡집은 그다지 많은 자본이나 특별한 요리 기술이 없어도 차릴
수 있는 음식점이었다. 특히 빈대떡의 주재료인 녹두는 1960년대 중반
까지만 해도 쌀보다 월등히 값이 쌌다. 그래서 수중에 돈이 얼마 없던
사람들은 번철을 하나 구해 골목 입구나 큰길가에 자리를 잡고서 빈대
떡을 지졌다. 특히 사람들이 와글와글했던 청계천 변에는 겨울뿐 아니
라, 여름에도 빈대떡을 파는 부인들로 장사진을 이루었다. '빈대떡'이란
이름을 써 붙인 음식점도 있었지만, '대포'라고 써 붙이고 막걸리와 함
께 빈대떡을 파는 곳도 있었다.

1947년 동대문경찰서에서는 청계천 변의 노점상 정리에 나섰다.[53]
그러나 계획대로 되지는 않았다. 1949년 3월 서울시와 서울시경에서
다시 음식점 정비에 나섰다.[54] 빈대떡 노점이 주요 정비 대상이었지만
노점상 정리가 쉽지 않았다. 해방공간의 서울 도심에서 갑자기 늘어난

빈대떡집은 당시 서울이 얼마나 곤궁했는지를 보여주는 증거였다.[55] 말쑥하게 차려입은 신사들마저도 돈이 없어 카페나 바에 못 가고 빈대떡집을 드나들었다. 쌀 부족도 빈대떡집 호황에 한몫했다.

## "금후 일절 술 못 만든다"

1945년 9월 7일부터 시작된 미군정청의 남한 통치는 조선총독부의 행정력을 이용했다. 당초 미군정청에서는 조선총독부의 식량 통제제도를 폐지하려 했지만, 1945년 가을 흉작으로 쌀값이 폭등하자 같은 해 10월 15일부터 다시 식량 통제정책을 펼쳤다. 식량 통제정책의 핵심은 배급제였다. 1945년 11월 말 서울 시내 현미 가격은 8월 15일과 비교하면 거의 18배 이상이나 올랐다. 쌀을 매점매석하는 상인들도 생겼다. 결국 미군정청에서는 쌀의 강제 수매와 식량 배급통장을 통한 배급제를 실시했다. 그러나 쌀이 부족한 상태에서 행해진 배급제는 오히려 혼란만 가중했다.

미군정청의 관리들은 배급제를 제대로 시행하려면 밥 짓는 데만 쌀을 써야 한다고 판단했다. 그래서 1946년 2월 20일 일반 가정에서 쌀을 주재료로 한 술과 엿의 제조를 금지했지만, 효과는 별로 없었다. 그러자 1946년 10월, 미군정청 제2대 장관 러치(Archer L. Lerch, 재임 1946. 1. 4.~1947. 9. 11.) 소장은 〈남조선의 식량정책에 대하여〉라는 성명서를 발표했다.[56] "나는 식량 문제에 관하여 좌우익을 막론하고 각층 인사에게서 서신과 진성서도 받았고 면담도 해보았는데 그들 중에는 한 가지 공통된 점이 있다. 이것은 식량에 관한 진상을 파악하지 못하였든가 그렇지 않으면 전연 무시하는 점이다." 그래서 그는 "남조선에는 미국에서 올 식량을 합쳐서 주도(周到, 빈틈없이 꼼꼼함)히 취급하여 배급하면 기근을 방지할 정

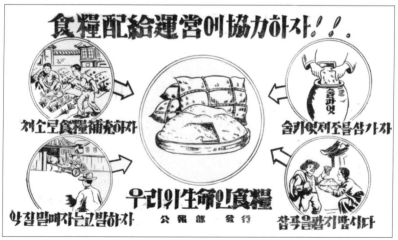

1946년 식량 배급제와 술과 엿 제조 금지 등 식량 통제정책을 홍보하기 위해 미군정청에서 배포한 전단.

도의 식량은 있으나 각자의 희망하는 양에는 응할 수 없다"고 했다. 실제로 미군정청의 지방 행정 단위에서 농촌의 쌀을 수집하기 전에 중간 상인들이 미리 사재는 일이 자주 일어나고 있었다. 그래서 러치는 "여러분에게나 특히 나에게 불쾌한 일이지만 엄정한 배급과 취급은 조선 식량 해결의 필수 조건이다"[57]라고 강조했다.

결국, 같은 해 11월 1일 양조정지령(釀造停止令) 시행을 발표했다.[58] 이 정지령에는 미군정청에서 관리하는 술공장까지 포함되었다. 1940년부터 조선총독부에서 절미운동을 펼쳤지만, 그 당시만 하더라도 술 제조 업자들이 자발적으로 쌀로 탁주와 약주 제조를 하지 않도록 유도했을 뿐 강제로 정지령까지 내리지는 않았다.[59] 그런데 미군정청이 법령으로 쌀 부족 문제를 해결하려고 나서자 술공장 운영자는 물론이고, 음식점 업주와 일반 소비자까지 나서서 이 정책에 반발했다.[60]

1948년 8월 15일, 대한민국 정부 수립 이후에도 식량 문제는 해결되지 않았다. 정부는 미군정청의 정책을 이어받았다. 그러나 1949년 3월, 보릿고개를 앞두고 정부는 '양곡 매상 정책'의 실패를 고백할 수밖에 없었다.[61] 그렇다고 정부가 쌀 부족 문제를 해결하는 데 손을 놓고 있었던 것은 아니다. 음식점이 쌀 소비의 암적 존재라고 판단하고 음식점 수를 줄이는 정책을 폈다. 그래도 문제가 해결되지 않자, 1950년 2월 정부는 엿·떡·제과업 등을 극소수로 감축하겠다는 정책을 세웠다. 특히 정부의 초점은 음식점과 술 제조업이었다. 또 식량 소비를 줄이기 위해 잡곡 혼식을 적극적으로 권장했다. 특히 여관과 음식점 등의 업주에게 점심 메뉴를 빵이나 우동으로 대체하라고 요구했다. 그러나 곧장 수용하는 사업주는 드물었다.

5

# 구호물자 우유죽과
# 부산의 하꼬방술집

## 전쟁 중에도 잊지 않은 김장

1950년 6월 27일 자정을 넘은 시간, 북한군의 전차 두 대와 소대 병력
은 서울의 홍릉 옆 좁은 길을 돌아 동대문과 종로까지 들어섰다. 28일
새벽 2시 30분경 당시 하나뿐인 인도교였던 한강대교가 한국군에 의해
폭파되었다. 이 갑작스러운 전쟁(한국전쟁, 6·25전쟁)으로 서울 시민 144만
6,000여 명 중 단지 40만 명만 피란했다.[62] 이로부터 3개월 뒤인 9월 28
일에야 유엔군과 한국군은 서울을 수복했다.

서울 시민 대부분은 이제 전쟁이 끝났다고 생각했다. 10월 말이 되자
서울시에서는 김장철을 앞두고 전쟁으로 김장거리의 공급이 원활하지
않을 것을 걱정하여 다른 지방의 배추·무·파·소금 등을 반입할 계획을
세웠다.[63] 그러나 아직 전쟁은 끝나지 않았다. 북한 쪽 전선에서는 여전
히 전투가 계속되고 있었다. 한 신문에서는 "금년은 김장철을 잊었을
것인가? 그것도 아니다. 김장을 할 생각만은 다 가지고 있으나 전화(戰
火, 전쟁)를 입은 우리의 가정으로서는 누구 하나 김장할 생각도 잊은 듯

이 무관심한 태도이다"[64]라고 당시 서울 시민들의 심정을 적었다.

그래도 부유층에서는 비싼 배추와 양념을 사서 김장을 했다. 가난한 사람들은 아예 김장을 못하든지, 아니면 겨우 무와 소금만 사서 짠지를 담갔다. 1950년 11월, 중국군이 북한을 돕는다는 명목으로 참전하면서, 1951년 1월 4일 서울은 다시 북한군과 중국군에 의해 함락되었다. 사람들은 이 사건을 '1·4후퇴'라고 불렀다. 1950년 6월과 달리 엄청나게 많은 사람이 피란길에 나섰다. 피아노와 강아지까지 싣고 피란한 권력층 가족이나 몸만 겨우 피한 가난한 사람들이나 피란길에 김장김치를

챙겨 갈 여유는 없었다.[65]

1·4후퇴 때도 피란을 가지 못하고 서울에 남은 사람이 제법 있었다. 소설가 박완서(朴婉緖, 1931~2011)는 오빠의 가족과 함께 서울에 남았다.[66] 다행히 아직 숯과 쌀이 조금 남아 있었다. 그러나 오빠는 어둑해질 때 부엌에 불을 때면 굴뚝으로 연기가 나서 북한군에게 들킬 수 있다며 박완서에게 한낮에 밥을 짓도록 했다. 넉넉지 않은 쌀밥을 어린 조카에게 주고 어른들은 양은(알루미늄) 솥에 물을 부어 국물만 마셨다.

피란을 간 사람들의 사정 역시 좋지 않았다. 피란지에 도착한 피란민은 사상 및 위생 심사를 거쳐 피란민 증명서를 받고 임시 피란민 수용소에 머물렀다.[67] 수용소에서 피란민에게 제공한 식량은 매우 적은 양의 잡곡이었다. 피란민들은 적은 양의 잡곡으로 죽을 끓여 끼니를 해결했다. 피란민 중에는 한반도의 남쪽 끝으로 가서 남의집살이를 한 사람도 있었다. 더부살이 서러움과 함께 시면서도 짜고 매운 김치 한 쪽을 쉰내가 나는 밥덩이와 함께 입속에 밀어 넣었다.[68]

## 구호물자로 만든 우유죽

피란민 중에는 어린이들도 많았다. 영양실조로 목숨을 잃는 어린이도 적지 않았다. 정부와 유엔, 그리고 미국의 구호단체에서는 영양실조에 걸린 어린이들을 위해 '유아식량'을 별도로 공급했다.[69] 유아식량은 우유를 건조해 가루로 만든 분유였다. 피란민 수용소에서는 분유에 옥수수가루나 보릿가루를 넣고 끓인 우유죽을 배급했다. 1950년 9월 28일 수복 이후 서울에는 '우유죽급식소'가 아홉 군데 있었다. 급식소에서는 매일 700~800명의 어린이·노인·병자에게 우유죽을 배급했다.

그런데 우유죽은 체질적으로 장(腸) 속에 유당(乳糖) 분해효소가 적은

——————— 한국전쟁 직후 대구의 한 피난민촌에서 우유죽 배급을 기다리는 어린이들.

한국인에게 알맞은 음식이 아니었다. 우유죽을 먹은 사람 중에는 설사나 복통으로 고생하는 사람이 많았다. 심지어 보관 중에 변질한 분유로 끓인 우유죽을 먹고 식중독에 걸린 사람도 있었다. 그러나 전쟁 통에 쌀값은 몇백 배씩 폭등한지라 미국의 구호물자인 우유죽이라도 먹으려고 어린이들이 양은 냄비를 들고 급식소 앞에 줄을 섰다.

한국전쟁 중 식량 공급은 유엔 연합국의 각 지구사령부에서 맡았다. 1953년 1월 15일 서울지구사령부에서는 고아원에 분유를 제공했다.[70] 같은 해 3월 서울지구사령부에서는 우유죽급식소 9개소에 쌀 9톤, 구청 9개소에 극빈자 구호용 보리 984톤, 고아원 37개소에 쌀 33.5톤, 그리고 구호병원 19개소에 쌀 12.5톤을 제공했다.[71] 1953년 7월 27일 휴전협정으로 마침내 전쟁이 끝났지만, 식량 부족 상황은 나아지지 않았다. 1953년 초 서울에서만 결식아동이 9,000명이 넘었다. 그러니 전국의 결식아동은 어마어마하게 많았다. 우유죽은 식량 부족을 해결하는 대표적인 음식이었다.

전쟁 중 한국인에게 제공된 구호음식은 이후의 식생활에 슬며시 스며들었다. 우유죽 덕분에 우유에 대한 인식이 좋아졌다. 유엔군이 나눠준 초콜릿·껌·콜라·햄 따위를 먹어본 어린이들에게 미국 음식은 동경의 대상이었다.

## 임시수도 부산의 '하꼬방술집'

한국전쟁 동안 해외 각국에서 보낸 구호물자의 양이 적지 않았다. 그중 식품류는 버마(지금의 미얀마)에서 쌀 400톤, 타이에서 쌀 1만 7,400톤, 타이완에서 쌀 1,000톤, 소금 3,000톤, 설탕 503톤, 유럽 민간 구호기구에서 밀 6,225포대, 유니세프에서 분유 168톤 등을 제공했다.[72] 또한 전쟁 중이었지만 쌀과 보리 등 국내 곡물 생산량도 크게 나쁘지 않았다. 여기에 구호물자로 들어온 쌀과 밀도 있어 곡물 부족량을 메우고도 남을 정도였다. 그러나 공무원이나 군인 중에 구호물자를 빼돌리는 사람들이 적지 않았다. 더욱이 민간 배급 업무를 담당하는 공무원의 수가 매우 적어서 배급이 제대로 시행되지 않는 일도 잦았다.[73]

부산은 1950년 8월 18일부터 같은 해 10월 26일까지, 그리고 1951년 1·4후퇴 때부터 1953년 8월 14일까지, 대한민국의 임시수도였다. 외국에서 보낸 구호물자 대부분은 부산항을 통해 들어왔다. 밤에 부산항을 향해 진입하는 외국 선박에서 바라보면, 부산은 화려한 항구도시였다. 그러나 낮에 본 부산은 산마다 판잣집 천지였다. 식민지에서 해방

─────── 1952년 부산의 풀빵 노점 상인. 부산에는 구호물자로 들어온 밀이 시중에 많이 돌아서
분식을 파는 노점과 음식점이 성행했다.

된 지 얼마 되지 않았기 때문에 사람들은 판잣집을 일본어로 '하꼬방(箱
房)'이라고 불렀다.

하꼬방 중 가장 유명한 곳은 술집이었다.[74] 일명 '하꼬방술집'은 해방
직후 '돗대기시장'이라고 불렸던 국제시장 근처 신창동에 많았다. 저녁
7시경 해가 지고 어둠이 밀려들면 하꼬방술집에 등불이 달리면서 손님
이 모여들기 시작했다. 비록 겉모습은 허름했지만, 하꼬방술집의 메뉴
는 '불고기·암소갈비·편육·덴뿌라·사시미·신설로·수정과' 등, 마치
서울의 고급 요릿집을 옮겨놓은 듯했다. 피란 온 사람들이 운영한 하꼬
방술집은 원산옥·평양집·서울집·함흥집 등 주인이 본래 살던 곳의 지
명을 상호에 붙이기도 했다.

부산에는 미국과 유럽에서 구호물자로 들어온 밀이 풍부해서 길거리에서 풀빵을 파는 사람도 많았다. 철로 된 틀에 묽은 밀가루 반죽과 팥소 따위를 넣어 구운 풀빵은 식민지 시기 일본인이 들여온 길거리 음식이었다. 가난한 피란민들은 길거리에서 풀빵으로 끼니를 해결했다. 부산에는 식민지 시기 대용식운동 때 생긴 소규모 식빵공장과 밀가루로 건면을 만드는 소규모 제면공장도 많았다.

피란민들이 많이 모여 살던 영도의 어시장 근처에서는 어묵을 생산하는 소규모 공장도 여러 곳 있었다. 식민지 시기에 일본인이 만들었던 가마보코(蒲鉾)는 흰살생선의 살을 가지고 수분을 짜내고 으깬 다음 소금과 달걀흰자를 넣고 모양을 만들어 익힌 음식이다. 이에 비해 한국형 어묵은 생선의 살과 부산물에 밀가루를 섞고 소금으로 간을 하여 만든다. 당시 사람들은 이 어묵을 일본어로 '오뎅(おでん, 여러 가지 가마보코를 무·우무 등과 함께 국물에 삶아낸 일본 음식)'이라고 불렀다. 이처럼 일본 음식 가마보코가 임시수도 부산에서 한국형 어묵으로 바뀌게 된 계기는 바로 미국과 유럽에서 구호물자로 들어온 밀이 결정적이었다.

한반도의 식생활 역사에서 1937년부터 1953년은 중일전쟁·태평양전쟁·한국전쟁으로 인해 식량 부족 문제가 가장 심각했던 때였다. 이 시기에 정권을 장악했던 조선총독부, 미국과 소련의 군정, 그리고 남북한의 정부는 식량 부족 문제를 온전히 해결할 수 없었다. 오히려 통치자들은 식량 공급을 안정시키기 위해 앞선 정권들이 행했던 조치들을 그대로 따르는 선택을 자주 했다.[75] 조선총독부가 시행했던 절미운동, 혼식과 분식 장려운동, 대용식운동 같은 정책은 미군정기, 대한민국의 이승만과 박정희 통치 시기에도 계속되었다.

# 4부

# 냉전의 식탁

—

## 미국의 잉여농산물 유입과
## 녹색혁명

## 냉전, 자원 유통의 통제

1945년 9월 2일, 일본의 항복 문서 조인으로 제2차 세계대전이 끝났다. 《1984》(1949)로 유명한 영국의 소설가 조지 오웰(George Orwell, 1903~1950)은 1945년 10월에 발표한 에세이 〈당신과 원자폭탄(You and the Atomic Bomb)〉에서 '냉전(cold war)'이라는 말을 처음으로 썼다.[1] 조지 오웰은 세계관, 신념, 사회구조 등의 차이로 인해 인접 국가들 사이에서 발생하는 대치를 '냉전'이라고 보았다.

오늘날 '냉전'이라는 용어는 1947년부터 1991년까지 미국과 소련 사이에서 전개된 정치·군사·경제적 긴장을 가리키는 것으로 사용되는데, 이런 의미로 '냉전'이란 용어를 처음 사용한 사람은 1947년 미국의 언론인 허버트 스워프(Herbert Bayard Swope, 1882~1958)다.[2] 1950년 6월 25일, 한반도에서 발발한 한국전쟁은 냉전의 긴장관계가 아니라 실제 전쟁으로 비화한 사건이다. 표면적으로는 남한과 북한의 전쟁이었지만, 실제로는 유엔군을 대표하는 미군과 소련군·중국군 사이의 전쟁이었다.

미국의 역사학자 브루스 커밍스(Bruce Cumings, 1943~)는 냉전체제가 '봉쇄 프로젝트'와 '헤게모니 프로젝트'라는 두 개의 프로젝트로 이루어졌다고 보았다.[3] '봉쇄 프로젝트'는 주류 국가들이 적의 도전에 맞서 각자의 영향권 안에서 패권을 확보하려 한 양상이다. 주류 국가들은 이 프로젝트의 성공을 위해 종종 국지적 전쟁을 일으켰다. 이에 비해 헤게모니 프로젝트는 미국과 소련이 각자의 영향권 안에서 동맹국의 도전에 맞서 패권을 확보하기 위해 자원의 유통을 통제하는 양상을 가리킨다. 미국은 일본·타이완·인도와 남한에 자국의 남아도는 농산물을 비롯한 자원을 지원해 패권을 강화했다. 소련 역시 자원과 기술을 동유럽의 국가들과 쿠바, 그리고 북한에 지원했다.

## 미국의 잉여농산물 원조와 분식

미국이 한국에 제공한 원조는 크게 세 시기로 나눌 수 있다. 첫 번째는 미군정기와 한국전쟁 기간인 1945년부터 1953년까지로, 긴급구호원조 기간이다. 두 번째는 전쟁이 끝난 1953년부터 1961년까지로, 본격적인 원조가 이루어진 시기다. 미국은 이 기간에 '상호안전보장법(MSA)'에 근거하여 군사와 잉여농산물을 주로 원조했다. 마지막으로 1962년부터 1993년까지의 기간은 차관(借款) 전환 시기였다. 미국은 '대외원조법(FAA)'에 근거하여 '달러'를 한국 정부에 빌려주었다. 동시에 1970년대까지 미국의 잉여농산물 원조가 이어졌다.

잉여농산물은 미국 농촌에서 대량으로 수확한 밀·보리·콩 같은 양곡 중 자국에서 소비하지 못하고 남은 농산물을 가리킨다. 1954년 미국 정부는 자국의 농산물 가격을 유지하고 농산물 교역을 증진하는 한편, 저개발국의 식량 사정을 완화하기 위해 PL480(Public Law 480, 미공법 480호)이란 국내법을 만들었다.[4] PL480 법안은 미국 내 밀의 주생산지인 미네소타(Minnesota)주 출신의 휴버트 험프리(Hubert Horatio Humphrey, Jr. 1911~1978) 상원의원과 세계적 곡물회사인 카길(Cargill)의 합작품이었다.[5] 한국 정부는 1955년 '미국 농업 교역 발전 및 원조법 제1관(款)에 의한 협정'을 미국 정부와 체결해 1956년부터 잉여농산물 원조를 받기 시작했다.[6]

미국의 잉여농산물 원조는 공짜가 아니었다. 미국 정부는 한국 정부와 협정을 체결할 때, 도입 농산물의 판매액을 한국 통화로 적립하고, 그중 일부는 한국에 있는 미국 원조기관의 비용으로 충당하며, 나머지는 한미 간의 합의에 따라 한국의 경제개발과 군사력 지원에 사용하기로 약속했다.[7] 미국의 밀 생산 농민들은 폐기할 뻔한 남아도는 밀을 한국 같은 저개발 국가에 판매하여 수익을 올렸고, 미국 정부는 원조 명분을 내세워 한국 정부와 군사적 관계를 더욱 긴밀하게 구축했다.

1961년 군사 쿠데타로 정권을 잡은 박정희 정부는 미국의 잉여농산물을 효과적으로 이용했다. 1950년대 혼분식 권장을 쌀 절약과 미국의 원조 밀을 통한 식생활 개선 정책으로 바꾼 박정희 정부는 밥만 쌀로 짓게 하고, 막걸리·청주·소주·떡볶이 등을 미국산 밀가루나 외국산 곡물로 만들도록 강제했다. 강력한 행정력이 동원되어 시행되었던 혼분식 장려운동은 1980년대 중반 이후 한국인의 분식 소비가 늘어나는 계기가 되었다.

### 식품회사의 공장제 일본 식품 모방

패전국 일본은 한국전쟁 기간에 미국과 유엔군의 보급품 기지였다. 미국과 유엔이 한국에 제공한 긴급구호물자 역시 일본에서 분류와 가공이 이루어졌다. 식민지 시기 한반도에서 일본인이 운영했던 제분공장은 한국전쟁 때 모두 파괴되어 미국에서 보내온 밀을 밀가루로 만들 수가 없었다. 미국 정부는 한국전쟁 기간에 밀을 일본의 제분공장에 보냈고, 일본인들은 밀가루 제조를 통해 수익을 얻게 되었다. 당시 한국과 마찬가지로 일본도 미국의 원조를 받았지만, 한국전쟁은 일본의 경제회복을 앞당긴 결정적인 사건이었다.

한편, 해방 후 일본인이 버리고 간 식품공장은 대부분 한국인의 손에

넘어가 점차 한국 기업으로 성장했다. 서울 영등포에 있던 쇼와기린(昭
和麒麟)맥주회사는 동양맥주로 이름을 바꾸고 상표를 '오비맥주'로 변경
했다. 서울의 미쓰야(三矢)장유양조장은 1946년 함경남도 함주 출신 박
규회(朴奎會, 1902~1976)가 인수하여 회사 이름을 샘표식품으로 바꾸었다.
마산(지금의 창원시 마산합포구)의 야마다(山田)장유양조장은 1945년 12월 김홍
구(金洪球, 1914~1971)가 인수해 몽고간장이 되었다. 1937년 설립된 경성우
유동업조합은 1945년 9월 서울우유동업조합으로 이름을 바꾸었다.

　1950년대 중반부터 이러한 식품회사들은 새로운 공장제 식품을 매
년 시장에 내놓았다. 1956년 서울약품공업주식회사는 영양제 '원기소'
를, 크라운제과는 '크라운산도'라는 비스킷을, 동아화성공업주식회사
(1962년 12월에 미원주식회사로 상호 변경)는 국산 화학조미료 미원을, 1957년 7월
동양제과는 국내 최초로 국산 캐러멜을, 1958년 롯데삼강은 공장제 아
이스크림을, 1959년 서울식품은 '소머리표'라는 상표의 국산 마가린을,
1960년 해태제과는 자동 생산 라인을 갖춘 공장에서 초콜릿을, 1961년
삼립제과는 공장제 비스킷과 빵을, 1963년 동아제약주식회사는 '박카
스D'를, 1963년 9월 삼양식품공업은 인스턴트라면을, 1969년 풍림상
사(지금의 오뚜기)는 인스턴트카레를 판매했다.

1970년대는 식품회사가 내놓은 상품이 전국적으로 대유행을 한 시대였다. 공장제 식품의 광고가 라디오 방송을 타기 시작하면서 시장에는 '히트상품'이 탄생했다. 1970년 부라보콘, 1971년 새우깡과 야쿠르트, 1972년 죠리퐁, 1974년 바나나맛우유와 초코파이, 1975년 맛동산, 1976년 커피믹스와 다시다 등이 라디오 광고와 함께 소비자들의 입맛을 현혹했다. 이 '히트상품'들은 전국적인 유통망을 통해 판매되었다.

그러나 1960년대 공장제 식품과 1970년대 '히트상품' 중 대부분은 일본의 공장제 식품을 모방한 것이었다. 1965년 한국과 일본의 외교관계가 회복되기 이전에는 한국의 많은 식품회사가 비합법적인 방법으로 일본 식품을 모방했다. 한일수교 이후에는 합법적으로 일본의 제조 기술을 사들여와 한국 시장에 제품을 내놓았다. 1960~1970년대 한국의 식품회사는 일본이 미국에서 가져온 공장제 식품을 다시 도입하여 또 다른 한국식 식품으로 변형해 식품 시장의 규모를 키웠다. 냉전으로 인해 자본주의와 공산주의 국가 사이의 정치·경제·군사적 경계가 나뉜 상태에서 한국의 공장제 식품은 '미국→일본→한국'으로 연결된 구도 안에서 변신했다.

**1**

# 북한의 민족음식
# 구축

## 공산 진영의 복구 원조를 받다

한국전쟁으로 인해 한반도의 대부분은 폐허가 되다시피 했다. 특히 북
한 지역은 미군 항공기의 공습으로 주요 도시가 거의 초토화되었다. 소
련을 중심으로 동유럽과 중화인민공화국(이하 중국) 등의 공산 진영 국가
들은 북한의 전후 복구 원조에 앞장섰다. 북한은 소련·중국·동독(통일 전
의 동부 독일)·체코슬로바키아(체코와 슬로바키아로 분리되기 전 연방국)·루마니아·
불가리아·헝가리 등 공산 진영 국가들의 무상원조에 힘입어 식민지 시
기부터 운영해온 산업 시설의 복구 건설에 주안점을 두었다.[8] 공산 진
영은 금전적인 지원뿐만 아니라, 1,700명 이상의 전문가들을 직접 파견
하여 북한의 전문가를 양성했다.

1956년 12월 중순, 동독의 바이마르 건축전문대학 교수 에리히 로베
르트 레셀(Erich Robert Ressel, 1919~1975)이 함경남도 함흥시 외곽에 있던 외
국인 기술자 숙소에 도착했다.[9] 외국인 기술자 숙소에는 동독을 비롯하
여 헝가리·체코슬로바키아·폴란드 기술자들이 와 있었다. 레셀은 약

───── 동독 건축설계사 에리히 레셀이 1957년 7월 28일에 촬영한 함경남도 북청군의 신포항 (지금의 함경남도 신포시)의 생선 통조림 공장 재건 장면.

1년 동안 북한에 머물면서 함흥시와 흥남시의 도시계획팀장을 맡아 도시계획 수립을 비롯해 현대식 대형 공공건물과 도로 설계를 했다.[10] 이처럼 외국인 기술자들은 장기간 머물면서 북한 사람들과 직접 교류 했다.

해방 이후 소련군의 북한 주둔 시기부터 1950년대까지 물적·인적 자원을 전폭적으로 지원했던 소련, 특히 러시아인의 영향력은 북한에 서 상당히 강했다. 이러한 러시아의 영향력을 반영하듯, 노동당의 외곽 단체인 '조선민주녀성동맹'이 1946년 9월에 창간한 기관지《조선녀성》 에 러시아 음식에 관한 기사가 실렸다. 1947년 3월호에 〈로시야 요리 몇 가지〉라는 제목으로 두 쪽에 걸쳐 실린 러시아 요리는 야채수프, 피

로시키(Piroshky, 고기만두), 그리고 러시아 김치 등 세 가지다.[11]

러시아식 야채수프의 주재료는 '캬베쯔(양배추, 'cabbage'의 일본식 표현), 마령서(馬鈴薯, 감자), 토마토, 옥총(玉葱, 양파), 홍삼' 등이다. 비록 러시아식 야채수프라고 했지만, 요리법의 표현에는 일본어가 상당히 많이 들어가 있다. 즉, 러시아인이 제공한 요리법이 아니라 일본어 요리책을 보고 작성한 것으로 보인다. 피로시키는 러시아 고기만두라고 하지만 실제로는 빵에 가까운 음식으로, 오븐을 이용해 만든다. 그러니 오븐이 없는 가정에서는 피로시키를 만들기 어렵다. 이 요리법 역시 러시아와의 친숙함을 드러내려고 게재한 듯하다.

러시아 김치라고 소개한 음식의 요리법을 보면 외(瓜)김치를 만드는 법과 비슷하다. 러시아어로는 '카르니숀(корнишон)'이라고 부르는 작고 몽땅한 피클오이 게르킨(gherkin)을 소금에 절여서 만든다. 그러나 당시 북한에서는 게르킨을 구하기 어려워서 이 러시아 김치도 만들어 먹을 수 없었을 것이다. 《조선녀성》에 실린 러시아 요리 몇 가지는 단지 소련에 관한 이해를 넓히려는 의도였지, 실제로 가정에서 이 음식을 만들어 먹자는 캠페인은 아니었던 것 같다.

## 평양 옥류관과 평양랭면

북한에서는 고유 음식을 '민족음식' 혹은 '조선민족음식'이라고 부른다. 2003년에 출간된 《조선향토대백과사전 18. 민속》에서는 '조선민족음식'이라는 용어를 사용하면서 그 정의를 다음과 같이 밝혀놓았다. "조선민족음식은 핏줄을 같이하는 한 겨레가 하나의 강토에서 대대로 같이 살아오면서 우리나라에서 생산되는 식생활 재료를 가지고 우리 인민의 구미와 기호에 맞게 발전·풍부화시킨 고유한 음식으로서 거기에는 민족적 특성이 두드러지게 반영되어 있다."[12]

북한 정부는 민족음식을 특화하기 위해 1960년 8월 13일 평양 대동강 기슭 옥류교 근처에 '옥류관(玉流館)'이라는 대형 조선음식점을 설립했다.[13] 옥류관은 기와를 올린 2층 철근콘크리트 건물로, 연건축면적은 약 5,800제곱미터이고 수용 능력은 1,000석에 이른다. 옥류관의 대표적인 메뉴는 '평양랭면·대동강숭어국밥·녹두지짐·온반' 등이다.

이 중 '평양랭면'은 메밀가루로만 만든 면을 쓰기에 '평양순면'이라고도 부른다.[14] 메밀의 겉껍질을 벗기고 부드럽게 가루 내어 반죽한 다음 국수틀에 눌러 면을 뽑아 만든다. 특히 평양랭면은 육수로 동치미 국물이나 소고기 국물을 쓴다. 동치미는 초겨울에 담그는 무김치로, 무를 마늘·생강·파·배·밤·준치젓·실고추 등으로 양념하여 독에 넣은 뒤 물을 많이 붓고 잘 봉하여 익혀 만든다.[15] 양념과 무에서 나오는 국물 맛이 시원하고 감칠맛이 난다. 소고기 국물은 소뼈·힘줄·허파·기레(비장)·콩팥·천엽 등을 푹 고아서 기름과 거품 같은 부유물을 다 건져낸

─────── 북한 정부가 민족음식을 특화하기 위해 설립한 평양 옥류관의 평양랭면.

다음 소금과 간장으로 간을 맞추고 다시 뚜껑을 열어놓은 채로 더 끓여서 간장 냄새를 없애고 서늘한 곳에서 식혀 만든다.[16]

평양랭면을 담는 그릇은 동치미나 소고기 국물 맛에 잘 어울리게 시원한 느낌의 놋대접을 쓴다. 놋대접에 먼저 국물을 조금 붓고 국수를 사려서 소복이 담은 다음 그 위에 김치·고기·양념장·달걀·배·오이 등의 순서로 꾸미를 얹고 고명으로 실파와 실고추를 얹은 뒤 다시 국물을 붓는다. 1960년대의 평양랭면은 간이 강하지 않아 맹물에 국수를 말았다고 할 정도였다. 꾸미나 고명도 매우 간단했다. 그러나 1980년대 이후 베이징·선양을 비롯하여 세계 각지에 옥류관 해외 지점을 내면서 평양랭면의 꾸미가 화려해지고 간도 조금 강해졌다.

## 함흥의 농마국수

북한의 함경도, 즉 양강도[17] · 함경남도 · 함경북도 사람들은 감자를 주식처럼 먹었다. 특히 양강도의 감자는 크고 단단하여 맛이 좋다고 알려진다. 감자를 이용한 함경도의 대표적인 음식은 농마국수다. 함경남도의 중심 도시인 함흥시에는 1976년 6월 1일에 설립된 '신흥관(新興館)'이라는 감자농마국수 전문 음식점이 유명하다.[18]

'농마'는 녹말(綠末)의 함경도 말이다. 함경도 사람들은 '농말'이라고도 한다. 녹말의 한자는 특별한 의미가 없고 발음을 한자로 옮겼을 가능성이 크다. 농마는 탄수화물의 하나로 전분(澱粉)이라고도 부른다.

먼저 수확한 감자를 깨끗하게 잘 씻는다.[19] 이것을 항아리에 차곡차곡 쟁여 넣는다. 여기에 물을 약간 붓고, 뚜껑을 단단하게 봉해서 약 석 달간 둔다. 그러면 감자가 항아리 안에서 썩기 시작한다. 감자가 썩는 냄새는 매우 지독하다. 푹 썩은 감자와 물을 바가지로 퍼내서 소쿠리에 붓는다. 감자는 얇은 껍데기만 남고 덩어리는 썩어서 물처럼 되어 있다. 이 물을 고운 체에 밭쳐 여러 차례 걸러낸다. 이것을 함지박에 붓는다. 농마가 아래로 가라앉으면 윗물을 떠내고 다시 물을 붓는다. 이틀 동안 여러 차례 되풀이하면 불쾌한 냄새가 없어지고 농마도 하얀색으로 변한다. 윗물을 떠내고 아래에 가라앉은 농마 위에 보자기를 덮어둔다. 덩어리가 생긴 농마를 햇볕에서 말린다. 말린 농마를 가루 내면 함경도 농마국수의 주재료가 완성된다.

북한 요리책에 감자농마국수 만드는 법이 이렇게 소개되어 있다. "감자농마가루는 익반죽하여 국수를 누른다. 국수오리(국수 가락)가 붙지 않게 젓가락으로 저어주면서 90초 정도 익힌다. 국수오리가 떠오르면 재빨리 건져 찬물을 갈아대면서 3~4번 씻은 다음 사리를 지어 발에 놓

─── **함흥시 신흥관의 감자농마국수.**

아 물기를 짜운다."[20] 농마국수의 국수 가락은 메밀국수나 밀국수와 달리 소 힘줄처럼 몹시 질기고 오돌오돌 씹힌다.[21]

감자농마국수 역시 평양랭면과 마찬가지로 육수를 붓는다. 육수를 만드는 재료는 소고기·돼지고기·닭고기 등이다. 고기를 찬물에 넣어두었다가 꺼내서 삶아 건진다. 고깃국물에 소금·간장·맛내기(화학조미료)를 넣고 차게 식힌다. 마늘을 잘게 다지고 실파와 실고추를 준비해둔다. 꾸미로 올릴 소고기와 돼지고기를 버들잎 모양으로 썰고, 닭고기를 5센티미터 길이로 찢어 고깃국물 약간, 간장·참기름·참깨·고춧가루·맛내기·설탕·후춧가루와 다진 마늘을 넣고 버무린다.[22]

농마국수 사리에 고깃국물·참기름·양념장을 넣고 고루 비벼 쟁반에 담고 삶은 달걀을 네 쪽으로 썰어서 국수 위에 올린다. 달걀 사이에 고기·김치·배를 놓는다. 가운데 실파와 실고추, 그리고 실처럼 썬 달걀지단을 고명으로 올리고, 마지막에 고깃국물을 붓는다.

함경도 사람들은 농마국수와 함께 일종의 비빔국수인 회국수도 즐겨 먹었다. 회국수는 고깃국물을 붓지 않고 명태·가자미·홍어 등의 생선을 꾸미로 올린 것이다. 전쟁 후 남한에 자리 잡은 함경도 사람들은 음식점을 운영하면서 회국수와 함께 남한식으로 고춧가루와 고추장만으로 비빈 '함경도 비빔냉면'을 판매했다. 그러나 자신들의 전매특허였던 감자농마국수를 고향의 요리법대로 만들어 판매하는 음식점은 많지 않았다. 아마도 농마국수를 만들기가 어려웠기 때문으로 추정된다. 그래서 남한 사람들은 물냉면은 평양냉면, 비빔냉면은 함경도냉면이라고 오해하기도 한다.

**2**

# 치킨라멘과 소고기라면,
# 그리고 K-레이션

## 인스턴트라멘의 등장

1950년대 동아시아 지역에는 '남한(대한민국) 대 북한(조선민주주의인민공화국)', '타이완(중화민국) 대 중국(중화인민공화국)'의 정치·군사적 냉전 구도가 구축되어 있었다. 미국은 남한과 타이완에 대해 군사적 관여와 경제적 개입을 통해 북한과 중국을 봉쇄하는 정책을 펼쳤다.[23] 제2차 세계대전 이후 일본은 한국전쟁을 기회로 경제적 복구에 성공했고, 미국은 일본을 중심으로 동아시아의 군사·경제적 지역통합 전략을 펼쳤다.[24]

1946년 패전국 일본은 그 어느 때보다 심각한 식량난에 시달렸다. 쌀을 요구하는 시민들의 목소리가 데모와 사회운동으로 번졌다. 일본을 점령한 미군은 자국의 잉여농산물인 밀을 일본 가정에 구호물자로 배급했다. 가정에서는 배급받은 밀을 상점이나 음식점에 팔아 빵이나 국수를 샀다.[25]. 1953년 미국 정부는 일본 정부와 상호안전보장법(MSA)을 체결했다. 이 협정에는 일본 정부가 학교와 가정에 분식을 장려하고, 미국식 영양학 교육을 시행하도록 강제하는 내용이 포함되어 있었다.[26]

타이완 출신으로 1933년부터 오사카에서 메리야스 사업을 하던 안도 모모후쿠(安藤百福, 1910~2007, 중국 이름 우바이푸(吳百福))는 1948년 당시 후생성 과장에게 미국에서 공짜로 들여온 밀을 왜 빵 만드는 데만 쓰느냐고 문제 제기를 했다.[27] 식량 부족 상황을 몸소 겪으면서 새로운 사업으로 영양식품 개발을 기획하고 있던 안도 모모후쿠는 타이완과 중국 남부 사람들이 더운 날씨에 국수의 부패를 막기 위해 개발한 기름에 튀겨낸 유면(油麵)에 주목했다.[28] 안도 모모후쿠가 개발한, 매우 짧은 시간에 국수를 높은 온도의 기름에 튀겨 말린 후 바로 포장했다가 뜨거운 물만 부으면 다시 부드러운 국수가 되는 치킨라멘(チキンラーメン)은 타이완의 지쓰멘(鶏絲麵)에서 아이디어를 얻었을 가능성이 크다.

닛신식품(日清食品)을 설립한 안도 모모후쿠는 1958년 6월 오사카의 가장 번화가인 우메다(梅田)의 한큐(阪急)백화점 지하 식품매장에서 치킨라멘을 시식하는 행사를 열었다. 2분만 기다리면 먹을 수 있다는 말에 손님들은 반신반의했다.[29] 안도 모모후쿠는 사발에 직접 치킨라멘을 넣고 뜨거운 물을 부었다. 2분 후 잘게 썬 파를 넣은 뒤 시식을 권하자 맛을 본 손님들은 그 자리에서 준비했던 500개를 모두 사 갔다. 당시 우동 한 사리가 6엔이었는데, 치킨라멘은 35엔으로 매우 비쌌다. 그런데도 치킨라멘은 '마법의 라멘'이라는 별명을 얻으면서 불티나게 팔렸다.[30]

치킨라멘이 성공하자 다른 식품회사에서도 앞다퉈 비슷한 제품을 시장에 내놓았다. 1950년 3월에 설립된 묘조식품(明星食品)의 오쿠이 기요스미(奧井清澄, 1919~1973) 역시 치킨라멘과 비슷한 제품을 개발했다. 그러나 안도 모모후쿠의 닛신식품은 이미 치킨라멘의 특허를 신청한 상태여서 오쿠이 기요스미는 신제품을 포기할 수밖에 없었다. 안도 모모후

─── **1958년에 출시된 치킨라멘(왼쪽). 치킨라멘은 달걀을 추가해 뜨거운 물을 부어 익혀 먹는다.**

쿠의 치킨라멘은 국수를 반죽할 때 양념을 하기 때문에 따로 양념 스프를 제공하지 않았다. 이에 오쿠이 기요스미는 양념 스프를 별도로 제공하는 인스턴트라멘을 개발했다. 치킨라멘의 특허가 1962년 6월 12일에 확정되었는데, 오쿠이 기요스미는 '스프 별첨 라멘'을 이틀 후인 14일에 시장에 내놓았다.

### 즉석라면에서 소고기라면까지

한편, 1963년 12월 대통령에 취임한 박정희는 식량 부족 문제를 해결하기 위해 쌀을 아끼는 절미정책을 더욱 강력하게 추진했다. 당시 정부 창고에는 쌀이 아닌 미국에서 원조받은 밀이 가득 차 있었다. 정부는 부녀회 조직을 이용하여 분식 먹기를 권장했다. 그러나 한국인 대부분은 밀로 만든 음식을 여전히 즐겨 먹지 않았다. 이에 정부는 1964년부터 전국의 초·중·고등학교 학생들을 대상으로 혼분식을 확대하고자 했다. 매일 학교에서 교사들이 학생들의 점심 도시락을 검사하여 쌀과 보리의 혼합 비율이 7 대 3이 아니면 식사를 못하도록 하는 강제 정책을 펼쳤다. 그러나 이 정책도 성공하지는 못했다. 이처럼 혼분식운동이 대중적인 호응을 얻지 못하고 있는 상황에서도 정부는 '쌀+보리' 혼식에다 밀가루 위주의 분식을 강력하게 권고했다.

삼양식품 대표 전중윤(全仲潤, 1919~2014)은 일본에서 인스턴트라멘이 유행한다는 소문을 듣고 1962년 제조 기계를 수입하려고 한국과 외교관계가 없던 일본으로 건너갔다. 그러나 안도 모모후쿠의 특허권과 제조기계를 사려면 상당히 높은 비용을 치러야 한다는 것을 알고서 포기할 수밖에 없었다. 일본에서 절망하고 있던 전중윤은 우연한 기회에 지인의 도움으로 당시 일본 인스턴트라멘 업계의 2위였던 묘조식품의 오쿠이 기요스미를 만났다.

오쿠이 기요스미는 전중윤을 만나서 한국전쟁 때 일본이 미군의 보급기지 역할을 하여 경제가 재건되었다고 말하면서 바로 도와주겠다고 약속했다.[31] 그 후 오쿠이 기요스미는 전중윤에게 제면기와 국수를 튀기는 프라잉(frying) 기계, 그리고 기술 지도까지 라멘 사업에 필요한 모든 것을 무상으로 지원해주었다. 1963년 9월 15일, 마침내 한국 최초의 인스턴트라면인 '즉석 삼양라면'이 시장에 나왔다. 삼양라면은 묘조식품의 라멘처럼 스프를 별도로 첨부한 제품이었다. 삼양식품보다 후발주자로 인스턴트라면 사업에 뛰어든 롯데공업(지금의 농심)은 처음에는 안도 모모후쿠의 '치킨라멘' 방식을 채택하려 했지만, 이미 삼양라면이 출시되어 자리를 잡아가는 바람에 삼양라면의 스프 별도 제공 방식을 따를 수밖에 없었다.[32]

처음 인스턴트라면을 접한 한국인의 반응은 그다지 좋지 않았다. 그 이유는 다음의 두 가지다.[33] 첫째, '라면'이란 이름이 당시 한국인에게

삼양식품에서 1963년 9월 15일에 출시한 삼양라면(왼쪽)과 한국에서 라면이 출시된 초창기에 라면을 끓이던 모습(오른쪽).

너무 생소했다. 한국인 중에는 라면을 옷감을 뜻하는 '라면(羅棉)'이라고 생각한 사람도 많았다. 둘째, 쌀밥 위주의 식생활을 해왔기에 분식인 라면을 주식으로 여기는 한국인이 많지 않았다. 그러나 신문 광고와 길거리 시식 행사 등 대대적인 홍보를 통해서 이러한 인식이 점차 바뀌어갔다. 발매 첫해인 1963년 12월 삼양라면의 판매량은 20만 봉지였지만 1964년 5월에는 73만 봉지로, 반년도 되지 않아 판매량이 세 배로 늘어났다.

판매량이 증가하자 삼양식품은 밀가루·식용유·스프 등 원료 부족 문제를 해결해야 했다. 밀가루는 미국의 잉여농산물로 들어온 밀을 국내 제분회사에서 공급해주었으므로 큰 문제가 되지 않았다. 식용유는 정부에 도움을 요청해 미국에서 식용 소기름과 돼지기름을 수입해 해결했다. 스프 재료는 소고기·닭고기·소뼈·닭뼈·다시마 등을 무쇠솥에 넣고 고아서 진국을 만들고 이것을 다시 농축·건조해 그 가루를 뽑아서 만들었다. 또 한국인이 좋아하는 고추·마늘·양파 등을 건조해 스프에 넣었다. 이처럼 라면 스프의 맛을 국물 음식을 좋아하는 한국인의 입맛에 맞게 개량하면서 점차 한국의 인스턴트라면은 일본의 인스턴트 라멘과 차별화된 독특한 맛을 내게 되었다. 오늘날에도 한국인들은 인스턴트라면을 선택할 때 국수 품질보다 국물 맛을 더 중요한 기준으로 삼는다.

후발 업체인 롯데공업은 1965년 '소고기라면'을 출시했다. 이 제품은 출시되자마자 대단한 인기를 얻었다. '소고기라면'은 스프의 재료로 소고기·소뼈·고춧가루 등을 사용했다. 닭고기보다 소고기를 더 좋아했던 한국인은 '소고기라면'을 마치 소고깃국처럼 여겼다.

## 베트남전쟁과 K-레이션

한국전쟁이 끝난 후 유엔 등 국제사회의 지원을 받으며 전후 복구가 이루어졌지만, 한국인의 살림살이는 별로 나아지지 않았다. 박정희 정부는 1962년부터 정부 주도의 경제개발정책을 펼치기 시작했다. 애초 실질 GDP(국내총생산) 증가율을 연평균 7.1퍼센트로 설정했지만, 1962~1964년까지 3년 동안 5.6퍼센트에 머물렀다. 정부는 경제성장률이 목표치에 이르지 못한 이유로 외자 유치 부족 문제를 들었다. 당장 외자 유치가 힘든 상황에서 정부는 그 돌파구로 1964년 9월 11일 한국군을 베트남에 파병하여 외화벌이를 꾀했다.

한국군의 베트남 파병과 함께 베트남에 대한 수출도 날로 증가했다. 수출품은 군복·신발·침구류·시멘트·건축자재·맥주·담배·제초기·한약재·철강류·수송장비·전투식량 등이었다. 1968년 한국의 대베트남 수출 금액은 3억 800만 달러에 이르렀다.[34] 이 중 전투식량은 1억 2,700

만 달러나 되었다.

1964~1965년 베트남에 파병된 한국 군인들은 미군이 제공한 전투식량을 받고 매우 감격했다. 한국에서 늘 배가 고팠던 한국군에게 미제(美製) 전투식량, 즉 레이션(ration)은 색다른 맛을 선사했다. 당시 미군은 전투식량 유형을 A, B, C로 분류했다. A-레이션은 부엌에서 직접 요리를 해야 먹을 수 있는 식재료 위주였다. B-레이션은 뜨거운 물만 있으면 바로 먹을 수 있는 인스턴트식품으로 구성되었다. C-레이션에는 크래커·땅콩잼·통조림 등 전쟁터에서 바로 먹을 수 있는 식품들이 들어 있었다.

그러나 매일같이 똑같은 레이션을 먹자 식욕 부진을 호소하는 한국군이 늘어났다. 한 파병 군인은 "제일 인기 없는 품목이 크래커, 땅콩잼인데 대부분 버리지만, 나는 모아뒀다가 월남(베트남) 꼬마들에게 주었다"[35]고 기억했다. 미군은 한국군에게 요리를 해야 먹을 수 있는 A-레이션을 주는 일도 있었다. 하지만 전쟁터에서 요리를 할 방법도, 시간도 없었던 한국군은 먹지도 못할 이것을 '갈비짝'이라고 부르면서 군장에 싸서 가지고 다녔다. 이국에서 제대로 먹지 못한 채 전쟁을 치르던 한국군은 쌀밥과 김치 같은 고향 음식을 그리워했다.

1965년 8월부터 1969년 5월까지 베트남에 파병된 한국군을 지휘한 사령관 채명신(蔡命新, 1926~2013)은 미군과 베트남군 고위당국과 협의하여 한국군에게 베트남 쌀을 지원할 것을 요청했다. 한국군 지휘부는 쌀로 밥을 짓고 레이션의 재료로 찌개나 국을 끓여서 장병들에게 주었다.[36] 한국군은 처음에는 이 음식을 아주 반가워했으나 오래가지는 못했다. 시간이 지나도 김치·된장·고추장 같은 한국 음식에 대한 요구가 수그러들지 않았다.

——— 베트남전쟁 때 한국군에게 보급했던 K-레이션(모형).

한국군 지휘부가 미군에게 김치를 요청하자 미군은 오랜 논의 끝에
하와이에 있는 일본인 공장에서 만든 김치를 공수해주었다. 그러나 한
국군 지휘부는 이에 만족하지 않고 한국산 김치를 요구했다. 이에 미
국 정부는 잉여농산물을 받는 나라에서 식품을 수입할 수 없다는 법규
를 내세워 거절했지만, 결국 한미 양측은 장기간의 협의 끝에 1969년
6월 물물교환 방식으로 해결할 방법을 찾았다.[37] 1969년 가을, 마침내
한국산 김치가 남부 베트남의 항구에 도착했다. 군인들은 이것을 'K-레
이션'이라고 불렀다.

한국군이 그렇게 원하던 김치는 '통조림' 형태로 제공되었다. 1966년
육군과 대학 식품연구소와 식품업체가 공동연구로 K-레이션과 김치통
조림을 개발했다.[38] 김치 통조림은 배추김치를 통조림에 넣고 63℃에서
30분간 가열한 뒤에 '코발트60'이라는 방사선을 쪼이는 방법으로 만들

었다. 이렇게 만든 김치 통조림은 2개월 이상 보관이 가능했다. 하지만 당시 한국의 캔(can)은 양철로 만든 금속 캔(metallic can)으로, 품질이 그다지 좋지 않았다. 그런 탓에 베트남에 도착한 김치 통조림에는 금속 캔의 녹이 녹아 있었지만 간절히 김치를 원했던 한국 군인들은 그것을 신경 쓰지 않았다.

전쟁터에서 군인들이 간편하게 먹는 식품의 개발은 제1차 세계대전 때부터 이루어졌지만, 한국의 K-레이션은 한국군의 베트남전 참전으로 시작되었다. 같은 시기에 한국 음식의 인스턴트화가 진행되어 1967년 8월 삼양식품은 베트남에 라면 10만 개를 수출했다.[39] 베트남에는 군인들 외에도 한진·대한통운·현대건설 같은 한국 기업이 진출해 있었다.[40] 삼양라면을 비롯한 한국의 인스턴트식품은 이 회사의 직원들에게도 매우 중요한 음식이었다. 이처럼 베트남전쟁이라는 참혹한 사건 이면에 한국 정부의 외화 수입 증대, 한국 기업들의 성장, 그리고 공장제 한국 식품의 확대라는 아이러니한 장면이 담겨 있다.

**3**

# 밀막걸리와
# 희석식 소주의 유행

## 톡 쏘는 맛의 밀막걸리 탄생

식민지 시기 일제의 식량 수탈로 인해 발생한 식량 부족 문제는 해방 이후 미군정기에도 해결되지 않았다. 결국 대한민국 정부는 1948년 10월 9일 '양곡관리법'을 제정하여 쌀을 비롯한 곡물의 수급과 유통 가격을 관리했다. 이후 1970년대 말까지 정부는 쌀 절약을 위한 혼식과 분식, 쌀 사용 금지 식품의 지정 같은 내용을 양곡관리법에 추가했다.

1962년 가을 벼농사의 대흉작은 쿠데타로 정권을 잡은 박정희 군사정부에게 정치적으로 큰 타격이었다. 같은 해 11월부터 혼분식 장려운동을 펼쳤지만, 별다른 성과를 내지 못했다. 1963년 봄에는 보리농사도 흉작이었다. 군사정부는 미국 정부에 밀을 요청하지 않을 수 없었다. 그러나 존 F. 케네디(John F. Kennedy, 1917~1963)의 미국 정부는, 앞서 3월에 군정을 4년 연장하겠다는 성명을 낸 박정희 군사정부를 못마땅하게 여겨 원조를 중단하겠다고 발표했다. 미국의 원조물자 중에는 밀도 포함되어 있었다. 결국, 4월 8일 군사정부는 군정 연장을 국민에게 묻는 투표

　백년 식사

1960~1970년대 중반 선거 때마다 막걸리는 국민의 표심을 빼앗는 뇌물이었다. 《동아일보》1969년 10월 14일자 1면에 실린 사진으로, 대통령 3선 개헌 국민투표 유세장 근처에서의 막걸리 접대 장면이다.

를 보류한다는 성명을 발표했다.

박정희 군사정부는 국민투표 보류를 결정하기 전에 미국의 원조 중단에 대응하여 1963년 3월 1일부터 같은 해 12월 31일까지 '탁주 제조자에 대한 원료 미곡의 사용 금지 조치'를 내렸다.[41] 흔히 막걸리라고 부르는 탁주는 멥쌀로 지은 지에밥에 누룩을 찧어 섞어 항아리에 담고 여기에 물을 부어 겨울에는 10일, 여름에는 7일 정도 익힌 다음 술지게미를 걸러낸 술이다.[42] 정부의 이 조치는 주식인 쌀밥을 짓는 재료인 멥쌀을 아끼려는 목적에서 나왔지만, 국민의 지지를 받기는 어려웠다. 남한 사람들은 당시만 해도 어떤 술보다 막걸리를 즐겨 마셨다. 그래서 막걸리 제조에 멥쌀 사용을 금지한 정부의 조치는 제대로 시행될 수 없었다.

정부의 조치에 막걸리 생산업자들이 저항하자 결국 정부는 1965년 3월 29일 규제를 약간 완화한 행정 조치를 발표했다.[43] 즉, 막걸리 제조에 멥쌀을 20퍼센트 이하, 잡곡 60퍼센트 이상, 그리고 고구마 전분 20퍼센트 이상을 사용하도록 한 것이었다.[44] 그러나 정부의 인내심은 오래가지 못했다. 1966년 8월 28일 이후 정부는 막걸리 제조에 멥쌀 사용을 완전히 금지하는 법령을 발포했다. 멥쌀 대신에 밀가루로만 막걸리를 담그도록 한 것이다.[45] 100퍼센트 밀막걸리가 만들어진 것은 이때부터다. 당시 밀막걸리 제조가 가능했던 이유는 1966년 한 해에만 미국의 원조로 무려 2억 3,000만 달러어치의 밀과 밀가루가 들어와 부족한 양곡을 대체하고 있었기 때문이다.

밀막걸리의 등장은 막걸리 제조 방식에도 큰 변화를 가져왔다. 본래 양조장에서는 직접 제조한 재래식 누룩을 사용했는데, 1966년부터 일본 누룩 고우지(麴)와 비슷한 아스페르길루스균(Aspergillus shirousamii)을 사용하기 시작했다.[46] 주재료가 쌀에서 밀로 바뀌면서 막걸리 제조업자들은 막걸리에는 재래식 누룩을 넣어야 한다는 인식을 버리고 편리성에 무게를 더 두게 되었다. 밀막걸리는 제조 시간도 짧은 편이었다. 쌀막걸리를 제조하는 데 120시간이 걸렸지만, 밀막걸리는 70시간이면 가능했다. 제조 시간 단축 등으로 제조 원가가 낮아지자 막걸리 제조업자들은 밀막걸리 제조를 더 반기는 분위기였다.

한편, 제조업자들은 밀막걸리의 단맛을 유지하기 위해 완전히 발효되지 않은 술을 소매점에 팔았다. 그런데 의외의 일이 일어났다. 완전히 발효되지 않은 상태였던 밀막걸리가 유통 과정에서 발효되면서 탄산이 생겨 예상치 못한 막걸리 맛을 내게 된 것이다. 소비자들은 쌀막걸리 맛을 잊어버린 듯 탄산의 톡 쏘는 맛에 금세 익숙해졌다.[47] 정부의 쌀막걸리 금지 조치가 오히려 밀막걸리 붐을 일으켰다.

　1975년 가을, 새로 개발한 통일벼로 사상 최고의 쌀 수확량을 얻자, 정부는 1977년 12월 15일 막걸리 제조에 쌀을 넣지 못하도록 했던 행정 조치를 폐지했다. 그런데 부활한 쌀막걸리에서 탄산의 톡 쏘는 맛이 나지 않자, 소비자들은 사이다를 섞어 마셨다. 그만큼 밀막걸리의 맛이 강렬했던 것이다.

## 고구마 주정으로 만든 희석식 소주의 유행

막걸리와 함께 소주도 양곡관리법의 규제 대상이었다. 정부는 양곡관리법에 따라 1964년 12월 21일 "주정(酒精)과 소주 제조에 있어 백미 및 잡곡 사용을 별도 지시가 있을 때까지 일절 금지하고 국산 서류(薯類, 감자나 고구마처럼 덩이줄기나 덩이뿌리를 이용하는 작물)로 대체토록 결정했다."[48] 고려 말 원나라에서 들어온 소주는 멥쌀로 만드는 술이다. 멥쌀로 막걸리를 만든 다음, 항아리 위에 뜬 맑은 술을 떠내서 솥에 담고, 솥 위에 소줏고리를 올린 뒤 알맞은 온도로 불을 때서 맑은 술에서 나온 수증기가 찬물이 담긴 그릇 아래에 닿아 맺힌 이슬을 병에 모은 것이다.

　그런데 정부에서는 멥쌀 대신에 감자나 고구마로 소주를 제조하라고 했다. 이미 1930년대 후반에 고구마로 알코올을 만드는 방법이 창안되었다. 먼저 고구마를 기계로 분쇄한 후 물을 붓고 소량의 염산을 혼합하여 삶아 풀처럼 만든 다음, 여기에 효모를 넣어 알코올 당화 발효를 하면 흑갈색의 탁주가 만들어진다. 술지게미를 걸러낸 맑은 술을 연속식 증류기에서 증류하면 알코올 도수 95~96퍼센트의 주정을 만들 수 있다. 이 주정에 물을 부으면 알코올의 농도가 묽어진다. 여기에 감미료를 첨가한 술이 희석식 소주다.[49]

정부는 1964년 12월 21일의 조치에서 주세 행정 개혁과 외환 절약
을 내세워 주정을 만드는 데 사용하는 당밀(糖蜜)의 수입도 금지했다. 당
밀은 사탕무나 사탕수수에서 사탕을 뽑아내고 남은 검은빛의 즙액이
다. 이 당밀에 물과 효모를 넣어 발효해 밑술을 만든 다음, 연속식 증류
기에서 증류하면 알코올 도수 40~94퍼센트의 '럼(rum)'이 완성된다.[50]
이 '럼'에 물을 부어 알코올 도수를 30~40퍼센트로 낮추면 희석식 소
주가 된다. 당밀은 국내산 고구마나 감자와 비교하면 값이 싸서 그동안
주정회사는 대부분 당밀을 수입해 사용해왔다.

### 고구마와 당밀의 희비 쌍곡선

소주의 주정으로 당밀을 사용하기 시작한 때는 1930년 후반부터였다.
당시 벼농사를 주로 했던 한반도 남쪽 사람들이 막걸리를 즐겨 마신 것
과 달리 공업지대가 많고 날씨도 추운 북쪽 사람들은 소주를 많이 마셨

다. 그래서 소주 제조업체는 평안남도·평안북도·황해도 일대에 몰려
있었다. 당시 소주회사는 이미 고구마로 소주의 주정을 만들기 시작했
지만, 국내산 고구마 생산량이 충분치 않아 원가를 절감하기 어려웠다.
그래서 같은 식민지 처지에 있던 타이완에서 사탕무 당밀을 수입해 소
주 주정을 만들었다.[51] 다만 타이완 사탕무 당밀 수입량은 국내산 고구
마 생산량에 따라 들쑥날쑥했다.

해방 이후 남북이 분단되자 1948년 남한은 자유 진영인 타이완의 중
화민국 정부와 수교했다. 이후 1952년 한국전쟁 중이었지만 타이완과
정식으로 무역이 개시되어 주정 생산용 당밀 3만 톤을 수입했다.[52] 이
어서 필리핀에서도 당밀을 들여왔다. 값싼 당밀 수입이 늘어나면서 주
정 생산량도 늘어나 소주 가격이 폭락했다.[53] 1953년 10월, 당밀 수입
량이 5만 톤에 이른 가운데 국내산 고구마 가격 하락으로 당밀 수입이
또다시 문제시되었다.[54] 그러자 정부는 당밀 수입 금지 조치를 내렸지
만, 주정회사는 당밀을 계속해서 수입했다. 소주 가격 안정, 국내산 고
구마의 적절한 가격 유지, 외화 유출 염려라는 이해관계가 서로 얽혀
있는 목표를 동시에 추구하고 있던 정부의 당밀 수입 정책은 오락가락
할 수밖에 없었다.

1961년 들어선 군사정부와 그 뒤를 이은 제3공화국 정부의 당밀 수
입 정책 역시 혼란스러웠다. 당시 북한과 외교 경쟁을 벌이고 있던 정
부는 우방국 확대를 위해 자유 진영 국가와 무역협정을 체결하는 등 관
계 강화에 나섰다.[55] 타이완과 필리핀에 이어 타이·버마·인도네시아 등
과도 당밀 수입이 포함된 무역협정을 체결하기에 이르렀는데,[56] 이에
대해 여론은 그다지 호의적이지 않았다. 특히 1963년 9월에 언론에서
는 술 만드는 원료 도입에 100만 달러를 배정한 정부를 비판했다.[57] 정

———— 주정 원료의 대체품으로 이용되고 있는 카사바.

부는 국내산 고구마의 생산량이 적어서 주정 원료로 당밀을 수입할 수
밖에 없다는 입장을 내세웠으나, 언론에서는 총선거를 앞두고 주세를 많
이 거두어 정치자금을 마련하기 위해 당밀 수입을 늘렸다고 보았다.[58]

　이런 혼란은 박정희 정부 내내 계속되었다. 1975년 당밀의 국제 시세
가 계속 오르자, 국내 주정업계는 당밀 대신에 타피오카(tapioca)를 타이
에서 수입했다.[59] 타피오카는 남아메리카 사람들이 '만디오까(Mandioca)'
라고 부르는 길쭉한 고구마처럼 생긴 덩이뿌리 식물인 카사바(cassava)에
서 채취한 식용 녹말로, 국내산 고구마나 수입산 당밀보다 가격이 싸서
주정 원료의 대체품으로 이용되었다. 1970년대 중반 이후, 싼값의 희석
식 소주는 막걸리를 물리치고 국민 주의 자리를 지키고 있다. 또한 지
금도 희석식 소주의 제조 원가를 낮추기 위해 타피오카를 주정 원료로
거의 전량 사용하고 있다.

# 4

# 콩기름 식용유 생산과
# 튀김 음식의 증가

## 잉여농산물에 포함된 콩기름

1945년 9월 2일, 한반도의 중간에 38선이 그어지면서 남한은 식용유를 만드는 원료를 조달하기 어려운 상황에 처했다.[60] 1930년대 말부터 해방 이전까지만 해도 남한에서는 만주의 콩과 동남아시아의 야자, 그리고 동해안의 정어리·청어·명태 등의 생선을 원료로 식용유를 제조했다. 그런데 1945년 하반기부터 동남아시아와의 교역이 끊기면서 서울·부산·목포 등지에 있던 근대적인 식용유 생산 시설은 가동을 멈추고 말았다. 그러자 식용유 생산업자들은 쌀겨를 원료로 이용하는 방안을 마련했다.[61]

19세기 말까지 조선 사람들은 황색 콩인 대두로 만드는 콩기름[대두유 (大豆油)]의 제조 방법을 알지 못했다.[62] 식민지 시기에 콩기름이 알려지면서 한반도에서도 콩기름을 제조하기 시작했는데, 원료는 대부분 중국 동북부의 만주에서 들여왔다. 콩기름을 짜내고 남은 대두박(大豆粕, 콩깻묵)은 식물성 단백질이 40퍼센트 가까이 남아 있어 가축 사료로 이용

─────── 콩기름(대두유). 황색의 콩을 가루 내어 압착하여 기름을 얻는다.

되었다. 그러나 해방 이후 38선에 가로막혀 더 이상 만주산 콩과 대두
박을 구할 수 없게 되었다.

만주로 통하던 길이 막혔지만, 대두는 자유 진영의 맹주였던 미국에
서도 생산되고 있었다. 한반도와 중국 동북부가 원산지인 대두는 1804
년 중국을 방문한 양키 클리퍼(Yankee clipper)라는 배에 실려 미국으로 갔
다.[63] 이후 1829년 미국 북중부의 농촌에서 처음으로 대두를 수확한 이
래 매년 생산량이 늘어나 1940년이 되면 미국은 세계에서 가장 많은
대두를 생산하는 나라가 된다.

대두 수확량이 늘어나자 미국의 유지(油脂, 동물 또는 식물에서 채취한 기름을 통
틀어 이르는 말로, 식품·의약품·칠감 등 각종 공업 원료로 널리 쓰인다)업체에서는 1930년
대부터 콩기름 제조를 시작했다. 1956년 미국 정부는 한국 정부에 제공

하는 잉여농산물 품목에 쌀·보리·밀·수수·옥수수와 함께 버터·치즈·식용유 등을 포함했다. 그중 식용유는 면실유(棉實油, 목화씨기름)와 콩기름 두 종류였다.[64]

## 콩기름의 국내 생산, 일거양득의 효과

1959년 3월 미국 정부는 한국전쟁 이후 지원하던 한국군의 경비 일부를 더는 부담할 수 없다며 연차적으로 한국 정부에서 부담할 것을 제의했다. 이에 한국 정부는 1960~1961년 한국군의 군복과 급식 부분 비용인 1,080만 달러를 부담하게 된다. 1961년 정권을 잡은 박정희 군사정부는 국내 경제가 어렵다는 점을 내세워 미국에 1962년과 1963년도분에 한해 지원을 요청해 일시적으로 부담을 덜게 되었다.[65] 그런데 특이하게도 그동안 미국 정부가 한국군에 지원한 품목 가운데 84만 달러어치의 대두가 포함되어 있었다. 하지만 다시 지원 삭감이 재개된 1964년에 미국 정부는 지원 품목에서 아예 대두를 제외하고서는 한국 정부에 미국산 대두를 직접 구매하라고 요구했다.

1967년 한국 정부는 미국산 대두 1만 4,850톤을 사기로 했다. 계약 당사자는 미국 정부가 아니라, 미국의 대형 곡물 기업이었다. 국내 식용유 업체에서는 값이 싼 2등품 미국산 대두의 수입을 환영했다. 특히 1965년 이후 인스턴트라면이 많이 판매되면서 국수를 튀기는 데 필요한 기름의 수요가 갑자기 늘자 식용유 업체는 미국산 대두로 콩기름 생산량을 늘려갔다.

곡물 유통과 제분 사업, 그리고 쌀겨기름인 미강유 생산업체를 운영했던 신덕균(申德均, 1909~1999)은 1968년 11월 국제 차관 220만 달러를 포함한 약 20억 원으로 지금의 경상남도 창원시 진해구에 한국 최초

로 '대두 종합 처리'를 할 수 있는 공장을 착공해 1971년 3월에 완공했
다.[66] 이것이 '해표 동방유량'의 출발이다.

원료에서 기름을 추출하는 방법은 눌러서 짜내는 압착법과, 석유 추
출물인 헥산(hexane) 같은 화학용매를 넣어 원료 속의 지방 성분을 남김
없이 짜내는 용매추출법 두 가지가 있다. 동방유량의 진해 공장은 저온
에서 헥산을 넣고 연속으로 추출하는 방법으로 콩기름을 생산했다. 특
히 용매추출법은 콩에서 기름을 짜낸 뒤 남게 되는 대두박의 단백질 성
분이 매우 적게 파괴된다는 장점이 있었다. 1970년대 초 정부는 그동안
전량 수입에 의존하고 있던 대두박을 동방유량의 진해 공장에서 생산
하자 외화를 아낄 수 있게 되었다며 반겼다.

또한 산분해 장유(간장)를 제조하는 간장공장도 국내산 대두박 생산을
반겼다. 산분해 장유는 대두박이나 땅콩깻묵 등의 식물성 단백질을 염
산으로 가수분해한 뒤 가성소다나 탄산소다로 중화해 얻은 아미노산에

소금으로 간을 맞추고 재래식 간장의 색·맛·향을 내는 화학약품을 첨가해서 만든다.[67] 그러니 국내산 대두박을 사용하면 산분해 장유의 원가를 낮출 수 있었다. 양계·양돈·낙농에 필요한 배합사료를 생산하는 사료회사도 동방유량의 대두박 생산을 환영했다.

### 식용유 생산의 증가와 닭튀김의 유행

1920년대만 하더라도 조선의 양계업은 산업이라고 할 수 없을 정도로 영세했다. 주로 가정에서 닭을 키워 달걀을 시장에 내다 파는 수준이었다. 조선총독부는 품질이 좋은 달걀을 생산하는 서양과 일본의 닭 품종을 보급했지만 성과가 크게 나타나지는 않았다.[68] 이러한 사정은 1950년대까지 쭉 이어졌다. 1960년대 들어와서도 사람들은 사료 값이 비싼 데 비해 달걀 값이 싸서 양계업을 하면 큰 이익을 내기 어렵다고 인식했다. 그러나 정부의 입장은 달랐다. 1960년대 후반부터 소고기 위주 육식 소비로 인해 소고기 값이 폭등하자, 정부는 이 문제를 해결할 방안으로 질 좋은 닭고기 생산이 필요하다고 보았다.

북아메리카의 양계업자들은 닭고기 판매를 목적으로 할 경우, 브로일러(broiler)라고 불리는 육계(肉鷄)를 키웠다. 브로일러는 부화한 지 8~10주쯤 된 무게 1.5~2킬로그램의 닭을 가리킨다. 1970년대 초반 한국의 양계업자들도 정부의 닭고기 생산 장려로 브로일러를 키우고 있었다. 브로일러의 사료로는 미국산 옥수수, 페루산 어분(魚粉, 생선을 찌거나 말려서 만든 가루), 그리고 단백질을 강화하기 위해 대두박 등을 섞어서 만든 배합사료를 썼다.[69]

다 자란 브로일러는 주로 통닭구이용으로 소비되었다. 1969년 소고기 수요가 갑자기 늘어나면서 육류 파동이 일어나자 대체재로 브로일

──────── 통닭을 기름에 튀긴 한국식 프라이드치킨.

러 소비가 늘어났다. 마침 콩기름을 비롯하여 식용유 생산이 늘어나 이
전에 비해 식용유 가격이 낮아져 닭을 통째로 기름에 튀긴 통닭을 판매
하는 가게가 생겨났다. 일명 '통닭집'이 시장 안, 닭이나 오리를 판매하
는 가축전 근처 곳곳에 들어섰다. 사람들은 고온의 기름에 튀긴 바삭한
식감과 부드러운 고기 맛을 즐겼다.

　이 통닭 튀김은 국내에 주둔한 미군들이 즐겨 먹던 프라이드치킨을
모방한 음식으로, 한국 사람들의 입맛을 사로잡았지만 실제로 그리 좋
은 음식이라 할 수는 없었다. 특히 식용유 가격이 그리 싼 편이 아니어
서 통닭집에서는 2~3일 동안 같은 기름을 계속 사용했다. 당시 사람들
은 산패된 기름으로 튀긴 통닭을 먹었던 셈이다.[70] 하지만 이미 야유회
나 가족 모임, 소풍이나 휴가를 갈 때 통닭을 싸가는 것이 일종의 유행
처럼 퍼졌다.

　　　　　　　　　　　　　　　　　　　　　　백년 식사

1970년대 중반이 되면 콩기름이 식용유의 대표 자리를 차지했다. 길거리에는 꽈배기를 비롯해 빈대떡, 호떡에 이르기까지 기름에 튀기거나 지진 음식을 판매하는 노점이 늘어났다. 게다가 인스턴트라면이 선풍적인 인기를 끌면서 식용유 수요가 날로 증가했다. 국내산 식용유 공급이 달리자 결국 정부는 외국산 식용유를 수입하지 않을 수 없었다. 1973년부터 미국 정부는 자국의 옥수수기름, 해바라기기름, 콩기름을 한국 수출 상품으로 내세웠다. 국내 식용유 수요가 늘어나면서 수입양은 해마다 증가했다. 냉전의 경계선에 있던 한국 사회는 미국산 식용유 수입과 함께 미국식 통닭을 한국 음식으로 진화시켜나갔다.

# 5

# 녹색혁명과
# 통일벼

## 녹색혁명의 출발

1969년 6월 20~21일 한국사회학회의 초청으로 특별 강연을 한 미국 시카고대학의 버트 호셀리츠(Bert F. Hoselitz, 1913~1995)는 한국이 여러 방면에서 놀랄 만한 발전을 거듭하고 있지만, 아직 식량을 자급할 수 없는 농업국으로 남아 있다고 하면서 녹색혁명(Green Revolution)을 제안했다. 즉, 곡물 품종 개량을 통해 수확 증대를 이루어 식량 공급에 성공한 인도의 여러 지방과 남아시아·동남아시아의 사례를 따를 필요가 있다는 것이었다.[71] 녹색혁명은 벼농사를 짓는 농부의 소득을 증대할 수 있고, 이를 통해 도시와의 격차를 줄일 수 있다는 점도 강조했다.[72]

녹색혁명은 곡물의 품종 개량, 화학비료와 살충제 등으로 주곡의 생산량을 증대하는 데 목적이 있는 고도의 근대화 프로그램이었다.[73] 1940년대 미국에서 녹색혁명이 성공하면서 대규모 민간 농업의 곡물 생산량이 획기적으로 증가했다. 한국 정부 역시 1970년부터 세계은행과 미국 국제개발처(USAID) 등에서 장기간의 재정 차관을 도입해 농촌에서의 녹색혁명을 추진할 준비를 시작했다. 녹색혁명의 열쇠는 벼 품종 개량이었다.[74] 재래 벼와 비교해 수확량이 많으면서도 홍수와 태풍 및 병충해를 잘 견디는 품종, 이것이 녹색혁명의 첫 번째 관문이었다.

한반도의 재래 벼 품종은 식민지 시기를 거치면서 거의 다 사라졌다. 식민지 이전만 해도 한반도의 논에는 논벼 1,259종(메벼 876종, 찰벼 383종)과 밭벼 192종(메벼 117종, 찰벼 75종)이 있었다.[75] 1912년부터 조선총독부는 조선의 재래 벼를 대신해 일본 벼를 도입하는 정책을 펼쳤다. 식민지 조선에 심은 일본 벼는 수확하자마자 일본으로 수출되었다. 조선총독부와 조선의 일본인 농장주들은 일본인의 입맛에 맞고 일본의 곡물 시장에서 비싼 값을 받을 수 있는 일본 벼 재배에 열중했다. 이미 개량된 일본 벼 품종은 조선의 재래 벼보다 수확량이 많아서 조선의 지주와 농부들도 재래 벼 대신 일본 벼 재배를 선택했다.

해방 이후에도 남한의 농촌에서는 대부분 일본 벼를 재배했지만 쌀 부족 상황은 1960년대까지 이어졌다. 서울대학교 농과대학 교수 허문회(許文會, 1927~2010)는 벼 품종을 개량하면 이 문제를 해결할 수 있다고 믿었다. 그는 1964년 필리핀 국제미작연구소(IRRI, International Rice Research Institute)에 가서 약 24개월 동안 벼 품종 개량에 참여했다. 국제미작연구소는 아시아 및 아프리카 14개국의 쌀 생산량을 높여 굶주림을 해결하기 위해 1960년 록펠러재단(Rockefeller Foundation)과 포드재단(Ford Foundation)이 자금을 대고 필리핀 정부가 땅을 제공하여 설립되었다.

허문회는 이 연구소에서 자포니카(Japonica, 일본 열도와 한반도에서 주로 재배하는 찰지고 윤기 나는 쌀 품종)와 인디카(Indica, 중국 남부와 필리핀·동남아시아·인도 등지에서 재배하는 찰기가 적은 쌀 품종)를 교배하면 이상적인 벼가 탄생하리라 생각했다.[76] 그런데 당시 일본 농학자들은 자포니카와 인디카를 교배하여 얻

——— 필리핀 마닐라의 남동쪽 로스 바노스(Los Baños)에 있는 국제미작연구소.

은 잡종은 씨앗을 맺지 못한다며 이를 기정사실화하고 있었다.[77] 이런 인식에 대해 허문회는 일본 농학자들이 자포니카와 인디카를 교배하여 자포니카를 얻으려고 했기 때문에 품종 개발에 실패한 것이라고 생각했다.

허문회는 1965년 9월부터 일본의 홋카이도에서 개발한 추위에 잘 견디는 자포니카 품종인 '유카라(ユーから)'[78]의 볍씨를 얻어 와서 타이완의 인디카 품종 볍씨와 교배를 시도했다. 교배는 쉽지 않았지만, 다행히 잡종 씨앗 몇 개를 얻었다.[79] 이 잡종 씨앗을 파종한 후에 꽃가루를 얻어서 다시 국제미작연구소에서 얻어 온 인디카 품종인 'IR8'의 암술을 이용해 교배했다. 드디어 1966년 3월 상순 20여 개의 볍씨를 얻었다.

'IR667'이란 이름을 붙인 이 잡종 벼는 한국 녹색혁명의 출발점이 되었다.

## 통일벼의 탄생

처음에는 학계와 정부 모두 허문회의 IR667에 대해 주목을 하지 않았다. 그동안 농촌진흥청은 박정희 대통령의 보릿고개 해소 의지에 맞추어 여러 품종의 볍씨를 구해서 실험해왔다. 1964년 중앙정보부 요원이 이집트에서 몰래 빼내 온 '나다(Nadha, '깨어남'이라는 뜻)'라는 볍씨를 농촌진흥청에 넘겼다. 농촌진흥청에서 이 볍씨를 시험 재배한 결과, 기존 한국 벼보다 30퍼센트 이상 더 많은 수확량이 나온다는 사실을 확인했다. 그러자 정부 관계자들은 이 볍씨를 박정희의 이름에서 '희' 자를 따와 '희농1호'라고 이름 지었다. 그러나 1967년 일반 농가에서 시험 재배한 결과는 추수할 게 없을 정도로 실패였다.[80]

사실 '나다'는 자포니카 품종이었지만, 당시 정부 관계자들은 이집트에서 구해온 것이라서 인디카 품종일 거라고 믿었다. '나다'의 실패로 인해 정부 관계자들은 인디카 품종의 볍씨에 대해 강한 불신을 갖게 되었다. 이러한 불신은 허문회가 개발한 IR667에까지 영향을 미쳐 개발 초기에 아무런 관심을 받지 못한 것이다. 그래도 허문회는 포기하지 않고, 1967년 그동안 자신이 국제미작연구소에서 인디카 품종의 볍씨 1,350여 종과 자포니카 종을 교배해 얻은 '인디카-자포니카 잡종' 또는 '한국형 인디카'로 알려진[81] IR667을 농촌진흥청에 보냈다.

농촌진흥청에서는 허문회가 보낸 볍씨를 냉대했다. 그나마 농촌진흥청에서 일하던 허문회의 제자 몇몇이 이 볍씨 샘플들을 재배해 그 과정을 관심 있게 지켜보았다. 우여곡절 끝에 샘플 중 한 볍씨에서 좋은 결

——— 1972년에 발행된 50원짜리 동전에는 통일벼 문양이 새겨져 있다.

과를 얻게 되어 시험 재배와 볍씨 증식에 들어갔다. 1970년 IR667 계통의 IR667-98-2-2라는 볍씨는 한국의 일부 농가에서 재배에 들어갔고, 1971년 봄에는 더 많은 농가로 확대되었다.

농촌진흥청에서는 이 품종을 '통일(統一)'이라고 이름 지었다. 즉, 이 볍씨로 쌀을 많이 생산하여 북한으로 보내 밥으로 통일하자는 염원을 담은 것이다.[82] 1971년 초 도별로 통일벼를 시범 재배하여 그해 가을 9월 20일부터 그 결과를 평가하는 '전국 통일벼 단지 현지 연찬회'가 열렸다. 일단 성공적이라는 평가를 받은 통일벼는 1973년에 재배 면적이 더 확대되었다.

그러나 통일벼에 대한 농민들의 초기 반응은 그다지 좋지 않았다. 수확량이 많은 점은 농민들의 관심을 끌었지만, 새로운 기술을 수용해야 한다는 점과 안정적인 수확 지표가 없다는 점이 가장 큰 문제였다.[83] 이에 정부에서는 통일벼 재배를 확대하기 위해 농협을 통한 영농자금 융통과, 화학비료와 농약 공급 시 우대하겠다며 농민들의 통일벼 재배를 유도했다.[84]

1974년부터 통일벼와 그 후계 품종의 볍씨 재배 면적은 해마다 급증했다. 1978년에 통일벼 재배 면적은 1974년의 다섯 배, 전체 논 면적의 76퍼센트에 이르렀다.[85] 그 결과 1971년에서 1977년 사이에 한국의 벼 생산량은 50퍼센트 가까이 늘어났고, 추곡 수매를 통한 안정적인 현금 수입 덕분에 1977년 말 농촌의 가구당 평균 명목소득도 도시를 앞질렀다.[86] 마침내 1976년 11월 정부는 그해 쌀 수확량이 3,621만 5,000섬, 즉 521만 5,000톤으로 역사상 최대 풍작이라고 발표했다.

## 밥은 내다 팔고 빵은 먹을 것

통일벼의 재배지 확산은 정부와 농민이 앞장서서 가뭄이나 홍수 같은 자연재해를 극복하고 보온 못자리를 도입해 병충해를 예방한 결과였다. 하지만 더 결정적인 이유는 정부가 주도하여 통일벼와 통일벼 계통의 재배를 확대한 데 있었다.[87] 그런데 소비자들은 통일벼의 밥맛이 좋지 않다며 이러쿵저러쿵 말이 많았다. 다만 그 당시 유신헌법의 독재체제 아래에서 이런 의견을 공개적으로 내는 사람은 드물었다.

인디카 계통의 쌀은 자포니카 계통의 쌀에 비해 밥을 지으면 찰기가 매우 적다. 그러다 보니 12분도의 백미를 좋아하는 한국인의 입맛에 통일벼의 밥맛이 좋을 리가 없었다.[88] 농촌진흥청에서는 통일쌀을 가정에 보급하기에 앞서 이미 1972년 10월에 통일쌀로 밥을 맛있게 짓는 요령을 홍보한 바 있었다.[89] 쌀 1리터를 기준으로 일반미는 밥을 지을 때 물 1.8리터를 넣지만, 통일쌀은 2리터를 넣어야 한다는 것이다. 통일쌀은 물을 많이 먹기 때문에 일반미로 지은 밥에 비해 용량은 7퍼센트, 중량은 3.6퍼센트가 늘어난다고 했다. 또 가볍게 씻어 비타민 B1의 손실을 막아야 하며, 끓을 때까지는 센 불에서, 일단 끓으면 약한 불에 뜸을 푹

들인다는 점도 알렸다.

하지만 소비자들은 통일벼의 밥맛에 적응하지 못했다. 결국 정부는 1977년 초 새로운 벼 품종인 수원264호와 이리327호를 개발하여 재배를 장려하고 기존 통일벼 계통의 벼는 재배지를 축소해나갔다. 통일벼는 수확량 면에서는 두드러졌지만 한국인의 입맛을 사로잡지는 못했다. 1981년 전두환 군사정부는 통일벼 장려 정책을 폐지했다. 그리고

1992년 정부는 추곡 수매 품목에서 통일벼를 제외했다.[90]

한편, 1965년경 도입된 일본 벼 품종 아키바레(秋晴)는 밥맛이 찰진 편이라서 한국인이 가장 좋아하는 쌀이 되었다. 농민과 소비자 들은 통일벼와 아키바레벼의 밥맛은 비교가 되지 않는다며 아키바레를 훨씬 높이 쳐주었다. 심지어 통일벼는 '정부미'라 낮춰 부르고 아키바레벼는 '일반미'라고 부르면서 '경기미의 대표'로 꼽았다.[91] 농민들은 논에다 반반씩, 즉 논의 반은 일반미를 심고, 나머지 논에 통일벼 계통의 개량종을 심었다. 1970년대 중반경, 농촌에서는 "반은 내다 팔고 반은 (자신이) 먹을 것"이라는 말이 생겨났다.[92] 농촌진흥청에서는 1980년대 이후 자포니카계의 신품종 육성에 열중했고, 다수확이 가능한 품종을 계속해서 육성했다.[93] 그러나 소비자들은 아키바레와 함께 1956년 일본에서 개발된 고시히카리(越光)[94] 품종의 벼를 1990년대 이후 즐겨 먹고 있다.

멕시코 음식사를 연구하는 미국의 역사학자 엔리케 C. 오초아(Enrique C. Ochoa)는 1940년대 초, 미국의 록펠러재단과 미국 농무부, 멕시코 정부의 과학자 들이 개발한 녹색혁명이 제2차 세계대전 종식 후 터키·인도·필리핀을 포함해 전 세계 주요 냉전 동맹국들에 신속하게 전파된 사실에 주목했다.[95] 초기 벼 품종 개량의 일부 성공 사례는 생산량 증가를 가져왔지만, 실제로 모든 농민을 부자로 만들어주지는 않았다. 오히려 '통일벼'라는 이름의 숨은 뜻처럼 1970년대 중반 한국의 녹색혁명은 엄혹한 냉전 상황에서 쌀밥으로 북한을 이기려 했던 박정희의 민족주의와 권위주의가 담긴 망탈리테(mentalité)였다.[96]

5부

# 압축성장의 식탁

—

먹는장사
전국시대

## 압축성장, 식품과 외식의 산업화

압축성장(condensed economic growth)은 짧은 기간 안에 이룩한 급격한 경제 성장을 말한다.[1] 영국은 1780년에서 1838년까지 58년 만에 1인당 국민소득이 두 배로 늘었다. 이에 비해 미국은 국민소득이 두 배로 늘어나는 데 1839년에서 1886년까지 47년, 일본은 1885년에서 1919년까지 34년, 한국은 1966년에서 1977년까지 11년이 걸렸다.[2] 한국은 매우 빠른 속도로 국민소득이 증가한 셈이다. 같은 기간에 한국인 1인당 실질국민소득은 1966년 182만 원에서 1977년 445만 원으로 증가했다. 1980년에 증가 폭이 약간 줄어들었지만, 그 이후 계속 늘어나서 1992년에는 1,375만 원이나 되었다. 1965년 이후 한국 경제는 매년 10퍼센트 전후의 성장을 달성했다. 한국인은 압축성장의 한가운데서 갖은 노력을 다 했던 것이다.

한국의 압축성장은 독재체제 아래 국가가 주도했다. 압축성장 시대 독재자는 박정희였다. 1979년 10월 16일부터 20일까지 부산과 마산에서 국민 항쟁이 일어났고, 결국 같은 달 26일 박정희 대통령은 부하 김재규에 의해 죽음을 맞이했다(10·26사태). 그러나 독재는 끝나지 않았다. 같은 해 12월 12일 전두환이 앞장선 신군부의 쿠데타가 일어난 것이다.

10·26사태 이후 1980년 5월 17일 비상계엄 전국 확대 조치 전까지 서
울에서는 '서울의 봄'이라 불린 민주화운동이 일어나고, 5월 18일에는
광주와 전남 일원에서 신군부의 집권 음모를 규탄하고 민주주의의 실
현을 요구하는 민중 항쟁이 전개되었다(5·18민주화운동). 하지만 신군부는
이러한 민주화운동을 무력으로 진압한 뒤 권력을 장악했다. 그해 9월 1
일 유신헌법에 따라 통일주체국민회의에서 제11대 대통령으로 뽑힌 전
두환은 같은 해 10월 27일 제5공화국 헌법으로 개헌하고 다시 대통령
선거인단에 의해 대통령에 선출되어 1981년 3월 3일 제12대 대통령에
취임했다.

전두환 정권은 독재정치를 펼쳤지만, 경제는 상승 곡선을 그리며 성
장했다. 이러한 경제성장의 배경에는 1986~1988년 사이 석유 가격, 달
러 가치, 국제 금리가 낮게 유지된 이른바 '3저 호황'이 자리 잡고 있었
다.[3] 금리가 낮아 외국 돈을 빌려 생산에 투자하기 좋았고, 달러 가치가
낮아 원자재 수입에 드는 비용보다 제품을 수출하여 벌어들이는 수익
이 상대적으로 높았다. 싼값의 석유는 에너지 대부분을 석유에 의존하
는 한국 경제에 큰 도움이 되었다.

국민 1인당 GNP(국민총생산)는 1983년 1만 달러를, 1989년 2만 달러를

넘었다. 그야말로 1980년대 한국 경제는 유사 이래 최고의 호황을 누렸다. 국민소득의 증가는 식품 소비 욕구를 자극하여 가공식품의 생산량도 동시에 늘어났다.[4] 국내 소시지 생산량은 1975년 2,819톤이었는데, 1982년에 2만 9,272톤이나 되었다. 유산균 발효유의 생산은 1975년 9,111톤에서 1982년이면 19만 6,567톤으로 무려 21.6배가 증가했다. 콩기름 생산량은 1975년에 6,303킬로리터였는데, 1982년에 8만 5,487킬로리터로 13.6배나 늘었다. 이와 같은 지표는 1975년부터 1982년 사이에 식품산업이 엄청나게 성장했음을 알려준다.

국민의 월평균 식품 구매 비용 역시 압축성장과 함께 크게 증가했다. 서울에 사는 한 가구의 월평균 식품 구매 비용은 1975년 2만 8,960원이었으나, 1982년에는 10만 6,938원으로 늘었다. 외식비 역시 가구당 월평균 지출액이 1975년 623원에 지나지 않았는데, 1982년에 6,243원으로 증가했다.[5] 1970년대 중·후반만 해도 음식점은 자영업자가 소규모로 운영하는 밥집과 술집이 대부분이어서 외식산업이라고 부르기도 어려웠다. 그러나 1980년대 이후 외식산업은 빠르게 성장했다.

## 종합식품회사와 미국식 패스트푸드점의 등장

정부 주도의 경제개발정책은 식품산업에 큰 영향을 끼쳤다. 박정희 정부는 이미 1966년 베트남에 K-레이션(전투식량)을 보내면서 산업은행이 주체가 되어 국내 23개 통조림 공장을 모체로 대한종합식품주식회사를 설립한 적이 있다.[6] 그러자 국내 식품회사 중에서도 종합식품회사로의 성장을 준비하는 곳이 여러 군데 생겼다. 종합식품회사는 단일 식품이 아닌 다양한 제품을 생산·판매하는 식품회사를 가리킨다.

1965년 국내 식품산업의 총생산액은 547억 원이었지만, 10년 뒤인 1975년에는 1조 407억 원으로 늘어났다.[7] 지금까지도 남아 있는 식품회사 대부분은 1970~1980년대에 종합식품회사로 탈바꿈했다. 1980년에 들어와서 국내 식품회사는 외국 업체와의 기술제휴를 통해 제품의 품질을 높이는 데 몰두했다. 당시 식품 대기업들은 1980년대를 인스턴트식품이 중심이 되는 식생활 패턴이 자리 잡을 것이라고 내다보았다. 이를 준비하기 위해 외국의 기술과 최신 기계를 도입해 종합식품회사의 시설과 판매망을 마련했다. 한국 경제의 압축성장은 다른 말로 하면 식품산업의 압축성장이었다.

한편, 미국식 패스트푸드(Fast Food) 산업의 국내 유입은 한국 외식업의 산업화를 재촉했다. 1979년 10월 26일 서울 소공동 롯데호텔 아케이드에서 문을 연 일본 롯데그룹의 롯데리아(Lotteria) 1호점이 국내 첫 패스트푸드 매장이다.[8] 1983년 던킨도너츠(dunkindonuts), 1984년 버거킹(Burger King), 켄터키프라이드치킨(KFC), 웬디스(Wendy's), 1985년 피자헛(Pizza Hut), 피자인(Pizza Inn), 1986년 배스킨라빈스(Baskin Robbins), 1988년 맥도날드(McDonald's) 등 미국 패스트푸드 기업의 매장이 서울을 시작으로 전국 대도시 번화가에 자리를 잡아갔다.

미국식 패스트푸드 기업의 국내 진출은 한국 소비자들의 넉넉해진 주머니를 노린 외국 업체들의 노림수도 있었지만, 다른 한편에서는 1986년 아시안게임과 1988년 서울올림픽을 유치한 전두환 군사정권의 필요에 의해 이루어진 일이기도 했다. 한국 정부가 세계인이 모이는 체육행사에서 '낙후된' 한국 음식점이 공개되는 것을 꺼려해 미국식 패스트푸드점을 적극적으로 받아들였던 것이다. 소비자들은 이 패스트푸드점에서 음식을 먹으면서 미국식 문화를 소비했다.

미국의 패스트푸드점은 기술을 보유한 프랜차이저(franchisor, 본사), 기술을 전수하는 프랜차이지(franchisee, 가맹점) 체제로 운영된다. 이러한 방식의 프랜차이즈 매장이 성공하자 이를 벤치마킹한 한식업체도 생겼다.

백년 식사

이 한식업체가 프랜차이즈 매장 운영과 체제에 성공한 이후 한식 음식점의 프랜차이즈화가 급속하게 진행되었다. 미국 패스트푸드점의 영향을 받은 한식 음식점은 점차 위생적인 주방과 홀을 갖추어갔다. 소비자들도 미국식 패스트푸드점의 특징이라 할 수 있는 셀프서비스나 줄 서기를 자연스럽게 받아들였다.[9] 이 과정에서 한식 음식점은 현대성(modernity)을 확보했다.

### 화학조미료는 멀리, 유기농산물은 가까이

1960년대 이후 정부는 농업 생산력을 높이기 위해 화학비료와 농약을 널리 보급하고 농민들에게 사용하도록 적극 권장했다. 1970년대 초반 이러한 화학비료와 농약이 자연환경과 농산물을 오염시켜 농민과 소비자의 건강을 해칠 수 있다는 인식이 생기면서 '정농회(正農會)'라는 최초의 유기농업 단체가 조직되어 농민운동을 펼쳤다. 1970년대 후반부터 1980년대 초반 사이 언론에서는 채소와 과일의 농약 독성 문제를 자주 기사로 다루었다.[10] 농민 중에는 자신이 먹을 농작물에는 농약을 쓰지 않고 판매용 작물에만 농약을 살포하여 수확량을 늘리고 농사도 수월하게 지으려고 하는 경우도 있었다.[11]

그러자 유기농산물 먹기와 농산물 직거래를 추진하는 소비자운동이 일어났다. 원경선(元敬善, 1914~2013)의 풀무원농장은 1983년부터 무농약으로 재배한 채소를 판매하는 매장을 서울 강남구 압구정동에 개설하고, '레포름하우스'라고 이름 붙였다. 장일순(張壹淳, 1928~1994)이 시작한 '한살림모임'은 1989년 10월 29일 창립총회를 열고 농산물 직거래 사업을 시작했다. 정농회는 경제정의실천시민연합과 함께 1991년 6월 15일 경실련정농생활협동조합을 창립했다. 1980년대 후반부터 농산물 직거래운동은 도시에서 유행처럼 퍼져나갔다.

유기농산물과 농산물 직거래운동의 확산은 식품 안전에 대한 소비자들의 관심을 불러일으켜 화학조미료 불매운동으로까지 나아갔다. 이 때문에 화학조미료를 판매하던 미원과 제일제당은 적잖은 타격을 입었다. 미원그룹은 모기업인 대상공업과 주력기업인 미원을 합병하여 1997년 11월 그룹 이름을 대상그룹으로 바꾸었다.

1980년대부터 무농약 식품에 대한 소비자들의 관심이 커지면서 화학조미료가 인체에 해를 끼친다는 인식이 퍼졌다. 1980~1990년대 초반 한국의 소비자들 가운데 화학조미료를 멀리하고, 유기농산물을 소비하는 층이 급속히 늘었다. 2000년대 이후 화학조미료의 성분인

MSG(글루탐산나트륨)가 인체에 해를 끼치지 않는다는 연구 결과가 나왔지만,[12] 화학조미료에 대한 부정적인 인식은 쉽게 사라지지 않았다. 화학조미료에 대한 불신은 식품산업의 압축성장이 가져다준 후유증 가운데 하나였다.

**1**

# LA갈비와
# 삼겹살구이의 등장

## 과도한 소고기 선호

1970년대 초반 이후 경제가 성장하자 한국인의 소고기 소비 욕구는 더욱 커졌다. 하지만 농촌에서 기르던 소는 대부분 농사에 이용되었으므로 식용 소고기 수요를 국내산으로는 감당할 수가 없었다. 민간 기업인 경동기업(京東企業)에서는 이미 1968년 가을에 뉴질랜드산 소고기를 300톤 정도 수입했다. 가격은 600그램에 200원으로, 당시 한국산 소고기가 600그램에 350원이었으니 그보다 150원이나 쌌다.[13] 그러나 소비자들은 수입 소고기를 반기지 않았다. 오히려 수입 소고기는 한국산 소고기의 가치를 올리는 역효과를 낳았다.

조선시대 사람들 역시 소고기를 무척 좋아했다. 농업이 국가의 주력이었던 고려 왕조와 조선 왕조는 소를 노동수단으로 여겼다. 그래서 소 주인이든 아니든 나라의 허가를 받지 않은 채 소를 도살하면 벌을 내리는 우금(牛禁)정책을 펼쳤다. 그런데 우금정책은 오히려 소고기 식용 욕구를 더욱 자극했다. 왕실은 물론 각 행정 부서와 양반 문중에서 수시로 행했던 제사에 늘 소고기를 올렸으니 소고기 수요와 그 식용 욕구를 잠재울 수 없었다.

조선 후기에 왕실에서 열린 큰 잔치의 준비 과정과 행사 내용을 기록한 '의궤(儀軌)'를 보면 잔치 때 마련한 음식의 재료명이 나오는데, 소고기의 경우 매우 다양한 부위를 재료로 사용했다. 소고기의 살코기인 우육(牛肉) 혹은 황육(黃肉)은 물론이고 소머리(牛頭), 소머리골(牛骨), 소혀(牛舌), 등심살(牛外心肉), 안심살(牛內心肉), 갈비(乫飛), 양지머리(陽支頭, 소의 가슴에 붙은 살, 업진·차돌·치맛살 등도 포함), 소간(牛肝), 소의 위(胖), 소대창(牛廣腸), 곤자소니(昆者巽, 창자의 끝부분), 우둔살(牛臀, 엉덩이살), 소족(牛足), 소꼬리(牛尾) 등이다.[14] 식민지 시기 문헌에는 부아(허파), 길허(지라, 비장 부위), 유통(젖퉁이 고기), 우낭(牛囊, 쇠불알), 소머리(머리 고기), 사태(소의 오금에 붙은 살코기), 이자(소의 췌장)까지도 요리 재료로 사용했다고 기록되어 있다.[15] 이처럼 소의 모든 부위가 요리 재료로 쓰였다.

19세기 말 소 도살과 소고기 판매가 자유로워진 이후에 사람들이 가장 좋아했던 소고기 부위는 갈비였다. 갈비는 소·돼지·닭 따위의 가슴통을 이루는 좌우 열두 개의 굽은 뼈와 살을 식용으로 부르는 말이다. 소비자들은 소갈비를 갈비의 으뜸으로 여겼고, 소갈비 요리 중에서 갈비찜을 특히 좋아했다. 1980년대까지도 서울의 부유층 가정에서는 설날이나 추석, 잔치나 손님 초대

───── 1980년대까지 서울의 부유층에서 설날이나 추석, 잔치나 손님 초대 음식으로 인기가 많았던 갈비찜.

에 갈비찜을 올리는 것이 일종의 문화였다.

　그런데 1980년대 초반부터 갈비구이가 갈비찜의 인기를 넘어섰다. 갈비구이는 일반 가정에서는 먹기 힘든 고급 음식점의 메뉴였다. 음식점의 구이용 갈비는 소고기 부위를 그대로 사용하는 것이 아니라 구워서 먹기 편하게 다시 손질을 해야 하는데, 주로 두 가지 방식으로 만들었다. 하나는 1960년대부터 유명세를 떨쳤던 경기도 수원의 수원식 갈비다. 수원식 갈비는 갈비의 뼈에 붙은 양쪽 살코기를 그대로 잘라낸 것처럼 뼈에 살을 양쪽으로 붙여서 요리했다. 그래서 '양쪽 갈비'라고 불렀다. 요사이는 '왕갈비'라고 부르는 수원식 갈비는 크기가 어른 손바닥만 하다. 다른 하나는 갈비의 뼈를 두 쪽으로 잘라 뼈 한쪽에만 살코기를 붙이는 방식이다. 이런 방식의 갈비는 1980년대 초반 서울의 강남에 자리 잡은 갈비구이 전문점에서 이문을 많이 남기려고 갈비의 뼈를 나누어 사용하면서 생겨난 것이다.

## LA갈비의 등장

1980년대 한국 사회는 소갈비 수요가 급증했다. 매년 연말이 되면 소갈비를 중심으로 구성한 소고기 선물세트가 백화점에서 불티나게 팔려나갔다. 이처럼 연말이나 명절을 앞두고 수요가 급증하면서 소갈비 값도 날이 갈수록 치솟았다. 정부는 1988년 겨울, 치솟는 소갈비 값을 안정시키기 위해 비공개적으로 미국에서 갈비 270톤을 긴급수입해 시중에 공급했다.[16] 한국인 대부분은 미국산보다 한국산 소갈비를 더 선호했지만, 정부는 공급과 가격 안정화를 위해 1989년 가을, 추석을 앞두고 또 미국에서 소갈비를 수입했다.[17]

　그런데 일부 유통업체에서 미국산 소갈비를 한우로 속여서 판매하다

——— 수원 왕갈비(왼쪽)와 LA갈비(오른쪽).

검찰에 적발되었다. 1992년 2월 설날을 앞두고 서울의 유명 백화점에
서는 미국산 소갈비를 국산으로 속여 팔았다는 혐의를 받아 관계자들
이 검찰의 조사를 받았다.[18] 대부분의 백화점 관계자는 혐의를 부인했
고, 그중 한 백화점 관계자는 제품 진열대에 'LA식 갈비'라고 써 붙여놓
았으므로 소비자를 속인 적이 없다고 밝혔다.

여기에서 'LA식 갈비'는 흔히 'LA갈비'라고 부르는 것으로, 미국에
사는 유대인들이 먹는 소갈비인 프랑켄 스타일 립(Flanken Style Ribs)을 가
리킨다. 앞에서 소개한 한국의 '양쪽 갈비'나 '한쪽 갈비'는 갈비 옆에
붙은 살을 칼로 넓게 펴낸 형태지만, 프랑켄 스타일 립은 갈비뼈 전체
를 뼈의 직각 방향으로 잘라서 갈빗살 사이사이에 조그마한 갈비뼈가
붙어 있는 형태다. LA갈비의 유래에 관한 주장은 여럿이 있지만, 아직
정설은 없다. 그중 1960년대 중반 미국 로스앤젤레스로 이주한 한국인
이 당시 유대인이 운영하는 정육점에서 판매하고 있던 프랑켄 스타일

백년 식사

립을 좀 더 얇게 잘라 달라고 주문하여 한국식 소갈비찜과 소갈비구이를 만들어 먹은 데서 유래했다는 주장이 가장 유력하다.

LA갈비의 요리법은 한국산 소갈비구이와 비교하면 매우 간단하다. 찬물에 30분 정도 담가서 핏물을 뺀 후 가볍게 물기를 없애고 양념장에 재웠다가 구우면 된다. 음식점에서 파는 LA갈비는 대체로 단맛이 강해서 어린이나 젊은 층이 좋아한다. 그러나 LA갈비는 1990년대 초반에 알려지기 시작한 이후 해가 갈수록 값이 올라서, 지금은 한국산 갈비에 버금갈 정도로 비싸다.

## 돼지 품종 개량과 삼겹살구이의 유행

1970년대까지만 해도 농가마다 돼지가 한두 마리씩 있어서 전용 사료가 아닌 주로 음식물 찌꺼기를 먹여 키웠다. 이렇게 키운 돼지의 고기에서는 고약한 비린내가 났다. 그래서 부유층에서는 돼지고기를 선호하지 않았다. 그런데 1960~1970년대 소고기 가격이 폭등하는 바람에 정부에서는 육류 가격의 안정화를 위해 대체재로 닭고기와 함께 돼지고기 식용을 적극 권장했다. 식품학자와 요리학자까지 동원하여 돼지고기의 영양학적 가치와 요리법을 홍보했다.[19]

그러나 한국인의 소고기 선호는 쉽게 바뀌지 않았다. 농가에서는 홍콩이나 일본에 돼지고기를 수출했지만, 품질 면에서 전문적인 관리가 이루어지지 않아 비싼 값을 받지 못했다. 정부는 양돈업의 이런 문제를 해결하기 위해 대기업들에 축산업 진출을 권유했다. 1976년 삼성그룹의 제일제당(지금의 CJ)은 경기도 용인(지금의 테마파크 에버랜드 자리)에 기업형 양돈장을 열었다.[20] 제일제당과 롯데그룹의 롯데햄(지금의 롯데푸드)은 1980년 대단위 육가공 공장을 건설하여 한국산 돼지의 뒷다리 고기로 햄 제

─────── **1980년대 이후 한국인이 즐겨 먹는 삼겹살구이.**

품을 생산하여 국내에 유통했다.[21]

1980년대 중반에 이르면 한국의 양돈업체는 품질 개선을 위해 돼지 품종을 식용에 적당한 개량종으로 바꾸고, 배합사료를 먹이는 등 돼지 고기 생산에 많은 자본과 기술을 투여했다. 그 결과, 육가공품용뿐만 아 니라 일본 수출용 돼지고기도 품질이 좋아졌다. 돼지고기 부위 중 안심 과 등심은 주로 일본에 수출했고 나머지 부위는 국내에서 유통했다. 그 중 삼겹살은 국내 소비자들이 구이로 즐겨 먹었다.

1980년대 삼겹살구이의 유행에는 소고기보다 값이 월등히 싸다는 점이 중요한 요인이었지만, 다른 한편에서는 1980년 6월 한국에 출시 된 일본의 휴대용 가스버너와 일회용 부탄가스가 큰 역할을 했다. 경제 성장으로 생활의 여유가 생기자 가족이나 친구들과 함께 야외로 나들

백년 식사

이를 가는 일이 잦아졌다. 이때부터 야외에서 휴대용 가스버너로 삼겹살을 구워 먹는 게 유행했다. 결국, 1990년대 이후 삼겹살구이는 한국인이 가장 좋아하는 고기 요리 중 하나가 되었다.

1990년대 중반부터 삼겹살구이를 먹고 나면 남은 삼겹살을 잘게 썰어서 배추김치, 그리고 취향에 따라 대파·양파·마늘 등과 쌀밥을 넣고 볶음밥을 만들어주는 음식점도 생겼다. 삼겹살구이는 양돈업의 현대화와 외식업의 확대, 동물성 단백질에 대한 욕구 증가, 그리고 한국인의 고기구이와 비빔밥 선호 취향 등이 결합하여 1980년대에 새로 만들어진 음식이다.

1인당 GDP가 500달러를 넘어서면 경제성장의 성과로 육류 소비가 빠른 속도로 증가하기 시작한다는 주장이 있다.[22] 한 국가의 경제 수준이 이 정도에 도달하면 기아나 감염성 질환이 줄어드는 대신 육류 섭취량이 증가한다는 것이다. 1974년 한국의 1인당 GDP가 500달러를 넘어섰다. 1975년 1인당 1일 육류 공급량은 25.4그램이었던 데 비해, 1987년에 52.3그램, 1994년에 81.5그램, 2000년에 102.8그램으로 늘어났다.[23] 식단의 육식화(meatification)가 진행되면 일반적으로 곡류 소비가 감소하게 된다. 1990년대 한국인의 식탁 위에서도 어김없이 그런 일이 벌어졌다.

# 2

# 식품산업,
# 전쟁 같은 경쟁

## 어육 소시지 vs 축육 소시지

1970년대부터 공장제 식품에 대한 소비가 증가하면서 1984년이 되면 연 매출액이 1,000억 원 이상인 식품회사가 20여 개사에 이르게 된다. 한 식품회사가 연 매출액을 1,000억 원 이상 달성하려면 한두 종의 주력 상품만으로는 불가능하다. 결국, 품목을 다각화한 종합식품회사로의 확장만이 매출 극대화를 꾀할 수 있다. 그런데 문제는 대형 식품회사마다 같은 종류의 제품을 앞다퉈 내놓는 바람에 시장에서 경쟁이 치열해진 것이다. 이를 두고 당시 국내의 한 경제신문에서는 '식품산업전쟁(食品産業戰爭)'이라고 불렀다.[24]

경쟁이 치열한 제품 중 하나가 축육(畜肉)으로 만드는 육가공(肉加工) 제품이다. 대표적인 육가공 제품으로는 햄(ham), 베이컨(bacon), 소시지(sausage)가 있다. 이 제품들은 육류를 오랫동안 보관하기 위해 소금에 절여 고기 속의 혈액이나 육즙을 제거하는 공정을 거친다. 햄은 본래 돼지고기의 넓적다리살을 소금에 절이거나 훈제한 식품을 일컫는 말이었다. 그런데 가공식품 햄은 돼지고기를 비롯해 소고기·양고기·염소고기·토끼고기·닭고기 등 여러 종류의 고기로 만든다. 베이컨의 주재료는 돼지의 등과 옆구리살이다. 이에 비해 소시지는 햄이나 베이컨을 만들 때 생기는 고기 찌꺼기, 내장, 혈액 등을 갈아서 전분과 조미료·향신료 등을 혼합하여 모양을 만드는 틀인 케이싱(casing)에 넣어 건조하거나 훈연하거나 삶아 익혀 만든다.

소시지 제조는 식민지 시기부터 시작되었다. 일본인이 경영한 조선축산과 봉천햄, 그리고 조선인이 경영한 근강축산식품공사 등이 소시지를 생산했다.[25] 그러나 당시 소시지는 돼지고기가 아니라 생선을 주재료로 한 이른바 어육(魚肉) 소시지, 즉 지금의 혼합 소시지였다. 이 업체들은 주로 조선에 거주하는 일본인의 주문을 받고 어육 소시지를 생산했다. 그 당시 조선인 대부분은 소시지라는 식품 자체를 전혀 모르던 상태였다. 한국전쟁 이후 미군이 남한에 주둔하면서 미군 부대에서 흘러나온 통조림 제품으로 한국인은 비로소 육가공 식품을 접하게 된다. 1960년대 대륙축산, 서울축산, 제일식품, 조일식품공업, 인천축산식품 등 규모가 영세한 업체들이 소시지를 생산했으나 대부분 어육 소시지로, 주로 군대에 납품했다.

1963년 설립된 평화상사(1969년 진주햄소세지㈜, 1983년 진주햄㈜으로 상호 변경)는 초창기에는 '어묵'을 판매했으나 1967년 최신식 대량 생산 시설을 갖춘 공장을 설립하여 국내 최초로 축육 가공 소시지를 생산했다.[26] 1972년 대한종합식품은 순 돼지고기만으로 만든 소시지를 '펭귄'이란 상표로 시장에 내놓았다.[27] 그러나 본격적인 축육 소시지의 생산은 1980년 10월과 12월에 각각 준공된 롯데햄과 제일제당의 공장에서 시작되었다. 이 두 회사의 공장은 최신 절단 시설과 함께 외부의 오염원을 차단

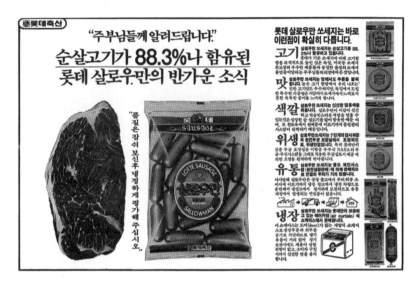

1980년 롯데축산은 '순 살코기 88.3%'를 함유한 소시지를 판매한다고 신문에 광고했다.
《동아일보》1980년 9월 24일자 8면 광고.

할 수 있는 포장실(bio-clean packing room)까지 갖추었다. 롯데햄과 제일제당
은 1981년 1월 1일부터 시작된 컬러텔레비전 방송의 광고 경쟁에도 뛰
어들었다.

그러나 축육 소시지에 대한 시장의 반응은 냉담했다. 소비자들은 여
전히 가격이 더 저렴한 어육과 전분 등으로 만든 혼합 소시지를 선호했
다. 1970년대 이후 대도시의 소비자들은 이 혼합 소시지를 '분홍 소시
지'라고 불렀다. 진주햄에서 판매한 혼합 소시지가 비닐 포장지까지 온
통 분홍색이어서 이런 별칭이 붙었다. 이 분홍 소시지를 편(片)썰기를
해 달걀노른자로 옷을 입혀 기름에 부쳐낸 소시지달걀부침은 아이들에
게 인기 있는 도시락 반찬이었다. 또 길이가 짧고 가는 소시지를 양쪽
으로 칼집 내어 기름에 볶다가 토마토케첩을 넣고 다시 볶아낸 소시지

210　　　　　　　　　　　　　　　　　　　　　　　　　　　　　　백년 식사

반찬도 아이들이 좋아했다.[28] 그 당시만 하더라도 소시지는 가정 형편이 좀 나은 아이들이 싸갈 수 있는 도시락 반찬이었다. 하지만 경제성장과 함께 개인 소득이 증가하면서 축육 소시지를 찾는 소비자도 점차 늘어났다.

1983년 소시지를 비롯한 육가공 제품의 전체 시장 점유율은 제일제당이 31퍼센트, 롯데햄이 26퍼센트를 차지했다. 이러한 상황에서 해태그룹이 새롭게 이 시장에 뛰어들었다. 기존의 한국냉장과 진주햄도 새로 공장을 증설하여 본격적인 경쟁에 나섰다. 그야말로 1980년대 중반, 소시지를 비롯한 육가공 제품 시장은 식품산업전쟁이 벌어지고 있었다. 한국인의 입맛도 육가공 제품에 길들여져 1990년대 초반이 되면 육가공 제품의 시장 규모가 더욱 커지고 기업 간 경쟁도 더 심해졌다. 심지어 햄과 소시지, 그리고 인스턴트라면을 넣은 부대찌개를 주메뉴로 판매하는 음식점도 생겨나 전성기를 맞이했다.

## 냉동고도 공짜로 달라는 아이스크림 판매점

한국전쟁 이후 서울을 비롯해 대도시와 중소도시에서는 '아이스케이크', 속칭 '아이스케키'를 파는 가게가 부쩍 늘어났다. 당시 아이스케이크는 설탕을 탄 물에 팥을 넣어 나무꼬챙이를 꽂아 얼린 얼음덩어리였는데, 그것도 냉장 시설이 부족해서 암모니아를 이용해 화학반응을 일으켜 냉동한 것이었다. 1950년대 서울에서 판매되던 아이스케이크의 제품명은 '석빙고'와 '앙꼬'였다. 그런데 제조 과정에서 위생 관리가 잘되지 않아서 여름이면 아이스케이크를 먹고 탈이 나는 사람이 많았다. 그런 탓에 아이스케이크는 '불량식품'이라는 오명을 쓰기도 했다.

1962년 삼강유지화학(三岡油脂化學)은 일본의 유명한 아이스크림 기업

"슬기로운 어머니의 간식 작전"이란 광고 문구와 함께 부라보콘에 앞치마를 두른 이미지로 '어머니'의 정성을 떠올리게 하는 아이스크림 광고. 《경향신문》 1978년 9월 27일자 6면 하단 광고.

인 유키지루시(雪印)유업과 기술제휴를 맺고 '삼강하드'를 시장에 내놓았다.[29] 삼강유지화학은 일반적인 아이스케이크와 달리 자사의 삼강하드는 우유가 함유된 '영양식품'이라고 선전했다. 시장에서 좋은 반응을 얻자 삼강유지화학은 성공에 도취하여 계획성 없이 공장을 증설하는 바람에 경영상 어려움을 겪다가 결국 1978년 롯데제과에 넘어가 롯데삼강이 되었다.

1960년대 박정희 정부가 농가 소득 증대 사업의 하나로 전개해온 낙농 진흥 정책의 결과, 1970년대 들어와서 국내에서 생산한 우유가 남아돌았다.[30] 제과업체로 성공한 해태제과는 남아도는 우유를 이용해 제대로 된 아이스크림을 생산할 계획을 세웠고, 정부의 지원도 받았다.

1969년 해태제과는 덴마크의 호이어(Hoyer)사에서 아이스크림 기계를 들여와 현대화된 아이스크림 공장을 설립했다. 해태제과 공장에서 생산된 '빙고아이스바', '부라보콘', '누가바'는 텔레비전과 라디오 광고에 힘입어 전국적인 제품이 되었다. 그 덕분에 해태제과는 당시 가장 시장 점유율이 높은 아이스크림 업체로 자리를 잡았다. 여기에 대일기업과 롯데삼강 등이 가세해 '내친구', '바밤바', '쥬쥬바', '새로미바' 등의 아이스크림 제품을 내놓았다.

1980년대 들어와서도 아이스크림 업체들의 경쟁은 계속 이어졌다. 당시 아이스크림 업계는 전국 각지에 있는 대리점을 얼마나 장악하느냐에 따라 매출이 결정되었다. 1970년대 후반만 해도 아이스크림 업체에서는 판매점에 보증금을 받고 냉동고를 빌려주었다. 그러나 경쟁이 심해지자 판매점들마다 냉동고를 공짜로 지원해달라고 요구했다. 1984년 빙그레는 7,000여 대, 해태제과는 6,200여 대의 냉동고를 무상으로 판매점에 지원했다.[31] 심지어 매출액이 많은 중요 거래처에서는 냉동고의 전기요금까지 부담해줄 것을 업체에 요구했다. 아이스크림 업체는 경제적 부담이 컸지만 수용하지 않을 수 없었다.

당시 아이스크림 사업은 여름 한철 장사였다. 매년 5~8월에만 판매되는 아이스크림 매출액이 1년 전체 매출의 70퍼센트나 차지했다. 간혹 장마가 길어지면 한 달 매출이 쑥 빠졌다. 그러나 1980년대 중반을 넘어가면서 한국인은 겨울에도 아이스크림을 먹기 시작했다. 계절을 가리지 않는 한국인의 아이스크림 열풍은 1986년 8월 서울 명동에 미국계 프리미엄(premium)급 아이스크림 전문점 배스킨라빈스 제1호점의 개업으로 이어졌다. 압축성장으로 주머니 사정이 넉넉해진 덕분에 계절을 가리지 않고 아이스크림을 간식으로 먹게 된 것이다.

## 유사 위스키 vs 원액 위스키

1973년 정부에서 위스키 원액 수입을 허가하기 전까지 한국의 위스키는 원액이 한 방울도 섞이지 않은 유사 위스키였다.[32] 이 유사 위스키는 증류 소주를 원료로 하여 여러 가지 재료를 섞어 위스키의 색과 맛을 낸 알코올 농도 30퍼센트의 술이었다. 주한 미군들도 진짜 위스키가 부족하면 위스키가 아닌 줄 알면서도 유사 위스키를 마셨다. 그러다 베트남전쟁에 한국군이 파병되면서부터 상황이 바뀌기 시작했다. 베트남에서 미군의 군수품에 들어 있던 진짜 위스키를 마셔본 파병 군인들에게 국내산 유사 위스키가 통할 리 없었다. 한국 정부는 1970년 위스키 원액 20퍼센트를 넣은 '그렌알바'라는 상표의 국산 위스키를 만들어 베트남에 주둔하고 있던 한국군에게 보냈다. 하지만 '그렌알바' 역시 진짜 위스키라고 할 수는 없었다. 결국, 1973년 정부는 위스키 원액의 수입을 허가했다.

1970년 '그렌알바' 출시를 허락한 정부는 주정에 위스키 원액을 20퍼센트 미만으로 섞은 것을 '기타 재제주(再製酒) 위스키'로 분류했다. 재제주는 한 가지 술에 다른 술 또는 술이 아닌 여러 재료를 섞어 만든 것을 가리킨다. 1975년부터 시중에 나온 백화양조의 '죠지 드레이크', 진로의 '제이알(JR)', '길벗', '주니퍼', 백화주조의 '베리나인', 해태주조의 '드슈', '런던드라이진', 그리고 '캡틴큐'와 '나폴레온' 등이 기타 재제주 위스키였다.

경제성장과 함께 고급 술에 대한 소비자의 요구가 강해지자 주세법에서 정한 기타 재제주 위스키의 위스키 원액 함량 기준도 조정되었다. 1977년 20퍼센트 이상, 1978년 30퍼센트 이상으로 위스키 원액 함량이 늘어나다가 1984년 7월 1일, 마침내 원액 100퍼센트의 위스키가 국

———— 박정희 대통령이 즐겨 마셨다고 알려진 '시바스 리갈(Chivas Regal)'은 프리미엄급 위스키이다. 그러나 위스키에 관한 지식이 부족했던 1970~1980년대 초반 한국인은 시바스 리갈을 최고의 위스키로 알았다.

내에서 시판되었다. 그러자 베리나인, 진로위스키, 오비씨그램 등의 기타 재제주 위스키 업체는 원액 100퍼센트 위스키 제품과의 경쟁에서 밀리지 않기 위해 각종 영업 전략을 동원했다. 영업 직원들이 업소를 직접 방문하는 맨투맨 영업, 똑같은 성분의 기타 재제주 위스키를 상품 이름만 바꾸어 출시하는 이른바 '새 술 깔기 작전', 그리고 사원을 고객으로 둔갑시켜 업소의 매출을 늘리는 방식 등 주류업체 간의 대대적인 판촉전이 벌어졌다.[33] 외국산 위스키의 수입은 1989년 7월부터 부분적으로 허용되다가 1990년에 들어와서 완전 자유화되었다. 이 해에 주세법에서 '기타 재제주'라는 항목이 사라졌다. 1991년 9월, 위스키 제조 면허도 완전히 풀렸다.

1980년 '서울의 봄'이 실패로 끝나고 5·18민주화운동이 일어나는 와중에도 한국 경제는 세계적 '3저 호황'으로 인해 급속히 성장했다. 서울올림픽이 열린 1988년 9월은 국민들의 소비 수준이 절정으로 치닫던 때였다. 1988년 이후 서울의 강남 지역은 스탠드바와 나이트클럽, 그리고 룸살롱으로 이어지는 유흥업소의 파노라마가 매년 새롭게 펼쳐졌다. 한국의 주당들은 1990년 위스키 수입 자유화로 외국의 정통 위스키를 맛볼 수 있게 되었다.

1990년대 IMF 외환위기가 닥치기 전까지 아시아에서 한국은 새로운 위스키 시장으로 부상했다. 그러나 외국산 정통 위스키는 가격이 비싼 데다 알코올 농도가 너무 진해서 희석식 소주 맛에 익숙한 한국인의 입맛에 썩 맞지는 않았다. 그래서 생겨난 술이 '폭탄주'다. 한국의 주당들은 갑작스런 경제성장의 수혜로 고급 양주마저 쉽사리 취할 수 있게 되었지만 위스키 맛의 진가를 즐기기보다는 구매력을 과시하는 데 더 열을 올렸다.

**3**

# 청량음료, 뜨거운 판촉전

## 콜라의 챌린저 작전 공방

1986년 7월 18일자 한 신문의 〈청량음료-뜨거운 판촉 공방〉이란 기사에는 '챌린저 작전'이란 말이 나온다. '챌린저 작전'은 1981년부터 한국의 펩시콜라가 개최한 마케팅 행사 이름이다.[34] 이 행사는 1975년 미국 펩시사가 '펩시 챌린지(pepsi challenge)'라는 이름으로 시작한 홍보 방식을 이은 것인데, 소비자들의 눈을 가린 상태에서 펩시콜라와 코카콜라를 제공하고 맛이 더 좋은 제품을 선택하는 식으로 진행되었다. 펩시콜라 측은 1981년부터 1985년 사이에 이 행사에 참여한 한국의 소비자 122만 7,000명 가운데 53.6퍼센트가 자사의 콜라 맛이 더 좋다고 응답했다며 선전했다.

그러자 국내 콜라 시장의 대부분을 차지하고 있던 코카콜라 측에서 콜라의 맛이 가장 좋은 온도는 섭씨 4도 전후인데, 시음장에 나온 펩시콜라 온도는 4도에 가까운 것이었고 코카콜라는 그보다 낮거나 높은 것이어서 그런 반응이 나왔다고 반박했다. 어쨌든 펩시콜라의 '챌린저 작전'은 성공적이었다. 1981년 국내 시장 점유율이 5.6퍼센트에 지나지 않았던 펩시콜라는 1985년 13.2퍼센트까지 상승했다.[35] 1980년대 내내 코카콜라와 펩시콜라의 마케팅 공방은 시장을 뜨겁게 달구었다.

국내 시장에서 미국식 청량음료 코카콜라와 펩시콜라가 맞붙은 역사는 1960년대 말부터 시작되었다.[36] 식민지 시기 일본 맥주회사인 쇼와기린맥주(昭和麒麟麥酒)를 해방 후 인수하여 1948년에 상호를 변경한 동양맥주는 1962년 2월 미국 코카콜라에서 콜라 원액을 들여와 'OB콜라'를 내놓았다.[37] 동양맥주는 이 제품으로 좋은 성과를 올리지는 못했지만, 국내 콜라 시장의 가능성을 확인하고 한양식품㈜이라는 별도의 회사를 설립했다. 한양식품㈜은 1968년부터 미국 코카콜라사와 제휴하여 코카콜라를 시장에 내놓았다.[38] 그러자 동방청량음료(지금의 롯데칠성)에서 1969년 미국의 펩시콜라사와 제휴하여 콜라 시장에 뛰어들었다. 1971년부터 미국의 코카콜라 본사는 한국에 직접 진출하여 지역을 4개 권역으로 나누어 각각 다른 회사에 제품 생산과 판매를 맡기는 프랜차이즈 방식을 택했다.

코카콜라와 펩시콜라는 미국에서 콜라 원액을 수입해서 만든 제품이다. 가능하면 외환을 아끼려고 했던 박정희 정부는 소비를 억제하기 위해 휘발유·가전제품·자동차 등과 함께 탄산음료에도 20퍼센트나 되는 특별소비세를 부과했다. 탄산음료에 부과된 특별소비세는 1999년 12월에야 폐지되었지만, 콜라 브랜드 사이의 경쟁은 멈추지 않았다.

콜라를 비롯한 청량음료의 유통은 루트 세일(route sale) 방식이었다.[39] 루트 세일은 판매원이 직접 소매점을 방문하여 제품을 공급하는 방식으로, 중간 도매업체를 통할 때 드는 영업비를 줄일 수 있는 이점이 있다. 그런데 이 유통 방식에서 경쟁 회사보다 앞서려면 무엇보다 차량을 많이 보유하고 있어야 한다. 1989년 당시 롯데칠성음료는 1,700여 대, 코카콜라 4개 회사는 1,300여 대의 차량을 보유하고 있었다. 보통 차량 1대가 100~150곳 정도의 소매 점포를 순회했다.

엄청난 투자비가 들어갔지만, 청량음료 업체는 1985년 2,100억 원에 달하는 시장을 포기할 수 없었다. 1986년 코카콜라와 펩시콜라는 1988년 서울올림픽을 앞두고 속속 등장하고 있던 서울의 여러 공원과 지하철 역내 상점에서 자사의 제품을 판매하기 위해 치열한 영업전을 펼쳤다. 가령 소비자가 많이 몰리는 장소에 입점하려면 자동판매기를 비롯해 파라솔과 의자, 재떨이 등의 집기를 판촉물로 제작해 무료로 제공하면서 때로는 관련자에게 판촉비 명목으로 현금을 주기도 했다.[40] 이런 과다한 유통·판촉 비용은 결국 소비자 몫이었다. 소비자는 콜라 한 병을 사면서 광고비와 유통비, 여기에 특별소비세 20퍼센트까지 보태 주었던 것이다.

## 맥콜, 조용필 내세운 광고로 공전의 히트

1988년, 콜라는 코카콜라·펩시콜라·해태콜라, 사이다는 칠성사이다·킨사이다·세븐업, 그 밖에 각종 과일 향을 넣은 탄산음료로 환타·오란씨·스파클, 과일 즙을 넣은 탄산음료로 써니텐·탐스와 5퍼센트 미만의 우유 성분이 들어간 탄산음료 암바사를 비롯해 맥콜·보리텐·비비콜·보리보리 등의 보리 탄산음료가 치열한 시장 쟁탈전을 벌이고 있었다.[41] 콜라, 사이다, 과향 탄산음료, 과즙 탄산음료, 우유 탄산음료는 모두 미국과 일본에서 만든 청량음료 제품이었지만, 보리 탄산음료는 한국에서 처음 개발한 것이었다.

보리 탄산음료는 1979년 9월 농어촌개발공사(지금의 한국농수산식품유통공

사) 식품연구소에서 개발했다. 녹색혁명으로 쌀 생산이 안정되면서 보리가 남아돌자 준정부기관인 농어촌개발공사에서 보리 소비를 촉진하기 위해 개발한 식품이 보리 탄산음료이다.[42] 농어촌개발공사가 특허청에 신청한 발명의 명칭은 '맥아(麥芽)를 이용한 청량음료의 제조법'이다.[43] 맥아는 보리에 물을 부어 싹을 틔운 뒤 말린 것으로, 보통 '엿기름'이라고 불린다. 맥아에는 덱스트린(dextrin, 전분을 가수분해할 때 생성되는 단맛의 물질), 맥아당, 포도당 등의 성분이 풍부하게 함유되어 있다. 이것을 50~85℃에서 건조한 다음, 140~180℃의 온도에서 열처리한다. 그러면 맥아 건조물은 갈색으로 변하고 좋은 향과 맛이 생긴다. 이것을 액체로 추출하여 찌꺼기를 거른 다음 탄산가스를 주입하면 보리 탄산음료가 완성된다.

농어촌개발공사는 특허를 상품으로 만들기 위해 여러 음료회사를 찾았지만, '일화(一和)'만이 관심을 보였다. 제약회사로 출발한 일화는 당시 일화생수주식회사와 합병한 후 음료 사업을 전개하던 차였다.[44] 일화는 '보리 맥(麥)' 자에 콜라의 '콜' 자를 붙여 '맥콜'로 제품 이름을 정하고, 1982년 7월 21일에 첫 출시했다. 일간지에 "자연에서 얻었습니다. 그 맛과 영양!"이란 카피의 보리 탄산음료 맥콜 광고를 게재했지만, 콜라와 사이다를 접했던 소비자들의 반응은 시큰둥했다. 일화는 어떻게든 소비자의 반응을 일으키려고 목욕탕에서 남성들에게 맥콜 시음회를 열기까지 했다. 이런 시도가 효과가 있었던지 맥콜은 점차 건강음료로 소문이 나기 시작했다.

1984년 5월 일화는 '고향의 맛'과 '건강음료'라는 점을 강조하는 맥콜 광고를 주요 일간지에 실었다. 1982년 갓 시판했을 때만 해도 한 달 판매량이 5만 병에 그쳤던 맥콜은 1985년 8월 한 달간 700만 병의 판

매 실적을 올렸다. 콜라와 사이다의 양대 구도로 편성되어 있던 청량음료 시장에서 점유율 15.7퍼센트를 차지했다. 당시 맥콜의 급속한 판매량 증가는 일대 사건이었다.

일화는 1986년 가수 조용필과 그의 팬클럽 6,000여 명을 섭외해 1분짜리 방송 광고를 만들어 컬러텔레비전을 통해 내보냈다. 전 세계 청소년들이 운집한 대형 극장을 무대로 제작된 미국의 코카콜라 광고에 자극받은 맥콜의 광고는 서울올림픽 주경기장을 무대로 조용필의 콘서트 현장을 담아냈다. 이 텔레비전 광고는 대중의 전폭적인 관심을 받았다. 이어서 나온 맥콜의 텔레비전 광고 또한 조용필을 내세워 소녀 팬과의 만남을 주제로 한 새로운 형식의 광고를 내보내 주목을 끌었다.[45]

조용필 광고 효과 덕분에 맥콜의 매출 규모는 1985년 53억 원에서 1987년 900억 원, 그리고 1988년 1,400억 원으로 성장했다. 그러자 코카콜라를 비롯하여 국내 청량음료 회사에서도 유사 제품을 내놓아 맥콜의 인기가 시들해졌다. 특히 1989년 롯데칠성이 신제품으로 우유 탄산음료 '밀키스'를 출시하면서 홍콩 영화배우 주윤발을 내세운 텔레비

전 광고를 내보내 인기를 끌자 맥콜의 시장 점유율은 급속하게 떨어졌
다. 전체 청량음료 시장에서 보리 탄산음료는 1990년 점유율 9.6퍼센트
에서 1992년 3.1퍼센트로 급감했다. 축소된 보리 탄산음료 시장에서 맥
콜의 점유율 또한 1987년 85퍼센트에서 1992년 47.7퍼센트로 반토막
나고 말았다.[46]

　1988년 한국 경제는 여전히 급속한 성장의 길을 걷고 있었다. 국민의
지갑은 날로 두둑해졌다. 게다가 그해 열린 서울올림픽은 서양에 비해
뒤떨어져 있다는 열등감에서 조금이라도 벗어나는 계기가 되었다. 이
러한 분위기를 타고 전통과 건강을 내세운 맥콜이 조용필과 만나 폭발
적인 인기를 누렸던 것이다. 하지만 그것도 한때일 뿐이었다. 청량음료
업계의 치열한 경쟁과 함께 소비자들의 기호 또한 한자리에 머물러 있
지 않았다.


## 스포츠 공화국의 스포츠 음료

1980년대 한국 사회는 스포츠 공화국이었다.[47] 컬러텔레비전 방송
이 시작된 1981년 야간통행 금지가 폐지되고, 1982년 프로야구 개막,
1986년 아시안게임, 1988년 서울올림픽 등 각종 스포츠 행사가 연이어
개최되었다. 이 모든 기획은 전두환 군사정권의 국가주의 스포츠 정책
의 결과물이었다.[48] 청량음료 업계 역시 이러한 스포츠 행사 붐에 편승
해 '스포츠 음료(sports drink)'라는 신제품을 내놓았다.

　기능성 음료인 스포츠 음료는 1967년 미국의 스토클리밴캠프(Stokely-
Van Camp) 회사의 게이터레이드(Gatorade)가 시초다. 게이터레이드는 1965
년 미국 플로리다의 풋볼팀 게이터(Gator)가 후반전에 늘 힘이 빠져 패
배하는 모습을 본 플로리다대학(University of Florida)의 약대 로버트 케이드

——— 1965년 미국 플로리다의 풋볼팀 게이터(Gator) 선수들에게 게이터레이드를 따라주는
로버트 케이드 박사.

(Robert Cade, 1927~2007) 박사 팀이 공동으로 연구해 만들었다.[49] 6퍼센트의
탄수화물과 최적의 전해질(電解質, electrolyte)로 이루어진 이 음료수는 물보
다 10배 이상 빠른 속도로 흡수되어 에너지를 공급해주었다. 1967년
이 음료수를 마신 게이터 선수들은 경기 후반에 자주 역전승을 거두었
다. 그래서 '게이터를 돕는다(aid)'는 의미로 '게이터레이드'라는 상표가
만들어졌다.

1987년 5월, 제일제당은 게이터레이드의 기술을 수입하여 한국인이
쉽게 부를 수 있는 '게토레이'라는 한글 이름으로 상표를 등록해 시장
에 내놓았다. 이미 1983년 해태음료가 '헬스펀치'라는 스포츠 음료를
출시했지만, 소비자들의 관심을 크게 끌지는 못했다. 서울올림픽을 1년
앞둔 1987년은 한국 스포츠 음료의 원년이었다. 동아제약 계열사인 동

아식품은 일본 오츠카제약(大塚製藥)의 '포카리스웨트'를, 제일제당이 게 토레이를, 롯데삼강은 자체 개발한 '스포테라'를 출시했고, 한국의 코카 콜라 생산업체인 한국음료가 미국 코카콜라사의 '아쿠아리스'를 들여 와 판매했다.[50]

스포츠 음료는 1988년 서울올림픽 이후 본격적인 대중화의 길을 걸 었다. 스포츠 음료 시장의 40퍼센트를 차지하고 있던 '포카리스웨트'의 1987년 매출액은 40억 원에 그쳤으나 1988년 70억 원, 1989년 220억 원, 1990년 450억 원, 1991년 750억 원으로 늘어났다.[51] 대부분의 도시 가정에서 전기냉장고를 갖추게 된 1988년 이후,[52] 스포츠 음료의 판매 량도 놀라운 속도로 증가했다. 스포츠 음료가 독재정권의 삼엄한 권위 주의적 통치에 숨죽이며 지내던 시민들의 울분과 민주주의에 대한 갈 증을 완화해주었는지는 알 수 없다.[53] 다만, 1980년대 후반을 살았던 한 국인은 운동 중에 마시는 스포츠 음료를 여느 음료수처럼 일상적으로 마셨다.

# 4

## 건강 추구 속에 꽃핀
## 횟집

## 수산물, 수출 효자에서 국내 소비로

1977년 한국의 수산업은 생산량에서 세계 제7위, 수출량에서 세계 제 4위로 명실공히 수산강국으로 발돋움했다.[54] 이러한 실적은 1960년대 이래 한국 정부가 강력하게 진행해온 경제개발 5개년 계획과 직접 관련이 있다. 해방 이후 자원이 부족했던 남한 정부는 큰 금액은 아니었지만 수산물 수출을 통해 외화를 획득했다. 그러나 일본과의 외교 관계가 단절된 상태에서 수출량은 크게 증가하지 않았다. 식민지 시기부터 일본은 한반도 수산물의 중요한 소비처였다. 1954년 해조류, 절이거나 말린 생선과 조개류, 활어 등을 일본에 수출했고,[55] 1960년에는 명란젓을 일본에 처음으로 수출했다.[56]

일본은 1965년 6월 22일 '한일 양국의 국교 관계에 관한 조약'을 체결하기에 앞서 한국의 수산물 수입 할당 금액을 200만 달러로 늘리는 등 유화정책을 펼쳤다.[57] 1960년대 품질이 좋은 한국 수산물 대부분은 일본에 수출되었다. 한일 국교 협상이 타결되면서 1966년부터는 일본 수출 수산물이 점차 활어로 바뀌었다. 그러나 한일협정 체결 이후 동중국해의 황금어장을 일본과 공동으로 사용하면서 수산업은 오히려 쇠퇴했다.[58] 여기에 어획량이 증가하여 생선 값이 그전에 비해 싸지면서 어민들의 수입도 줄어들었다.

이에 정부는 연근해 어업을 양식업으로 바꾸고, 원양어업을 활성화하는 정책을 폈다. 그 결과는 눈부셨다. 1962년부터 1976년에 이르는 15년 동안 GNP의 연평균 성장률은 약 10퍼센트였으나 수산업은 16퍼센트의 성장률을 보였다. 일반 어업은 182퍼센트, 양식어업은 2,183퍼센트, 원양어업은 약 10만 배나 증가했다.[59] 수산물의 수출량도 적지 않았지만, 국내 소비량도 많았다. 1976년 국민 1인당 1년간 수산물 소비량은 44.81킬로그램으로, 소고기 2.15킬로그램, 돼지고기 3.02킬로그램, 닭고기 1.67킬로그램에 비해 월등히 많은 양이었다.

하지만 활어의 소비량은 많지 않았다. 활어 유통 설비가 지금처럼 갖추어지지 않았기 때문이다. 해안 도시나 어촌에 살지 않으면 대부분 말리거나 소금에 절인 생선을 요리해서 먹었다. 강을 끼고 있는 육지 주민들은 민물 생선을 날로 즐겨 먹었다.[60] 그러다 보니 디스토마(distoma)에 감염되는 사람이 많았다. 식민지 시기에 폐와 간의 디스토마를 '지방병(地方病)'이라고 규정했지만,[61] 민물 생선을 날로 먹는 사람은 줄어들지 않았다. 1964년 정부 조사 결과, 낙동강·영산강·한강 등의 연안에 사는 사람 중에서 간디스토마와 폐디스토마 환자가 600만여 명에 이른다는 사실이 밝혀졌다.[62] 정부는 1966년 6월, 여름을 앞두고 음식점에서 민물 생선회를 팔지 못하도록 단속에 나섰다.[63] 정부의 금지 조치는 1970년대에도 계속되었고, 1970년대 후반부터 민물 생선을 날로 먹는 사람이 급격하게 줄었다. 민물 생선회 대신 바다 생선회를 찾는 소비자가 더 많아진 것이다.

## 대도시 활어 횟집의 유행

1965년 6월, 한일 간 국교가 재개되면서 서울과 부산의 번화가에 일명 '화식집'이라고 불린 음식점이 등장했다. '화식(和食)'은 일본 음식을 부르는 말이다. 비록 한일 관계가 회복되긴 했지만, 많은 한국인이 일본인에게 착취당했던 식민지 시기의 기억을 그대로 간직하고 있었다. 그런 까닭에 1960년대 후반에 일본인이 서울 명동에 개업한 화식집에서는 일본인 밑에서 일하려는 한국인이 없어 보조를 구하기가 어려웠다고 한다. 그래도 화식집을 찾는 한국인 소비자는 적지 않았다.[64] 1970년대에 들어오면 한국인이 운영하는 화식집도 서울과 부산의 번화가에 많이 생겼다.

1960년대 중반부터 여름이면 항구 도시의 해수욕장이나 어시장 근처에 무허가 횟집들이 진을 쳤다. 부산 해운대 해수욕장 근처 해운대관광호텔과 극동호텔 서쪽 임시 건물에 들어섰던 횟집들이 1960년대 후반에는 부산 명물로 소문났다. 그러나 1973년 5월, 동래구청은 위생 문제를 내세워 임시 건물의 횟집들을 철거했다.[65] 1970년대 후반이 되면 새로 지은 어시장 근처에 정식으로 음식점 영업 허가를 받은 횟집들이 자리 잡았다.

1960년대 이후 마산어시장 근처 해안가 한쪽에는 바닷물 위에 임시로 세운 목조 건물에 횟집 10여 곳이 들어섰다.[66] 횟집을 둘러싸고 바닷물이 찰랑거리는 풍경이 이색적이었다. 손님들은 홍콩의 유명한 식당처럼 야경을 바라보며 음식을 먹을 수 있다며 이곳을 '홍콩빠'라고 불렀다. 마산 홍콩빠의 소문이 퍼지자 손님들이 몰려들었다. 1970년대에

는 아예 매립지 바닷가에 새로 철제 건물을 지었는데, 횟집이 무려 64 개점이나 성업했다.

　1970년에 부산·통영·마산·삼천포의 어시장과 부둣가를 조사한 적 이 있는 요리연구가 황혜성(黃慧性, 1920~2006)은 당시 횟집의 모습을 이렇 게 적었다. "부둣가에는 횟집이 즐비하게 있다. …… 고기를 큰 대바구 니에 담아서 바닷물에 담가놓고 손님의 청을 듣고 고기를 건져다 칼질 을 한다. 잘하는 집을 찾아서 먼 곳에서 먹으러 온다. 해변에서는 바다에 서 나는 것이면 크고 작고 간에 다 횟감이 될 수 있다. 그 종류를 보면 낙 지, 문어, 장어, 전복, 소라, 우렁쉥이(멍게), 홍어, 생멸(멸치 생젓), 상어, 숭어, 전어, 돔, 가자미, 뱅어, 가오리, 민어 등 어느 고기나 다 훌륭한 횟감이다. 회를 찍어 먹는 초고추장이나 겨자즙이 또한 맛나서 회 맛이 더 좋은 것 같다."[67]

1975년 10월 14일 인천에서 강원도 강릉을 잇는 2차선의 영동고속도로가 완공되면서 서울의 수산시장에는 인천뿐만 아니라 동해의 싱싱한 바다 생선이 들어왔다. 1984년 서울의 노량진 수산시장에는 새벽마다 전국에서 올라온 활어와 상인과 중개인들로 가득 찼다. 보통 새벽 1~2시 사이에 부산·여수·속초·군산 등지의 어시장에서 차에 실려 온 생선이 도착했다. 활어의 양은 2만 5,400상자로 12톤짜리 화물트럭 130대분으로, 금액으로 따지면 2억 5,000여만 원어치나 되었다. 심지어 제주도의 도미·전복·가자미 같은 활어가 비행기에 실려서 왔다. 이 활어들은 서울의 일류 호텔과 이름난 일식집으로 팔려나갔다.[68]

1980년대 초반 부산의 자갈치시장도 새벽 4시가 되면 광어·방어·도다리·장어·전복·소라 등 횟감을 하선하느라 분주했다. 서울의 노량진 수산시장과 달리 자갈치시장의 활어는 남해에서 조업을 한 7톤급 어선들이 직접 항구에 들어와서 내려놓았다. 활어 대부분은 부산의 해운대·송도·광안리·태종대, 그리고 서울·대구·대전 등지의 횟집으로 팔려나갔다.[69] 1980년대 중반 대도시의 번화가에는 전국의 어시장에서 올라온 활어로 요리한 일본식 사시미(刺身)나 한국식 생선회를 판매하는 횟집이 속속 들어서고 있었다.

## 고급 일식집과 참치 전문 횟집의 등장

1967년 12월, 서울 한강 이남의 영동지구(지금의 잠원·반포·서초·신사·논현·역삼·청담·도곡·삼성·양재 일대) 건설이 시작되었다. 1976년 강북의 명문 고등학교의 강남 이전 조치는 강남을 현재의 강남으로 만드는 데 큰 역할을 했다.[70] 1980년대 초까지도 강남의 신시가지는 영동과 잠실 지구뿐이었지만, 이후 지하철 2, 3, 4호선과 양재대로 개통, 그리고 한강 변에 아파트 단지가 들어오면서 지금의 모습을 갖추기 시작했다. 1988년 올림픽을 앞두고 강남의 테헤란로 주변은 새로운 번화가로 변해갔다.

1980년대 초반, 강남구 서초동과 역삼동 일대에는 '정통 일본식 음식점'이 자리 잡기 시작했다. 1984년 서초동에서 개업한 한 일본 음식점은 지하 1층, 지상 5층의 건물 전체를 사용했다. 지하 1층은 구이코너, 1층은 로비, 2층은 70석 규모의 홀, 3층은 가족 연회석, 4~5층은 일본식 다다미를 깐 방 10여 개가 배치되었다. 이곳에서는 일본의 고급 음식점처럼 코스 요리를 판매했다. 종업원 60여 명에 한 달 평균 매상액은 1억여 원이나 되었다. 손님 대부분은 한국인으로, 하루 평균 300여 명의 손님이 드나들었다.[71]

경제 사정이 넉넉해지자 이제 사람들은 소고기 소비에만 연연하지 않았다. 특히 부유한 사람들은 성인병을 예방하고 건강에도 좋다고 알려진 일본식 사시미를 더 선호했다. 기업 관계자들도 접대 명목으로 고급 일식집을 찾았다. 강남 고급 일식집에서는 설립 초기에 강북의 유명 일식집에서 오랫동안 일한 한국인 요리사를 초빙하려 애썼으나 실패하고 결국 일본에서 일본인 요리사를 초빙했다. 1988년 전후 테헤란로 근처에는 중급 규모의 일식집이 속속 들어섰다. 이런 일식집은 일본인 요리사를 초빙할 정도로 재정이 넉넉지 않았기에 강북의 일식집에서 일하던 경력이 얼마 되지 않은 요리사들을 초빙했다. 요리 기술이 아직 최정상에 도달하지 않은 요리사들이 주방을 책임지다 보니 일본식에 한국식이 혼합된 일식 요리가 등장했다.

한편, 횟집이 유행하면서 '참치'를 전문으로 하는 횟집도 등장했다.

─────── 참치회. 한국에서는 참치회를 간장이나 초고추장, 소금을 넣은 기름장 등에 찍어 먹거나, 김에 싸서 먹기도 한다.

1991년 2월 19일 동원산업이 시작한 참치 횟집은 1990년대 중반 여러 업체가 뛰어들어 전성기를 맞았다.[72] 참치 횟집은 대부분 체인점으로 운영되었고, 요리사 역시 20~30대 초반의 젊은이들이 대부분이었다. 이들처럼 경력이 짧은 젊은 요리사가 등장하면서 횟집의 요리사가 갖추어야 할 기술 수준도 낮아졌다. 참치 횟집은 1990년대 중반의 전성기를 끝으로 문을 닫는 집이 늘어났다. 냉동 참치 업체의 무리한 투자로 인한 경영 악화와 갓 잡은 흰살생선으로 만든 회를 더 좋아하는 한국인의 취향 등이 만들어낸 결과였다.

　이처럼 1980년대와 1990년 초반 한국인은 소고기·돼지고기·닭고기·생선을 가리지 않고 먹는 육식 중심의 소비자였다.

# 5

# 강남 개발 완성과
# 고급 음식점 개업 붐

## 고급 요정과 방석집에서 한정식 음식점으로

1977년 1월 한국개발연구원에서 '75년도 서울 시내 생산 및 시민 분배 소득 조사 보고서'를 발표했다. 그중 서울 시민이 음식점과 술집에서 소비한 금액은 총 1,022억 5,000만 원이었다. 자세한 내용을 보면, 한식 집에서 416억 8,000만 원, 대폿집에서 183억 9,000만 원, 중국 음식점 에서 113억 원, 비어홀에서 79억 원, 일식집에서 67억 원, 분식센터에 서 47억 원, 살롱에서 39억 원, 바에서 33억 원, 카바레에서 20억 원, 통 닭구이집에서 15억 8,000만 원, 양주센터에서 8억 원이다.[73] 같은 자료 에서 서울 시민의 총생산은 2조 7,269억 1,000만 원이었음을 감안하면 적지 않은 돈을 음식점과 술집에서 지출한 셈이다. 연평균 10퍼센트 이 상의 경제성장과 함께 소비 규모가 놀랄 만큼 확대되었다.

당시에 가장 많은 매출액을 기록한 한식집은 고급 요정과 일반 한식 음식점을 모두 포함한다. 고급 요정은 접대부 여성이 나오는 음식점으 로 기생집이라고도 불렸다. 우이동의 선운각, 익선동의 오진암·옥류

――――― 홍콩에서 발행하는 영문
주간지 《아시아 매거진》
1971년 11월 14일자에
실린 서울 '기생하우스'
청운각에서의 식사 장면.

장·대하·청풍, 성북동의 대원각, 청운동의 청운각, 회현 1가의 양성, 다
동의 양정, 견지동의 애림 등은 1960년대 중·후반 서울의 최고급 요정
으로 꼽혔던 곳이다.[74] 이런 최고급 요정의 주 고객은 고위직 정치인과
관료, 그리고 재계의 경영인 들이었다. 심지어 지하 경제를 주무르던 깡
패들도 이곳에서 자주 회합을 가졌다.

홍콩에서 발행하는 영문 주간지 《아시아 매거진(The Asia magazine)》 1971
년 11월 14일자에는 서울의 고급 요정 청운각을 방문한 기사가 실렸다.
이 잡지의 기자는 청운각을 '기생하우스'라고 불렀다. "기생하우스에 들
어서자 우리들은 그 호화로움에 놀랐다. …… 술상은 갖가지 음식으로
가득 찼고 …… 도중에 밴드가 들어와 흥을 돋우기도 했다."[75]

한일 국교 재개 이후 일본인의 한국 방문이 늘어났는데, 그들 중 일
부는 이른바 '기생 관광'을 즐겼다. 일본인들이 주로 찾았던 곳은 지금
의 서울 강북에 있던 기생집이었다. 기생집의 음식은 한식이 주류였는
데, 그중 한국식 생선회와 신선로는 기본 메뉴였다. 외화벌이라는 명목

으로 정부의 묵인 아래 고급 요정은 1980년대 중반까지 번창했다. 당시 관공서 근처에는 온갖 한식 요리를 상다리가 부러질 정도로 차려내는 '방석집'이 있었는데, 그것도 꼭 두 군데 이상 있었다. 기관장이 어느 한 곳으로 가면 그 아래 급수의 공무원은 그곳을 피해 딴 곳으로 간다고 할 정도로 성업했다.

1986년 이후 서울의 고급 요정과 방석집은 한정식집으로 변신했다. 한정식은 '한국 음식 정식(定食)'의 줄임말이다. 정식은 음식점에서 일정한 값을 정해놓고 여러 가지 음식을 한상차림으로 제공하는 방식의 식사를 가리킨다. 주로 고급 음식점에서 음식을 제공하는 방식이다. 유럽과 북아메리카의 고급 음식점에서는 샐러드와 수프, 주요리, 후식 등을 차례대로 제공한다. 이에 비해 한정식은 대부분 한꺼번에 모든 음식을 제공하는 공간전개형 배식 방식을 채택하고 있다.[76]

한정식이란 용어는 1972년 12월 서울시가 행정명령으로 주도한 음식점의 표준 식단제 시행 이후부터 널리 쓰였다. 서울시는 요릿집과 요정을 한정식 A급 음식점으로 분류하고, 34가지 반찬을 내던 것을 14가지로 줄이도록 지시했다. 표준 식단제는 1970년대 말까지 지속했으며, 이때 '한정식'이란 용어가 사람들 사이에서 널리 쓰였다. 그러나 1970년대 말까지도 한정식 음식점에서 간혹 여성 접대부를 고용하여 접대했기 때문에 요정과 혼동되기도 했다. 1980년대 초반 서울올림픽을 준비하면서 정부는 요정과 방석집을 폐쇄했다. 그러자 요정과 방석집이 한정식 음식점으로 변신했고, 여성 접대부도 사라져갔다.

### 유원지에 버금가는 강남의 갈빗집

1970년대 후반 서울 강남에 아파트 단지가 속속 들어서면서 '복부인'

이라고 불리던 화려한 옷차림의 30~40대 여성 투기꾼들이 잠실·영동·반포 등지의 아파트 추첨 현장에 '치맛바람'을 일으키며 무리 지어 돌아다녔다.[77] 복부인을 비롯하여 투기꾼과 복덕방의 개입으로 부동산 투기가 과열 양상을 띠자 정부는 1978년 8월 8일 강력한 부동산 투기 억제책을 내놓았지만, 투기 열풍을 잠재울 수는 없었다.[78] 1974년 평당 27만 4,000원이었던 서울의 아파트값이 1978년 7월 70만 원으로 올랐다.[79]

1980년대에도 강남의 아파트값은 폭등했고, 강남의 신흥 중산층은 그 어느 때보다 지갑이 든든했다. 그러나 강남에는 신흥 중산층이 가족들과 함께 여가를 보낼 마땅한 장소가 없었다. 이후 1981년 11월에 개업한 신사동의 삼원가든을 필두로, 논현동의 늘봄과 서라벌, 서초동의 초성공원과 신라정 같은 초대형 고급 음식점은 휴일 가족 나들이의 명소가 되었다. 주로 갈비구이와 냉면을 판매한 초대형 고급 음식점은 '호화 갈비타운', '전원 갈빗집', '공원식 갈빗집'으로 불렸다. 공원식 갈빗집이란 말에 어울리게 이런 음식점은 1,000여 평의 광대한 대지에 고급 관상수, 인공폭포, 구름다리, 물레방아, 정자, 석탑, 분수대, 연못, 수족관 등의 시설을 갖추고 있어 공원이라고 불러도 무방할 정도였다.[80]

1983년 강남에는 공원식 갈빗집을 비롯하여 양식·한식·일식·중식 음식점이 무려 2,390여 곳이나 들어섰다. 이 중 주차장 시설을 갖춘 대형 음식점도 100여 군데나 되었다. 3저 현상과 부동산 가격 폭등으로 갑자기 큰돈을 움켜쥔 거부들은 뚜렷한 투자 대상을 찾지 못하고 있던 참에 "그래도 먹는장사가 제일"이라는 경험적인 장사 원리에 편승해 음식점 개업에 나섰다. 또 다른 이유도 있었다. 강남이 개발되기 전에 땅값이 오를 거라고 예측한 부자들이 200평이 넘는 땅을 사서 빈터로 두

───── **1990년대 강남의 대표적인 갈빗집 삼원가든.**

다 공한지세(空閑地稅, 이용하지 않고 내버려둔 대도시 내의 토지에 대해 부과하는 세금)를 물게 되자 이를 피하려 음식점 개업에 뛰어들었다.[81]

1980년대 초·중반 강남의 대형 음식점은 기업이라고 해도 지나치지 않을 정도로 대규모였다. 삼원가든은 강남의 대지주 K씨 소유의 땅 1,200평을 빌려 2억여 원의 시설비를 들여 개업한 곳이었다. 1983년 상반기 손님 수는 평일에는 200여 명, 휴일에는 350여 명이나 되었다. 삼원가든은 휴일 하루 동안 1,500만 원의 최고 매상액을 올릴 때도 있었으며, 평일에도 하루 매상액이 400만~500만 원이었다.[82]

1982년 한국은행이 집계한 음식숙박업의 성장률은 10.4퍼센트로, GNP 성장률 5.4퍼센트의 거의 두 배에 가까웠다. 당시 사람들이 먹는 데 엄청나게 많은 돈을 쓴 셈이다. 이런 초대형 음식점의 번창은 한식 음식점의 음식 맛과 서비스, 설비 수준을 한 단계 올리는 데 이바지했을 뿐 아니라 '먹는장사가 제일'이라는 인식을 사람들에게 심어주었다.

## 전통 음식도 체인점 시대

전두환 정부는 민족문화 계승이라는 명분 아래 정권의 정통성을 확보하기 위한 관제 행사로 1981년 5월 28일부터 6월 1일까지 5일간 서울 여의도에서 '국풍81'이란 행사를 개최했다. '국풍81'의 팔도명산물시장에는 '팔도 미락정(味樂亭)'이란 지방별 음식점 부스가 설치되었다. 이곳에 방문했던 사람들은 전국을 돌아다니지 않아도 각지의 소문난 음식을 먹을 수 있다며 호의적인 반응을 보였다. 경상남도 통영의 지방 음식이었던 '충무할매김밥'은 '국풍81'에서 큰 인기를 누렸고, 이후 서울에 분점을 냈다.[83]

'충무할매김밥'은 가족끼리 본점과 분점을 나누어 운영했다. 그 밖에 강원도 평창군 진부의 부일식당과 춘천의 소양강송어횟집, 그리고 경상북도 현풍의 현풍할매곰탕 등 지역에서 유명한 식당이 서울이나 다른 지역에 분점을 낸 경우도 운영 방식은 비슷했다. 1986년 강원도 진부의 부일식당은 서울 종로 2가의 한옥을 빌려 진부 부일식당 서울 분점을 냈다. 이 서울 분점은 진부 부일식당 주인의 손위 올케가 운영을 맡았다.[84] 재료로 쓰는 산나물은 진부에서 직송했다. 서울 진출에 실패한 지방 음식점도 있었다. 경상북도 현풍의 현풍할매곰탕은 1984년 대구 중구의 사보이호텔 맞은편에 사보이점을, 1987년 서울 서초동에 서울 분점을 냈지만, 유사한 상호의 곰탕집이 10여 곳에 생겨 1988년에 서울 분점의 문을 닫았다.

한식 프랜차이즈 사업의 시작은 1984년 1월에 제1호 직영점을 개업

———— 한식 프랜차이즈의 문을 연 장터국수의 1984년 신문 광고.

한 장터국수다. 이 프랜차이즈는 장터국수·계란국수·새우국수·모밀국
수·비빔냉면·유부초밥·김밥 등의 메뉴를 취급했다. 프랜차이즈 운영
방식은 본사 공장에서 주재료와 국물, 반찬 등 모든 음식 재료를 반제
품 상태로 생산하여 102군데의 가맹점에 배송했다.[85] 장터국수의 공장
이 경기도 김포에 있었기에 가맹점 역시 배송 거리를 고려하여 서울과
인천에 집중되어 있었다.

1986년 언론에서 '전통 음식도 체인점 시대'라고 말할 정도로 한국
음식의 체인점화가 급속하게 진행되었다.[86] 장터국수의 성공 이후, 털
보네(국수), 다전(국수), 다림방(국수), 또순이(순대), 짱구짱구(만두), 튀김방(튀
김), 튀김마당(튀김) 등 35개사에 이르는 각종 한식 프랜차이즈 업체가 생
겼다. 다만 이 업체들은 소규모 프랜차이즈로, 메뉴도 국수·순대·만
두·튀김처럼 공장제 생산이 가능하고, 가맹점에서 요리해서 식탁에 내
기도 수월한 것이었다. 음식점의 프랜차이즈화로 메뉴와 서비스 방식
이 표준화되면서 음식점 환경은 예전보다 위생적으로 관리되었다.

1990년대 중반, 미국과 동아시아 각국의 인류학자로 구성된 연구팀
은 일본·한국·타이완의 패스트푸드 레스토랑 체인점 확산에 관한 연

구에서, 동아시아 사람들이 미국식 패스트푸드점에서 위생적인 환경뿐만 아니라 "민주주의의 상징인 셀프서비스와 줄서기를 통해 서구적 근대성의 사례와 기호를 제공받았다"[87]는 주장을 펼쳤다. 1988년 서울올림픽의 개최를 앞두고 한국 사회에서 진행된 한식 프랜차이즈화 역시 음식점 환경을 위생적으로 개선하는 데 일조했다. 다만 셀프서비스 같은 서구적 근대성은 인건비를 줄이면서 수익을 극대화하는 맥도날드화(McDonaldization)를 더욱 강화했다.[88] 또한 음식점마다 지니고 있던 깊은 손맛을 잃어버리고, 음식 맛의 균질화를 가져왔다는 점 역시 부정할 수 없다.

6부

# 세계화의 식탁

---

## 한국인의 식탁을 장악한
## 세계 식품체제

## 냉전의 해체와 쌀시장 개방

1988년 9월 17일부터 서울에서 개최된 제24회 올림픽대회에는 공산 진영과 자유 진영의 160개국 1만 3,626명의 선수가 참가했다. 1980년대부터 정치·경제·산업·과학·사회·문화·예술 등 여러 분야에서 제기되었던 국제화(Internationalization)·세계화(Globalization)의 가능성이 서울올림픽을 계기로 현실로 다가왔다. 한국 정부와 소련, 중국을 비롯한 공산 진영 국가와의 교류도 시작되었다.

유럽에서도 변화가 일어났다. 1989년 11월 9일 독일의 베를린을 동서로 가로막고 있던 장벽이 무너졌다. 1990년 10월 3일 동독과 서독으로 나뉘어 있던 독일이 통일되었다. 이것은 냉전체제 붕괴의 결정적인 사건이었다. 소련 공산당 서기장 미하일 고르바초프(Mikhail Sergeyevich Gorbachyev, 1931~)가 1985년 4월부터 추진해온 개혁·개방정책의 결과였다. 이후 헌법 개정으로 소련 최초로 대통령으로 선출된 고르바초프가 1991년 12월 25일 대통령직을 사임함으로써 소련은 공식적으로 세계 지도에서 사라졌다. 이 사건은 냉전체제의 마침표였다.

한국 정부는 소련이 붕괴하기 1여 년 전인 1990년 9월 30일 뉴욕의 유엔 본부에서 소련 정부와 공식 수교를 맺었다. 한편, 중국은 1978년 말

덩샤오핑(鄧小平, 1904~1997) 체제 출범 이후 시장경제화와 대외 개방을 시작했다. 1992년 8월 24일 한국 정부는 베이징에서 중국 정부와 정식으로 수교를 맺었다. 1986년 이후 도이머이(Đổi mới, 쇄신) 정책을 펼치고 있던 베트남사회주의공화국(이하 베트남)과도 한국 정부는 1992년 12월 22일 수교를 재개했다.

1990년 1월 22일 당시 집권당인 민주정의당(총재 노태우)과 제2야당 통일민주당(총재 김영삼), 제3야당 신민주공화당(총재 김종필)이 민주자유당으로 합당했다. 이후 1992년 12월 18일 실시된 대통령 선거에서 민주자유당의 김영삼(金泳三, 1927~2015)이 당선되었다. 김영삼 대통령은 1993년 내내 세계화라는 거대한 조류에 올라타 있었다. 특히 미국과 서유럽이 요구한 국내 쌀시장 개방은 외교와 문화의 세계화와는 질적으로 다른 어려운 문제였다. 쌀시장 개방을 반대하는 농민과 시민은 국내는 물론이고, GATT(General Agreement on Tariffs and Trade, 관세와 무역에 관한 일반 협정)의 사무국이 있는 스위스 제네바에까지 가서 반대 시위를 벌였다. 그러나 김영삼 정부는 1993년 12월 GATT가 내세운 '최소시장접근'이라는 원칙에 따라 부분적인 쌀시장 개방(1995년 국내 소비량의 1퍼센트부터 2004년 4퍼센트에 이르기까지 단계적 증량으로 쌀 수입 의무화)에 합의했다.

## 세계 식품체제에 포섭되다

1972년 흉작으로 식량 부족에 허덕이던 소련은 냉전체제임에도 불구하고 부족분을 조달하기 위해 세계 곡물 시장의 새로운 구매자로 나섰다. 국제 곡물가가 급등하는 등 곡물 파동이 벌어지자 미국은 이를 기회 삼아 큰돈을 벌 수 있다고 판단하고, 제2차 세계대전 이후 지속해온 곡물의 외국 원조정책을 중단했다.[1] 당시 다국적 곡물기업이자 사료 가공업체인 카길(Cargill), 루이 드레퓌스(Louis Dreyfus Company), 콘티넨탈 그레인(Continental Grain) 등은 국제 식량 시장을 주도하면서 엄청난 돈을 벌었다. 이에 반해, 식량 수출국에는 산업 농민이 증가하여 소농이 위기를 맞았다. 제3세계 국가의 농민들은 몰락의 길을 걸었고, 농산물 수입이 날로 늘어갔다. 이후 미국과 서유럽 국가들은 세계 곡물 시장에서 자국의 점유율을 높이거나 유지하기 위해 일부 정부가 자국의 곡물 생산에 지원하는 보조금에 대해 비판을 쏟아냈다. 제2순위 농산물 수출국이었던 캐나다·뉴질랜드·오스트레일리아·아르헨티나 등은 농산물의 자유무역을 모색하는 느슨한 연대 모임을 구성했다.

이 국가들은 1986년 9월 우루과이의 푼타델에스테에서 GATT 협정을 기반으로 다자간 무역 협상의 틀 안에 농업을 편입하는 협상에 들어갔다. 이 협상은 각국의 도시를 옮겨 다니면서 진행되었고, 1994년 4월 모로코의 마라케시에서 최종 합의에 이르렀다. 이 협상이 처음 시작된 국가의 이름을 따 '우루과이라운드'라고 부른다. 1993년 12월 김영삼 정부의 쌀시장 부분 개방은 '우루과이라운드'의 협상 과정에서 나온 것이다. 각국의 치열한 무역 경쟁을 해결하기 위해 진행된 우루과이라운드 협상은 처음 목표와 달리 자유무역을 실현하지 못했다. GATT의 후신으로 1995년 1월 1일 정식 출범한 WTO(세계무역기구)도 마찬가지였다. WTO 체제 아래 2003년 이후 초국가적 슈퍼마켓 체인들이 글로벌 가치사슬 내에서 자신들의 영향력을 더욱 공고히 했다. 오늘날 세계 곡물시장은 금융자본이 주도하며 곡물과 식품을 선구매하여 유통을 장악하는 방식으로 운영된다. 세계 각 지역에서 일어나고 있는 유기농운동, 슬로푸드운동, 지역 농산물 소비운동 같은 사회운동은 초국가적 곡물·식품 유통 대기업을 막아내는 데는 역부족이다.

### 세계화, 그리고 식탁 위의 세계화

문민정부를 자처했던 김영삼 정부는 1993년 쌀시장 부분 개방으로 인해 국민의 지지를 한순간에 잃게 되었다. 1994년 11월 25일, 미국 시애틀에서 열린 아시아태평양경제협력체(APEC) 지도자 회의에 참석하고 귀국하는 길에 김영삼 대통령은 "우리는 문을 열고 세계로 나가야 한다. 국제화·세계화는 이 시대의 큰 흐름이다"라는 성명을 발표했다.[2] 이후 한국 사회는 세계화의 흐름에 동참하게 된다.

세계화란 세계 여러 나라가 정치·경제·사회·문화·과학 등 다양한 분야에서 서로 영향을 주고받으면서 교류가 많아지는 현상을 말한다. 세계화는 지구상에 인류가 공동체를 이루어 살면서부터 시작되었지만,[3] 가장 결정적인 사건은 1492년 이탈리아의 탐험가 크리스토퍼 콜럼버스(Christopher Columbus, 1451~1506)가 아메리카대륙에 도착한 일이다. 이후 서유럽의 여러 국가는 아메리카대륙, 인도아대륙, 아프리카대륙, 아시아대륙을 침범해 식민지로 삼고 자국의 경제적 부를 늘려갔다.

하지만 더 엄격하게 말하면, 본격적인 세계화의 시작은 냉전체제가 해체된 1992년부터다. 국경을 초월한 직접적인 교류와 인터넷을 통한 광범한 상호연결이 이 시기 세계화의 특징이다.[4] 그중 세계화의 핵심은 초국가적 경제 융합으로,[5] 이를 기반으로 초국가적 기업이 탄생했다. 한국 기업들도 해외 시장을 개척하며 초국가적 기업으로 변모해나갔다. 성공한 기업도 있었지만, 그렇지 못한 기업도 적지 않았다. 문제는 실패

백년 식사

한 기업들이 늘어나면서 한국의 금융기관들이 보유한 외환도 점점 줄어들었다. 단기 외채의 비율이 높았음에도 불구하고, 1997년 여름부터 국내 기업과 금융기관은 외화 조달에 어려움을 겪고 있었다. 한국 정부의 외환 보유고도 바닥나 기업과 금융기관의 유동성 위기에 대응할 수가 없었다.[6] 결국 1997년 11월, 한국 정부는 IMF(국제통화기금)에서 자금 지원을 받아야 하는 처지에 몰렸다. 한국 정부는 국내 금융의 완전한 해외 개방을 통해 IMF 외환위기를 극복했다. 그러나 동시에 한국 사회는 신자유주의의 늪에 빠지고 말았다.

IMF 외환위기 당시 많은 기업이 문을 닫고 실업자가 엄청나게 많이 생겼다. 갑자기 늘어난 실직자와 퇴직자 들은 떡볶이·즉석김밥·라면·맥주·도시락·치킨·제빵·제과 등 체인점 사업에 뛰어들었다. 그러나 성공보다 실패가 더 많았다. 2000년대 이후 농수축산물 시장이 완전히 개방되자 곡물의 식량 자급률마저 쌀을 제외하고 10퍼센트 이하로 떨어졌다. 식량 자급률이 낮아지면서 결국 국내 식량 공급은 해외 시장에 종속되는 상황이 벌어졌다.[7] 반면에 한국 식품의 외국 소비자는 재외 한인에서 현지인으로 바뀌어갔다. 세계화는 한국인의 식탁 위에 외국산을, 외국인의 식탁 위에 한국산을 한자리씩 만들어주었다.

# 1

# 열대 과일
# 수입 붐

## 1933년 어디서나 쉽게 볼 수 있었던 바나나

한국 정부는 미국 정부의 농산물 개방 압력에 따라 1991년 1월 1일부터 바나나 수입을 전면 자유화했다. 이미 1990년 가을부터 과일·채소 등의 통조림 제조회사인 델몬트(Del Monte), 바나나를 비롯하여 다양한 종류의 과일·채소·주스·음료·포장음식·샐러드 등을 취급하는 치키타 브랜즈 인터내셔널(Chiquita Brands International), 파인애플·바나나·포도·딸기·체리 등의 생과일과 가공식품·샐러드 등을 판매하는 돌푸드(Dole Food) 등의 미국 대기업들이 국내의 수입업체와 손을 잡고 판매 준비를 하고 있었다.[8]

한반도에 바나나가 들어온 때는 1920년대 후반쯤이었다. 식민지 조선의 바나나는 같은 식민지 처지였던 타이완에서 재배된 것이었다. 1908년 일본 상인 우메슈 나오키치(梅谷直吉)는 타이완의 중부 지역이 바나나 재배에 적합하다는 사실을 알고 플랜테이션 농장을 개설해 1910년대 중반부터 안정적으로 생산하기 시작했다.[9] 1920~1930년대 타이

――――― 1900년대 이후 타이완의 타이중(臺中)은 열대 과일의 집산지였다. 1908년 일본 상인 우
메슈 나오키치는 타이완의 중부 지역이 바나나 재배에 적합하다는 사실을 알고 농장을
개설했다. 1920~1930년대 타이완 바나나는 일본과 조선으로 수출되었다.


완 바나나는 일본으로 수출되었고, 그 일부가 조선에 들어왔다.[10]

　　1933년 조선의 한 신문에서는 도시나 시골에서나 바나나를 쉽게 구
할 수 있다고 했다. 바나나는 전혀 익지 않은 짙은 초록색 상태로 타이
완에서 배에 실려 부산항에 도착했다. 이 바나나를 콘크리트로 만든 지
하 발효실에 넣고 겨울에는 가스로 온도를 높이고 여름에는 얼음을 넣
어 온도를 조절해 화씨 60~70도(섭씨 15~21도)로 며칠간 익히면 노란색으
로 변하면서 맛이 들고 향기를 지니게 되었다.[11] 당시 350그램 정도 나
가는 바나나의 가격이 12~13전(錢)이었다.[12] 1939년에 영화 한 편 보는
값이 성인 20전, 소인 10전이었으니, 지금과 비교하면 바나나 값이 꽤
비쌌다.[13] 식민지 타이완의 열대 과일 바나나가 제국 일본과 식민지 조

선에 유입되는 이 흐름은 식민지가 제국에 포섭되어 '제국화'되는 한 과정이었다.[14] 한편으로 이러한 제국과 식민지 사이의 열대 과일 유통은 세계화의 전조였다.

## 바나나 수입 개방에서 9,900원 광어의 탄생까지

1948년 11월 12일 인천항에 바나나 4,000근(약 1,600킬로그램)을 실은 홍콩 무역선이 도착해 이미 바나나 맛을 알고 있던 사람들의 환영을 받았다.[15] 한창 한국전쟁 중이던 1952년 7월, 한국 정부가 타이완에 사과를 수출하는 대신 바나나를 수입하기로 했다는 소식이 전해지자 언론에서는 사치 식료품의 수입이라고 정부를 비판했다.[16] 그러나 정부는 이 정책을 철회하지 않았다. 1976년 9월에 열린 한국과 타이완(중화민국)의 제11차 경제 각료 회담에서는 1978년에 한국산 사과와 배, 타이완산 바나나 20만 상자를 각각 교환수입하고, 추가로 타이완은 그동안 금지해왔던 한국산 인삼정(人蔘精)과 분말을 수입하기로 합의했다.[17]

여기에서 '교환수입'은 무역학 용어로 말하면 연계무역(counter trade) 중의 바터무역(barter trade)을 가리킨다.[18] 바터무역은 일종의 물물교환이다. 즉, 거래 당사자 사이에 대금 결제나 화폐 교환을 하지 않고 특정한 상품이나 용역을 직접 교환하는 거래 방식이다. 1976년 한국과 타이완 정부 사이에 맺어진 바터무역 대상은 한국산 사과와 배, 타이완산 바나나였다. 당시 교환무역의 기준은 국제 시장가격이 아니라, 상자 단위였다. 실제로 사과와 배의 국제 시장가격보다 바나나가 약간 쌌기 때문에 한국 정부는 타이완 정부에 한국의 인삼정과 분말을 추가로 수입할 것을 요구할 수 있었다. 양 정부 사이의 합의 이후 양국 무역회사는 쌍방 계약서를 작성하고 물품을 교환했다.

───── 1986년 제주도 농민들이 비닐하우스에서 국내산 바나나를 수확해 출하 준비를 하고 있다.

　일부 농학자와 농민 중에서는 타이완에서 들어오는 수입 바나나가 외화를 낭비한다는 생각을 했다. 한편, 그 무렵에 열대 과일인 바나나를 온실에서 재배하는 농민들이 생겨났다. 1957년 부산 구덕산에서 '남양원예정(南洋園藝庭)'이란 온실을 운영하던 김정문(金正文)은 바나나를 시험 재배했다. 그러나 결과는 실패였다. 그로부터 7년 후인 1964년 그는 바나나 약 3,000개를 수확하는 결실을 보았다.[19]

　1965년 제주도 서귀포의 서귀농고에서는 별도로 난방을 하지 않은 상태에서 바나나 재배에 성공했다. 그러나 제주도에서의 바나나 대량 생산은 쉽게 이루어지지 않았다. 기온과 토양이 적절하지 않아 타이완 바나나에 비해 당분이 적어 소비자의 환영을 받지 못했다. 그동안 제주도 농민들은 정부의 정책에 따라 유채→고구마→귤→파인애플→화훼→키위→바나나 순으로 소득작물을 재배해왔다.[20] 귤은 제주도 사람들이 '대학나무'라고 부를 정도로 높은 소득을 올릴 수 있었지만, 1980년대 중반 이후 수익성이 한계에 이르렀다. 그래서 바나나를 비롯한 열대 과일의 온실 재배에 집중했다. 1985년 제주도 서귀포 해안 일대 25만 평에는 220여 가구가 비닐하우스를 설치하여 바나나를 재배하고 있었다.

그런데 1991년부터 열대 과일 수입이 자유화될 것이라는 소식이 전해지면서 서귀포의 바나나 재배 농가는 궁지에 몰렸다. 서귀포 농민들은 대체사업으로 이번에는 광어 양식에 눈을 돌렸다.[21] 1986년부터 시작된 제주도의 광어 양식은 해변에 지름 7~10미터 크기의 물탱크를 만들어 바닷물을 끌어다 치어를 키우는 방식이었다. 1989년에만 서귀포 일대에 95개의 물탱크 광어 양식장이 생겼다.

참치 원양어업으로 안정된 기반을 다진 동원산업 대표 김재철은 제주도를 비롯한 관련 기관의 부탁을 받고 1988년부터 광어 양식업에 뛰어들었다. 그는 지금의 서귀포시 표선면 표선리 해변 일대 총 1만 5,988평의 부지에 기업형 양식장을 만들었다.[22] 그러나 김재철은 제주도에서의 광어 양식업이 어느 정도 자리를 잡을 즈음, 대기업의 양식업에 대한 비판이 일어나자 2002년부터 지역 사업자들에게 시설을 빌려주고 사업에서 손을 뗐다.[23] 오늘날 육지의 횟집에서 쉽게 볼 수 있는 "광어 한 마리 9,900원"이란 광고의 이면에는 열대 과일 수입 자유화 때문에 광어 양식업에 뛰어들어야 했던 제주 농민들의 남모를 한숨이 깃들어 있다.

## 자몽의 발암물질을 둘러싼 한국 소비자와 미국 정부의 갈등

1987년부터 수입된 열대 과일 자몽의 영어 이름은 '그레이프프루트
(grapefruit)'다. 나무에 열매가 매달린 모습이 마치 포도알처럼 서로 엉겨
붙어 있어 이런 이름이 붙었다. 그레이프프루트의 원산지는 중앙아메
리카다. 1750년대 서인도제도 카리브해 동쪽의 바베이도스(Barbados)에
서 발견되었다. 일본에서는 포르투갈어 '잠보아(zamboa)'를 수용하여 '자
봉(ザボン)'이라고 부른다. 그런데 국내의 수입업체 직원이 일본어 '자봉'
이 발음하기에 좋지 않다고 판단하여 이름을 임의로 '자몽'이라고 고쳤
다.[24] 처음부터 그 이름으로 국내 시장에 선을 보여 지금도 한국인만 그
레이프프루트를 '자몽'이라고 부른다.

1980년대 자몽의 최대 생산지는 미국의 플로리다였다. 1989년 봄부
터 미국의 '플로리다그레이프후르트(Florida Grapefruit)'사에서는 한국의 일
간지에 자사의 자몽 광고를 실었다.[25] 박스 광고 형태로 한국인에게 생
소한 자몽에 대해 소개하는 광고를 연재한 것이다. 그 내용은 자몽의
세계 최대 생산지, 구매 최적기, 왜 달콤한지, 껍질에 상처가 있는 이유,
가족 건강에 좋은 점 등이었다.

그런데 1989년 6월 16일 '소비자 문제를 연구하는 시민의 모임'에서
수원농약연구소에서 시행한 자몽의 발암성 농약 잔류량 검사 결과를
발표했다.[26] 미국산 자몽의 껍질과 과육에서 암을 일으키는 물질인 다
미노자이드(daminozide) 성분이 검출된 것이다. 다미노자이드는 자몽이 익
기 전에 떨어지는 것을 방지하고 빨리 익히기 위해 사용하는 농약이다.
이 발표는 그렇지 않아도 미국 정부의 농산물 수입 개방 요구에 불만을
품고 있던 농민과 도시의 소비자 들을 자극해 수입 식품 불매운동으로
이어졌다.

─────── 1989년 미국 플로리다산
자몽에서 발암물질이 나왔
다고 한국 소비자 단체에
서 문제 제기를 하자 플로
리다그레이프후르트사에
서 일간지에 낸 광고.

  그러자 주한 미국 대사관은 같은 해 6월 21일 미국산 자몽에 다미노
자이드가 들어 있지 않다고 밝혔다.[27] 한국의 소비자 단체와 미국 정부
사이의 공방이 이어졌다. 플로리다그레이프후르트사는 "자몽에는 발암
물질이 없습니다"라는 제목의 광고를 신문에 게재했다.[28] 미국 정부의
무역대표부는 한국 소비자의 자몽 불매운동이 계속될 경우 불공정 무
역행위로 간주하고 보복할 수 있다고 경고하고 나섰다.[29] 1990년부터
미국의 플로리다 주정부는 서울에 아예 대표부를 개설하고 홍보전을
펼쳤다.[30]

  수출국 미국의 적극적인 대처로 미국산 자몽의 수입은 날이 갈수록
늘어났다. 다국적 청과 유통업체들은 급속한 경제성장을 이룬 한국인
이 열대 과일을 꾸준히 찾으리라 예측했다. 그들이 보기에 한국 시장은
열대 과일 소비의 황금어장이었다. 수입 과일의 수익성이 높자, 일부 대
기업뿐 아니라 농수산물유통공사와 농협, 그리고 거대 중개상과 중소

무역상들도 다국적 청과 유통업체들을 등에 업고 열대 과일 수입 판매에 열을 올렸다.[31] 이들에게 농민들의 시름은 관심 밖의 문제였다. 수입 열대 과일에 대한 농민과 소비자 들의 불매운동은 미국과 한국의 기업들이 앞장서서 판촉에 나서자 결국 물러설 수밖에 없었다. 외국에 한국산 제품을 수출해야 하는 한국 정부 역시 열대 과일의 수입 개방이라는 큰 파도를 막을 처지가 아니었다.

그렇다고 열대 과일 생산지의 노동자들이 큰돈을 버는 것도 아니었다. 19세기에 발명된 냉장 시설을 갖춘 무역선은 온두라스(Honduras)의 소농들이 뙤약볕에 구슬땀을 흘려가며 재배한 바나나를 냉장 상태로 보관해 태평양을 건너 한국까지 싣고 왔다.[32] 그 덕택에 바나나는 1990년대 중·후반부터 한국인의 일상 과일이 되었다. 하지만 생산국의 소농들은 자신이 수확한 열대 과일을 누가 먹는지 모른다. 델몬트, 치키타, 돌 같은 글로벌 식품기업들은 생산국의 소농들과 하청계약을 맺거나 소농을 직접 고용하여 전 지구적 시장에 열대 과일을 공급한다.[33] 세계화 시대에 전 지구적 '냉장사슬(cool chains)'을 장악한 글로벌 식품기업만 부를 축적하고, 열대 과일의 생산국 소농은 빈곤의 늪에서 여전히 벗어나지 못하고 있다.

# 2

# 서양 채소의 소비 증가와
# 씨앗 재산권

## 육류 소비의 증가와 서양 채소 붐

1970년대 초반부터 한국인의 육류 소비는 빠르게 늘기 시작했다.[34] 1990년 국민영양조사 결과 1인당 하루 평균 동물성 식품 섭취량 중 육류 섭취량은 47.3그램으로, 1971년 5그램, 1981년 15.7그램보다 현저하게 늘어났다. 이에 비해 1인당 하루 평균 곡류 섭취량은 1971년 539그램에서, 1981년 469그램으로, 1990년에 다시 343.8그램으로 줄어들었다.[35]

곡류와 육류의 소비 추세 역전은 암 또는 당뇨 같은 식원성(食源性) 질환이 더 중요한 질병으로 부상하는 역학적 전환(epidemiological turn)이 일어날 수 있다.[36] 곡류와 육류의 소비 추세 역전이 일어난 1980년대 중반 한국에서도 40~50대 남성 중 위암으로 사망하는 사람들이 많아졌다. 영양학자들은 한국인의 식생활이 육류를 많이 먹는 서양인처럼 바뀌고 있다고 걱정하면서 위암을 예방하려면 섬유질을 많이 섭취하라고 권고했다. 특히 기존에 한국인이 즐겨 먹어온 채소는 섬유질이 길고 질

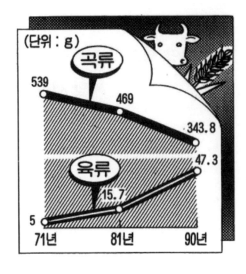

(단위 : g)

곡류

539
469
343.8
47.3

육류
15.7
5

71년　　81년　　90년

〈육류 섭취 10년 새 3배 늘어〉라는 《동아일보》 1992년 12월 10일자 기사는 곡류와 육류의 소비 추세 역전 가능성을 그래프로 보여주고 있다.

겨 요리를 해야만 먹을 수 있는 반면, 서양 채소((Western Vegetables)는 날것으로 먹을 수 있으므로 영양 손실이 적다는 점도 강조했다.[37]

40~50대가 가장인 중산층 가정의 주부들은 육류 섭취 증가로 인해 서양식 성인병이 늘어날 수 있다는 영양학자들의 경고에 녹즙기를 사서 건강을 챙기고자 했다. 1980년대 후반이 되면 녹즙 전문점이 대도시의 주택가와 사무실이 많은 빌딩가에 들어섰다.[38] 녹즙 재료로 시금치와 오이도 쓰였지만, 영양 성분이 풍부하다는 서양 채소가 많이 쓰였다. 1980년대 후반에 대도시를 중심으로 생겨난 서양 음식점도 서양 채소의 소비를 촉진했다.

서양 채소는 양복·양옥·양식처럼 양채(洋菜)라고도 불렸다. 한국전쟁 이후 미군이 전국 각지에 주둔하면서 미군 부대에서 식재료로 사용한 서양 채소가 시중에 나오면서 알려졌다.[39] 현재 국내에서 유통되는 서양 채소의 종류는 매우 많다. 양파(onion)와 양배추(cabbage)는 서양 이름을 그대로 부르기가 어려워 모양이나 특성이 비슷한 채소 이름에 서양을 뜻하는 한자 '양(洋)' 자를 붙였다. 한국전쟁 이후 미군 부대에 납품할 용도로 재배된 양상추(lettuce) 또한 한국의 상추에 '양' 자만 붙였다.

그러나 한국에 비슷한 채소가 없는 경우에는 영어 이름을 그대로 썼다. 콜리플라워(cauliflower)·브로콜리(broccoli)·셀러리(celery)·파슬리(parsley)·피망(piment)·파프리카(paprika)·케일(kale)·아스파라거스(asparagus) 등이 모두 그런 경우다. 그래도 국내에 처음 소개될 때는 간혹 한국어로 번역되기도 했다.

## 1972년 국내에서 재배한 서양 채소의 종류

1972년 《동아일보》에서는 1월 13일자부터 〈신종 야채들〉이라는 칼럼을 연재했다. 이 연재 기사를 통해 1970년대 초반 국내의 서양 채소 현황을 알 수 있다. 첫 번째로 다룬 서양 채소는 '셀러리'다. 마요네즈를 소스로 곁들여 먹는 셀러리는 당시 경상남도 김해 지역에서 대량으로 재배하고 있다고 했다.[40] 두 번째는 20일만 키우면 먹을 수 있다는 '20일 무'다. '20일 무'는 유럽무, 적환무(red radish), '좀 홍당무'라고도 불렸다.[41]

세 번째로 소개한 서양 채소는 '양상치(양상추)'다.[42] 한국전쟁 후에 미군 납품용으로 김해 일대의 옥외와 비닐하우스에서 대량으로 재배되고 있다고 했다. 요사이 한국 음식점에서 나오는 마요네즈에 버무린 양상추 샐러드는 그즈음부터 유행했던 요리다. 네 번째는 파슬리다.[43] 파슬리 역시 김해 일대의 농민들이 재배했다. 이 기사에서는 파슬리가 찬바람이 조금만 불어도 값이 오르는 서양 채소라고 덧붙였다.

다섯 번째로 소개한 서양 채소는 피망이다.[44] 지금은 친숙한 서양 채

──────── 서양 채소 케일은 국내에서도 널리 재배되고 있다.

소지만 당시만 해도 이름이 어려워 '푸른 고추'라고도 불렸다. 다진 고기를 파·마늘로 양념하여 속을 깨끗이 파낸 피망 안에 넣고 기름에 튀기거나 뜨거운 물에 살짝 익혀 술안주로 내놓는다고 했다. 여섯 번째는 자주양배추(red cabbage) 혹은 적채(赤菜)라고 불리는 보라색 캐비지다.[45] 일반 양배추보다 값이 다섯 배 정도 비싼 자주양배추는 슈퍼마켓에서 살 수 있다고 했다.

마지막으로 소개한 서양 채소는 꽃양배추다.[46] 원래 이름은 콜리플라워지만 시장에서 통하는 이름은 꽃양배추라고 했다. 꽃 부분을 살짝 데

쳐서 통으로 또는 적당한 크기로 잘라서 먹는다. 콜리플라워 역시 김해 일부 지역에서 매우 조금 재배된다고 했다.

1983년 3월 1일, 농수산부에서는 1988년 서울올림픽을 준비하면서 외국 손님들을 위해 서양 채소 생산을 20여 종으로 늘리겠다고 발표했다.[47] 당시만 해도 농가에서 직접 재배했던 서양 채소는 피망·셀러리·파슬리가 가장 많았다. 이 외에도 브로콜리, 피망의 또 다른 품종인 파프리카, 녹즙이나 쌈 재료로 쓰이는 케일, 고급 요리에 쓰이는 아스파라거스, 치커리(chicory) 등이 농가에서 재배되었다.

## 금값에 버금가는 씨앗 값

2000년대 이후 많이 재배되는 서양 채소는 브로콜리·양상추·피망이다. 그중 브로콜리는 국내에서 가장 많이 재배되고 있다. 재배 면적이 2000년 28헥타르에 지나지 않았지만, 2015년 1,918헥타르로 늘어났다.[48] 브로콜리 생산량도 2015년 2만 3,464톤에 이르렀다. 대부분 국내에서 소비되지만 일본에 수출도 하고 있다.

양상추의 국내 재배 면적은 2000년 861헥타르였으나 2015년 693헥타르로 줄어들었다.[49] 2015년 생산량은 1만 9,363톤이다. 피망은 2000년 1만 6,247톤이었으나 2015년 2만 2,833톤으로 증가했다.[50] 피망은 1990년대 초 일본 수출용으로 본격적인 재배가 시작되었다.[51] 피망의 국내 생산량은 급속하게 증가했다. 2006년 2만 8,145톤에서 2015년 7만 2,950톤으로 생산량이 늘어났다.

국내산 서양 채소는 여름에는 기후 탓에 품질 관리가 어려워 공급량이 감소한다. 따라서 부족분을 해외에서 수입할 수밖에 없다. 중국은 브로콜리 생산 세계 제1위국이며, 양상추·피망 등의 생산량도 적지 않다. 중국에서 수입하는 브로콜리의 양은 전체 수입 물량의 97.9퍼센트에 이른다.[52] 양상추는 중국·타이완·미국·베트남 등지에서 수입하지만, 중국에서 수입하는 양이 전체 수입 물량의 81.8퍼센트를 차지한다.[53] 브로콜리·양상추·피망은 계절적 요인으로 부족분을 수입으로 충당하긴 하지만, 생산량과 소비량으로 보면 '우리 농산물'로 자리 잡았다.

그런데 문제는 한국인이 서양 채소를 많이 먹을수록 그만큼 많은 외화가 외국의 씨앗, 즉 종자(種子)를 사는 비용으로 빠져나간다는 사실이다. 오늘날 국내에서 재배되는 양배추·양파·브로콜리의 품종 대부분은 일본산이다.[54] 파프리카는 100퍼센트 네덜란드산 품종이다. 씨앗에도 '재산권'이 있다. 외국 종자회사의 씨앗을 사용하려면 사용료(royalty)를 내야 한다. 1996년부터 국내산 파프리카는 농산물 수출 제1위지만, 씨앗 1,000알, 7그램이 들어 있는 씨앗 한 봉지의 값이 2019년 기준으로 50만~60만 원이나 한다. 종자회사의 씨앗 값이 금값에 버금갈 정도로 비싸서 학자들은 씨앗을 '황금종자(golden seed)'라고 부른다.

1997년 11월에 불어 닥친 IMF 외환위기 때 국내 대형 종자회사 상당수가 파산하여 다국적 종자회사에 인수·합병되었다.[55] 그 과정에서 국내 종자회사가 재산권을 가지고 있던 파프리카·토마토·참외·무·배추 등 70여 개 작물의 씨앗 50퍼센트, 양파와 당근의 씨앗 80퍼센트 이상이 외국 종자회사에 넘어갔다.[56] 국내산 채소·과일·곡물 등의 씨앗 사용료로 2005년에 183억 6,000만 원, 2010년에 218억 8,000만 원을 다국적 종자회사에 지불했다.

농림축산식품부에서는 2009년부터 '황금종자사업(GSP, Golden Seed Project)'을 펼치면서 국내산 씨앗 개발에 나서서 상당한 성과를 얻고 있다. 세계 식품체제에 편입된 농산물 씨앗의 치열한 경쟁에서 누가 이 길지 알 수 없다. 세계화의 시대를 살아가는 지금, 농산물 씨앗의 재산권 확보는 식량 주권과 식량 안보 그 자체이다.[57] 중저가 한정식 음식점의 필수 메뉴인 샐러드에 들어가는 양상추, 잡채 재료로 사용되는 피망, 숙회로 나오는 브로콜리, 이 채소들의 씨앗이 누구 것인지 알아야 하는 이유다.

**3**

# 연어와 랍스터,
# 대중 수산물이 되다

## 수입 연어, '국민 횟감'으로 자리 잡다

오메가-3가 많이 들어 있는 연어는 2016년 세계 수산물 교역량에서 새우를 제치고 제1위를 차지했다. 1997년 2,000톤에 불과하던 국내 연어 수입량은 2016년 2만 8,000톤으로 10배 이상 늘어났다.[58] 2019년 국내 주요 대형 마트에서 연어 매출은 광어를 제치고 제1위를 차지했다. 그러자 한 경제지에서는 〈연어, '국민 횟감' 광어 제쳤다〉라는 제목의 기사를 내보냈다.[59] 국내에 수입되는 연어는 대부분 노르웨이산이다.

한국인이 노르웨이 연어를 먹기 시작한 때는 1987년이다. 한국 정부는 노르웨이에 타이어와 가죽의류를 수출한다는 조건으로 청어와 연어에 대해 일정 수량 이상일 경우 높은 관세를 부과하는 할당 관세(quota tariff)를 해제했다. 당시 수입 연어는 대부분 냉동 상태였기에 국내 음식점에서는 주로 연어를 훈제한 음식을 팔았다. 1980년대 후반에서 1990년대 초반까지만 하더라도 서울을 비롯한 대도시의 대형 뷔페 음식점에 가야 연어회를 맛볼 수 있었다. 그러나 지중해 연안에서 자생하는 식물인 케이퍼(caper)의 꽃봉오리로 만든 피클을 곁들여 먹는 법을 아는 사람은 적었다. 한국인 대부분은 쫄깃한 식감의 광어회와 달리 붉은 생선살에 연한 맛의 연어회를 낯설어했다.

노르웨이 연어는 다른 말로 대서양 연어(Atlantic Salmon)라고 부른다. 오늘날 세계 수산물 시장에서 유통되는 대서양 연어는 대부분 양식으로 기른 것이다. 1970년대 중반부터 노르웨이에서는 대서양 연어 양식에 도전해 1980년대 초반에 자리를 잡았다. 노르웨이는 1984년만 해도 대서양 연어의 생산을 독점했지만, 1985년 이후 영국, 1987년 칠레가 대서양 연어 생산에 뛰어들었다. 1995년 노르웨이는 세계 대서양 연어 생산량의 55퍼센트를 차지했다.[60]

1995년 일본·타이완·홍콩·한국·싱가포르·말레이시아·중국·타이 등의 동아시아 국가는 노르웨이의 대서양 연어를 약 3만 4,000톤 수입했다. 그중 일본이 전체 수입량의 72.2퍼센트를 차지할 정도로 대서양 연어 소비량이 절대적으로 많다. 수산물을 많이 먹어온 일본인들은 자국의 수산물뿐만 아니라 대서양 연어로도 초밥을 만들어 소비를 늘렸다. 1995년 한국의 노르웨이산 대서양 연어 소비량은 일본·타이완·홍콩에 이어 4위였으며, 그 양도 전체의 4.23퍼센트에 지나지 않았다. 한국인에게 연어는 국내 활어보다 비싸고 맛도 익숙지 않았다.

국가 간 수출입 관세 등 무역 장벽을 제거하기 위해 체결한 FTA(free trade agreement, 자유무역협정)로 인해 수입 연어의 가격이 그전에 비해 싸졌다. 한국 정부가 칠레와 맺은 FTA는 2004년 4월 1일부터, 노르웨이를 포함하여 스위스·아이슬란드·리히텐슈타인 등 서유럽 4개국이 소속된 경제 연합체인 유럽자유무역연합(EFTA)과 맺은 FTA는 2006년 9월 1일부터 발효되었다. 이 두 차례의 FTA로 인해 10~20퍼센트에 해당하던

─────── **2017년 이후 '국민 횟감'의 자리에 오른 연어회. 이 무렵에 연어를 케이퍼 피클(caper pickle)과 타르타르 소스(tartare sauce)에 찍어 먹는 방식도 국내에 소개되었다.**

연어 수입 관세가 없어져 연어 가격이 눈에 띄게 내렸다.[61] 하지만 한국인의 연어 소비가 그렇게 늘어나지는 않았다.

그런데 2011년을 기점으로 국내로 들어오는 수입 연어의 양이 큰 폭으로 늘어났다. 2011년 3월 11일 일본 도호쿠(東北) 지방의 대지진과 쓰나미로 인해 후쿠시마(福島) 원자력발전소가 폭발하는 사건이 일어난 이후 일본산과 동해의 수산물에 대한 국내 소비자들의 불신이 극에 달했다. 이 때문에 노르웨이산 연어의 수요가 크게 늘었다.[62] 2011년 연어 수입량은 2010년의 두 배인 1만 9,534톤에 달했다. 그러나 당시만 해도 연어는 주로 초밥이나 샐러드용으로 이용되었기에 전체 수입량의 72.5퍼센트가 냉동 연어였다.

냉동 연어 맛에 익숙해지자 연어회를 찾는 사람이 늘어났다. 특히 연어회는 노르웨이에서 양식하는 대서양 연어가 최고라는 인식이 퍼지면서 수입량도 덩달아 늘어났다. 2014년 노르웨이산 대서양 연어의 수입량은 9,368톤이었는데, 2015년에 1만 3,671톤으로 늘어났다. 매년 노르웨이산 대서양 연어의 수입량이 늘어나 2019년에는 2만 8,282톤으로, 금액으로는 2억 9,774만 달러에 해당했다.[63] 수입 연어 대부분은 가공하지 않은 냉동 상태로 한국에 들어오고 있다. 그중 손질을 하지 않은 통생선 형태로 항공기의 냉장실에 실려 국내로 들어오는 양이 2014년 이후 많이 증가했다. 또 노르웨이에서 뼈를 발라내고 살코기를 이등분 한 냉장 필렛(fillet) 연어의 수입도 늘어났다.

서울에서 노르웨이 수도 오슬로까지의 거리는 약 7,737킬로미터이다. 서울과 부산을 아홉 번 왕복해야 닿을 수 있는 먼 길이다. 노르웨이 대서양 연어 필렛은 화물기(Cargo aircraft)의 냉장실에 실려 한국까지 온다. 한국에도 연어는 있다. 그러나 한국인들은 노르웨이산 대서양 연어를 더 좋아한다. 한때 국민 횟감이었던 광어까지 밀어낼 정도로 연어에 대한 선호도가 높아졌다. 이렇게 한국인의 입맛이 바뀐 배경에는 다국적 수산물 기업의 힘이 작동하고 있다. 다국적 기업은 국제 수산물 시장을 자신의 글로벌 가치사슬(Global value chain, 비용 절감을 위해 상품과 서비스의 설계·생산·유통 등을 세계 각 곳에 분산시키는 경영 방식) 체계 안에 포섭해 최대의 이윤을 창출하며 맛의 세계화를 만들어내고 있다.

## 랍스터, 게살 맛에 빠진 한국인

미국 정부는 1982년 한국의 미국에 대한 수출 금액이 수입 금액보다 많아지자 한국 시장의 개방을 본격적으로 요구했다. 미국 정부의 무역 정책은 1970년대의 수입 제한에서 1980년대 호혜적인 시장 개방으로 바뀌었다.[64] 특히 1980년대 이후 한국을 비롯하여 일본·타이완·홍콩· 싱가포르 등의 아시아에서 미국으로 들어오는 물품이 증가하자 미국 정부가 통상정책을 바꾼 결과였다.

한국 정부는 미국 정부의 전면적인 시장 개방 요구를 완전히 무시할 수 없었다. 1978년 5월 1일 기준으로 60.3퍼센트였던 수입 자유화율 은 1981년 7월 1일 74.7퍼센트, 1987년 93.6퍼센트로 높아졌다.[65] 한국 정부는 1988년 7월 1일부터 미국산 소비재 71개 품목의 수입을 허가 했다. 이 71개 품목 중에는 랍스터(lobster, 바닷가재) 통조림도 포함되었다. 1989년부터 서울의 최고급 호텔의 서양·일본·중국 음식점에서는 수 입산 살아 있는 랍스터 요리를 메뉴에 올렸다.[66] 1994년에는 체인점 형 태의 랍스터 전문점이 생겨나 캐나다산 랍스터 요리를 판매했다.[67] 심 지어 그해 12월에는 '살아 있는 랍스터 선물세트'를 판매한다는 광고가 일간지에 실렸다.[68]

세계의 랍스터는 크게 유럽 랍스터(European lobster, Homarus gammarus), 아메 리카 랍스터(American lobster, Homarus americanus), 바위 랍스터(rock lobster, Jasus sp.), 가시 있는 랍스터(spiny lobster, Panulirus sp.) 등이 있다. 캐나다산 랍스터가 세 계 랍스터 생산량의 약 32퍼센트, 미국산은 30퍼센트를 차지한다.[69] 캐 나다와 미국은 19세기 말부터 동부 대서양 연안 지역에서 랍스터 산업 을 시작했다. 다른 지역의 랍스터보다 맛이 좋아 사람들은 아메리카 랍 스터를 진짜 랍스터(true lobster)라고 부른다.

정부는 1995년부터 랍스터의 수입 관세를 낮추었다.[70] 1995년 캐나 다와 미국의 살아 있는 랍스터 수입량은 339톤이었다. 그런데 1996년 677톤, 1997년 751톤, 2011년 900여 톤, 2014년 2,500여 톤으로 늘어 났다. 2018년의 세계 랍스터 수입국은 미국이 전체의 31.8퍼센트, 캐나

──────── 한국인이 찜과 구이로 즐겨 먹는
아메리카 랍스터.

다가 23.4퍼센트, 그리고 한국이 6.7퍼센트로 제3위가 되었다.[71] 한국인
은 미국과 캐나다에서 수입한 집게발이 큰 아메리카 랍스터를 가장 많
이 먹는다.

1980년대만 해도 한국인은 동해의 영덕항과 울진항의 대게(대게의 '대'
는 발이 대나무처럼 생겼다고 하여 붙여진 이름이다)와 서해의 꽃게를 먹으면서 진짜
'게살' 맛을 즐겼다. 1983년 한 수산업체가 북태평양 원양어선이 잡은
값싼 명태의 살에 인공 게살 맛과 향을 첨가해 만든 '게맛살'을 상품으
로 내놓았는데, 소비자들에게 상당히 좋은 반응을 얻었다.[72] 대게의 값
이 너무 비싼 탓에 이 '게맛살' 상품을 대용으로 소비한 것이다. 1990년
대 후반에는 대게보다 저렴한 홍게가 대도시의 술집과 포장마차에서
안주로 판매되었다.

2000년 6월 15일 김대중 대통령의 평양 방문 이후 북한과의 무역 길
이 열리면서 북한산 홍게가 동해의 어시장에 많이 나왔다. 국내산과 북
한산, 그리고 러시아산 홍게까지 더해지면서 2000년대 초반 한국인은

값싼 홍게를 먹을 기회가 많아졌다. 심지어 대도시의 아파트 단지 입구에는 홍게와 찜솥을 트럭째 싣고 와서 바로 쪄주는 이동가게까지 생겼다. 2012년 3월 15일 한국과 미국, 2015년 1월 1일 한국과 캐나다 간에 체결된 FTA가 발효되면서 아메리카 랍스터는 관세 없이 한국인의 식탁 위에 올랐다. 인스턴트 게맛살 제품으로 게살 맛을 경험했던 대다수 한국인은 진짜 게살 맛에 푹 빠져들었다.

## 러시아산 명태와 칠레산 홍어

1990년대 이후 수입 수산물 소비가 급격하게 늘어난 반면, 국내 수산물 생산량은 날이 갈수록 줄어들었다. 특히 동해의 명태는 이미 1980년대 초반부터 씨가 말랐다고 할 정도로 어장 자체가 황폐해졌다. 그동안 동해에서는 불법 어선이 명태의 새끼인 노가리까지 남획한 데다 석유 찌꺼기를 비롯한 오염 물질이 흘러들어 수질이 나빠졌고, 지구온난화로 인해 수온과 조류의 변동이 심해서 어장이 제대로 형성되지 못했다.[73]

특히 1980년대 중·후반 대도시에 많이 생긴 맥줏집에서 안주로 노가리구이가 인기를 얻자 불법 어선들이 노가리 싹쓸이에 나섰다. 이 불법 어선은 저인망(trawl)이라고 부르는 자루 모양으로 생긴 큰 어망을 바다 밑까지 내려서 포획했다. 1975년부터 1997년 사이 동해에서 어획한 명태 중 약 68퍼센트가 노가리였다.[74] 이렇게 해서 명태는 동해에서 서서히 사라지고 있었다.

명태는 조선시대부터 계층을 가리지 않고 즐겨 먹었던 생선이다. 명태·동태·북어·황태·명란 등 이용 방식도 다양하다. 1991년 국내의 명태 수요는 약 54만 톤이었지만, 동해에서 확보할 수가 없었다. 1991년 9월 16일, 정부는 한국 어선이 러시아령 베링해에서 잡을 수 있는 명태,

───── 1990년대 중반 홍어 수요가 늘어나자 국내산으로는 수요를 맞추기 어려워졌다. 외국산을 수입해 한국식으로 삭힌 홍어를 한국인들은 여전히 즐기고 있다.

오징어 등의 생선 어획량을 결정하는 협상을 러시아 정부와 맺었다. 국내 소비용 명태의 90퍼센트 이상을 서베링해에서 충당해야 하기에 정부는 외교적으로 불리한 위치에서 매년 러시아 정부와 협상을 진행했다.

2012년부터 한국의 명태는 대부분 러시아에서 수입한다.[75] 한겨울 강원도의 명태덕장에서 얼었다 녹았다 하면서 노란색으로 맛있게 변하는 황태도 대부분 러시아산 명태로 만든다. 코다리찜이나 북엇국이나 북어껍질튀김이나 모두 러시아산이다. 심지어 일본과 경쟁 중인 명란젓은 러시아산 명태와 알래스카의 미국 어선에서 잡은 명태에서 채취한 것이다.

흑산도와 나주 영산포의 지역 음식으로 유명한 삭힌 홍어도 국내산보다 칠레산이 더 많이 유통되고 있다. 1970년대에 전라남도 농촌 사람들이 서울로 많이 이주하면서 서울에도 전라도 사람들이 즐겨 먹는 삭힌 홍어 음식점이 몇 군데 생겼다. 갈수록 홍어 수요가 늘어나자 1979년 원양어업을 하던 한 수산업체가 칠레에서 자신들이 어획한 홍어를 국내에 반입할 계획을 세운 적이 있었다.[76] 칠레에서는 먹지 않고 거의 버리다시피 하는 홍어를 국내에 반입하려고 했지만, 당시 그 계획이 성사되지는 않았다.

1992년 이후 외국산 홍어가 광주와 전라남도의 재래시장에 들어오기 시작했다. 1994년 광주의 재래시장에서는 국내산 홍어가 1킬로그램에 2만 8,000원~3만 원인 데 비해, 중국산이 1만 6,000원~2만 원, 칠레산이 1만 원에 팔렸다.[77] 1990년대 중반이 되자 출신 지역에 상관없이 삭힌 홍어의 톡 쏘는 맛을 즐기는 사람들이 늘어났다. 국내산 홍어로는 늘어난 수요를 맞추기도 어려웠고, 값도 너무 비쌌다.

칠레는 한국 정부가 외국과 맺은 FTA 첫 번째 국가이다. 한국과 칠레의 FTA는 2004년 4월에 발효했다. 그런데 FTA 발효 이후 칠레산 홍어의 수입량은 오히려 줄었다. 1990년대부터 한국에 홍어를 수출하기 위해 홍어를 남획한 바람에 2000년대 초반에 어획량이 급속하게 줄어들었기 때문이다.[78] 칠레·아르헨티나·우루과이·중국·러시아 등지에서 수입된 홍어와 국내산 홍어 1,500여 톤이 영산포의 홍어 매장에서 영산포식으로 숙성·제조된 뒤 국내 시장에 나오고 있다.[79] 명태처럼 홍어도 영산포에 와서 한국식 옷을 입고 한국인의 입맛을 즐겁게 하고 있다.

**4**

# 지구화된
# 매운맛

## 미국산 고추 품종이 들어오다

고추의 원산지는 아메리카대륙이다.[80] 16세기 말에 한반도에 들어온 고추는 20세기 중반까지 토착화의 과정을 걸었다. 그런데 해방 이후 원산지 아메리카대륙의 미국산 고추 품종이 한국에 들어왔다. 첫 번째 미국산 고추 품종의 유입은 1948년 수입된 미국산 소채 종자 18가지 품종 중에 들어 있었다.[81]

1966년 농촌진흥청에서는 고추 수요가 날로 늘어나자 생산량을 늘리기 위해 1935년 미국 뉴욕 콜드워터의 조셉 해리스 앤드 코(Joseph Harris & Co.)에서 개발한 '핫 포르투갈(Hot Portugal Pepper)'을 도입하여 신품종을 개발했다.[82] 국내산 고추의 1개당 무게가 보통 6그램 정도였는데, '핫 포르투갈'과 교배한 신품종 고추는 최고 38그램이나 나갈 정도로 크기가 커서 신품종을 재배한 농가에서는 고소득을 올렸다.[83]

1969년 농촌진흥청은 다시 전국 각지의 재래종 고추와 일본·타이·타이완·미국 등지에서 도입한 고추를 분리해서 고추 1·2·3호를 개발

——————— 1935년 미국 뉴욕 콜드워터의 조셉 해리스 앤드 코(Joseph Harris & Co.)에서 개발한 '핫 포르투갈(Hot Portugal Pepper)'.

했다.[84] 고추 1호는 재래종인 서울 고추와 비교하면 수확량이 35퍼센트나 늘었다. 고추 2호는 바이러스에 강하고 일찍 수확할 수 있으며, 풋고추와 말린 고추용으로 모두 적합했다. 고추 3호는 미국산 품종을 도입하여 계통 분리한 품종으로, 크고 매운맛이 없어서 풋고추로 시장에 출하할 수 있었다. 농촌진흥청의 지속적인 고추 신품종 개발로 고추 가격이 낮아진 반면, 고추 소비는 증가했다.

식민지 시기와 해방 직후만 해도 도시 생활 개선론을 강조한 지식인들은 고추나 마늘처럼 자극적인 맛의 양념이 들어간 음식을 '원시적 식생활'이라고 하면서 비판했다.[85] 서양인과 일본인이 한국인의 입에서나는 마늘과 파 냄새를 불쾌하게 여겼기 때문이다. 마늘과 파 냄새는 문명국의 냄새가 아니라는 것이 그들의 생각이었다. 일부 지식인들의 계몽적인 비판에도 불구하고 1960년대부터 고추와 마늘·파가 많이 들어간 음식들이 음식점과 가정에서 많이 소비되었다.

이후 설탕 가격이 내려가자 설탕과 고추를 주양념으로 한 음식들이 유행했는데, 그중 서울 무교동 낙지볶음과 길거리 음식인 떡볶이가 대표적이다.[86] 1970년대 무교동의 낙지볶음을 먹은 사람들은 맛이 '칼칼하다'라고 표현했다. 낙지볶음의 칼칼한 맛은 마늘·파와 함께 고춧가루와 설탕이 만들어냈다.[87] 1980년대 후반 이후 무교동 낙지볶음의 양념은 더욱 매워졌다. 마침 시중에 시판된 청양고추는 낙지볶음에 매운맛을 한층 더했다.

청양고추는 1983년 당시 한국 최대의 종묘회사인 중앙종묘에서 개발한 품종이다.[88] 중앙종묘에서는 커리(curry) 제조에 필요한 캡사이신(capsaicin) 추출용으로 타이 재래종과 제주도 재래종을 잡종 교배하여 신품종을 만들었는데, 예상보다 캡사이신 추출률이 높지 않아 경제성이 없었다. 중앙종묘는 이 품종을 버리기 아까워 시험 재배에 참여한 경상북도의 청송과 영양 농민들에게 무료로 씨앗을 주었다.

농가에서는 그 씨앗을 재배해 풋고추를 인근 횟집에 제공했는데, 횟집에서 매운탕에 넣었더니 손님들의 반응이 좋았다는 이야기를 전해주었다. 이 사실이 중앙종묘에까지 알려져 신품종 고추는 청송의 '청'과 영양의 '양'을 따서 '청양고추'라는 이름으로 판매되기 시작했다. 그러나 중앙종묘는 1997년 IMF 외환위기를 견디지 못하고, 1998년 7월 멕시코 종자회사인 세미니스(Seminis)에 인수·합병되었다. 세미니스는 다시 미국 종자회사 몬산토(Monsanto)에 넘어갔다.[89] 오늘날 청양고추의 재산권은 몬산토가 가지고 있다.

## 미국의 핫소스가 한국에 상륙하기까지

핫소스(hot sauce)는 고추·후추·마늘을 주재료로 하여 향신료와 조미료를 넣어 만든다. 칠리소스(chili sauce)와 페퍼소스(pepper sauce)도 핫소스의 일종이다. 핫소스 산업은 미국에서 시작되었다.[90] 미국 최초의 상업용 핫소스 제품은 1840년에서 1860년 사이에 시장에 나온 '버드 페퍼 소스(bird pepper sauce)'다. 버드 페퍼 소스의 주재료는 맵기로 유명한 멕시코의 칠테핀(chiltepin), 페루의 아지 차라피타(Peruvian aji charapita), 그리고 브라질의 옐로우 버드 아이 고추(Brazilian yellow bird's eye pepper)이다. 여기에 다진 마늘, 라임 주스(lime juice), 술로 만든 식초, 머스타드(mustard), 올리브유, 당밀, 소금 등을 넣고 숙성해 만든다. 매운맛의 정도를 표시하는 스코빌 지수(scoville rating)는 청양고추가 1만, 칠테핀이 5만~10만, 아지 차라피타는 3만~5만, 옐로우 버드 아이 고추는 5만~10만이나 된다. 그러니 버드 페퍼 소스가 얼마나 매울지 짐작조차 힘들다.

그다음에 나온 미국의 상업용 핫소스 제품은 타바스코 소스(Tabasco sauce)다. 타바스코 소스는 술로 만든 식초와 소금·향신료·설탕에 스코빌 지수가 3만~5만인 멕시코의 타바스코 고추(tabasco pepper)를 재워 만든다. '타바스코 전쟁(Tabasco war)'이라고 불릴 정도로 타바스코 소스의 역사에 관한 논쟁은 아직도 끝나지 않았지만, 최초의 타바스코 소스 제품은 1869년에 만들어진 것으로 알려져 있다. 1870년 상표특허를 받은 타바스코 소스는 1870년대 후반에 미국 전체로 유통망을 확장했다.

이후 1971년 멕시코 출신 호세 루이스 사베드라(Jose Luis Saavedra)는 캘리포니아에서 타파티오 핫소스(Tapatío Hot Sauce) 회사를 설립했다. 이 회사의 핫소스 제품은 미국의 멕시코인 사회에서 큰 인기를 얻었다. 타파티오 핫소스의 주재료는 물·고추·소금·향신료·마늘 등으로, 스코빌

——— 왼쪽부터 버드 페퍼 소스, 타바스코 소스, 타파티오 핫소스, 스리라차 소스.

지수는 3,000 정도다. 1980년에는 베트남 이민자 데이비드 트란(David Tran)이 후이 퐁 푸드(Huy Fong Foods)를 설립하고 스리라차 소스(Sriracha sauce)를 제품으로 내놓았다. 스리라차는 타이산 고추에 술로 만든 식초와 마늘·설탕·소금 등으로 만들며, 스코빌 지수는 2,000 정도다. 한때 미국에서 소송전에 말렸지만, 2016년 '스리라차 효과(Sriracha effect)'라는 말이 생겨날 정도로 인기를 끌고 있다.

2008년 미국의 금융위기 이후 많은 사람이 새로운 품종의 고추를 재배하여 핫소스 제조회사에 제공하면서 제품이 더욱 다양해졌다. 2013년 세계에서 가장 매운 고추로 불리는 고스트 페퍼(ghost peppers), 트리니다드 스콜피언스(Trinidad Scorpions), 캐롤라이나 리퍼(Carolina Reaper) 같은 새로운 품종이 들어간 핫소스 제품이 시장에 나왔다. 2018년 세계 핫소스 시장 규모는 2,290억 달러, 곧 한국 돈으로 240조 원이나 된다.

세계 핫소스 시장에서 한국도 중요한 소비 시장으로 한자리를 차지하고 있다. 1990년대 초반 백화점과 슈퍼마켓의 식품 매장에는 타바스코 소스를 비롯한 미국의 핫소스 제품이 진열되기 시작했다.[91] 2000년대가 되면 미국의 각종 핫소스 제품이 국내에 들어왔다. 한국의 식품업계에서도 세계의 핫소스 시장을 겨냥하고 고추장 제품을 해외에 판매하기 시작했다. 그러나 한국 고추장은 아직 세계 핫소스 시장에서 미미한 존재다.

2000년대 이후 국내의 피자 시장이 급속하게 성장하면서 미국의 핫소스 제품도 덩달아 인기를 끌었다. 여기에 더욱 불을 지핀 것은 2000년 전후 크게 유행한 '불닭'이다. 젊은 소비층에서 인기를 끈 불닭 양념은 청양고추와 미국의 핫소스, 그리고 캡사이신 원액을 배합하여 만든 것이다. 여기에 설탕이 들어가면서 매운맛과 단맛이 결합된 한국형 핫소스가 생겨났다. 한국의 매운맛 마니아들은 "매운맛 작렬"을 외치면서 고추장보다 미국식 핫소스의 매운맛을 향해 치달았다.

## 마라 열풍

1988년 가을, 서울올림픽 개최 이후 중국과 소련 등지에 사는 해외 교포들의 한국 방문이 가능해졌다. 처음에는 학자와 관료가 주로 왔지만, 1989년 9월 26일부터 서울과 수원에서 개최된 '한민족체육대회'를 계기로 일반 방문자들이 많아졌다. 1992년 한중 수교 이후에는 한국에 정착하는 중국 교포가 늘어났다. 1990년대 초 산업연수제도를 통해 입국한 중국 교포는 주로 서울 구로구 가리봉동 일대에 있던 쪽방촌에 자리를 잡았다. 이곳은 1970~1980년대 구로공단이 번성하면서 형성된 곳으로, 쪽방들이 다닥다닥 붙어 있어 '벌집촌'이라고도 불렸다. 임대료가 싼 이곳은 점차 중국 교포들의 집단 거주지가 되었다. 그리고 이들을 대상으로 1993년부터 중국 식품을 판매하는 가게가 가리봉동 일대에 한두 집 생겨나기 시작하더니 얼마 후에는 중국의 옌볜조선족자치주(延邊朝鮮族自治州)를 상기시킬 정도로 번성해져서 '연변 거리'라는 이름을 얻게 되었다.[92]

가리봉동 일대에 거주하던 중국 교포 일부는 2004년 가리봉동 일대가 재개발에 들어가자 집값이 서울의 다른 지역에 비해 좀 더 싸고 교통이 좋은 영등포구 대림동 일대로 이주했다.[93] 2014년 대림동의 전체 주민 1만 5,905명 중에서 중국 국적을 가진 사람은 9,825명으로 약 62퍼센트에 이른다.[94] 2007년 3월 4일부터 한국 정부는 해외 동포에게 방문 비자를 발급하여 장기 체류를 가능하게 해주었다.

이후 대림동 일대에는 중국 교포와 중국 한족이 대거 거주하게 되었고, 이들을 대상으로 한 음식점과 상점들도 속속 들어섰다. 중국 교포가 운영하는 음식점의 대표적인 메뉴는 연변냉면과 꼬치구이다. 연변냉면의 국수는 메밀가루에 감자녹말을 섞어 반죽하여 국수틀에서 뽑아낸다. 이 국수를 쇠고기를 넣어 끓인 육수에 말면 연변냉면이 완성된다. 2014년 대림동에 연변냉면의 프랜차이즈 전문점이 생겼다. 꼬치구이는 본래 중국 북방 지역에서 즐겨 먹던 양고기 꼬치구이에서 유래했다. 1980년대 중·후반에 옌볜조선족자치주의 중심 도시인 옌지(延吉)에 소개된 양꼬치구이를 중국 교포들은 쇠고기·돼지고기·닭고기로 만든 꼬치구이로 만들어냈다. 옌지에서는 여러 가지 재료를 꼬치에 꽂는다고 하여 조선어로 '뀀섬'이라고 부른다.

2010년대 이후 중국 교포의 꼬치구이 음식점은 가리봉동과 대림동 일대를 넘어 전국 각지에 자리 잡았다. 2015년 중국을 방문한 한국인은 400만 명이 넘었고, 한국을 방문한 중국인은 거의 600만 명에 이르렀

───── **2000년대 후반에 한국에 소개된 중국의 마라탕.**

다.[95] 한국과 중국의 빈번한 인적 교류 속에서 베이징에서 큰 인기를 얻
은 '마라탕(麻辣湯)'이 한국에 들어왔다. 마라탕은 원래 중국의 쓰촨성(四川
省) 일대와 충칭시(重慶市) 사람들이 20세기 이후 즐겨 먹어온 '훠궈(火鍋)'
의 일종이다. 2000년대 이후 쓰촨과 충칭의 훠궈가 중국의 대도시로 퍼
져나갔다. 매운맛이 인기를 끌면서 베이징의 둥즈먼(東直門) 구이제(鬼街)
의 거리 양쪽에는 온통 붉은색 간판을 단 마라탕 전문 음식점이 즐비하
게 들어섰다.

　마라탕은 태극 모양으로 가운데를 나눠놓은 큰 솥에다 한 곳에는 맵
지 않은 닭 육수를 다른 한 곳에는 아주 매운 돼지고기 육수를 담아낸
다. 손님들은 자신이 좋아하는 각종 고기와 해산물, 채소 등을 주문해
입맛에 따라 닭 육수나 돼지고기 육수에 넣어 익혀서 먹는다. 중국인들

이 흔히 '마라(麻辣)'라고 하는 맛을 내기 위해서는 고추, 후추, 천초(川椒), 이 세 가지를 적절하게 조합해야 한다. 마라의 매운맛 중 '마(麻)'의 맛은 천초와 후추에서 나온다. '라(辣)'의 맛을 내는 것이 고추다. 또 진피(陳皮), 초마(椒麻), 초장(椒醬), 강즙(薑汁), 산향(蒜香), 마장(麻醬), 개말(芥末) 같은 매운맛 향신료와 조미료도 마라탕에 들어간다.

2000년대 후반 한국에 들어온 중국의 마라탕은 서울의 베이징식 중국 음식점과 중국 교포가 운영하는 꼬치구이 집에서 판매되기 시작했다. 핫소스와 불닭의 매운맛에 빠져 있던 한국의 젊은이들은 익숙지 않은 향신료가 가득한 마라탕을 쉽게 받아들였다. 2017년은 한국에서 고급 마라탕과 중저가 마라탕이 인기를 얻기 시작한 원년이다. 2018년부터 마라 맛을 첨가한 인스턴트식품이 속속 시장에 나왔다.

세계화는 냉전의 장벽을 넘어 사람들의 자유로운 이동을 가능하게 해주었다. 외국에서 처음 먹어본 이국적인 향신료는 입맛에 맞지 않게 마련이다. 그러나 어떤 사람들은 귀국 후에도 그 향신료의 맛을 잊지 못해 그런 음식을 파는 곳을 찾아다니거나 만들어보려고 애쓴다. 심지어 외국 여행의 경험이 없는 사람도 인터넷을 통해 새로운 맛에 대한 간접 경험을 하고 먹고 싶다는 욕구를 느낀다. 식품회사나 외식업체는 이런 소비자들의 새로운 욕구를 놓치지 않고 재빨리 상품화한다. 청양고추, 미국식 핫소스, 마라는 20세기 후반부터 시작된 인적 세계화가 만들어낸 '지구화된 맛'이다.

**5**

# 세계화 과정에서
# 변하고 있는 입맛

## 토마토케첩의 세계화

한국전쟁 이후 미군이 한국에 주둔하면서 군수품이 시장으로 흘러나왔다. 사람들은 이런 시장을 '양키시장' 혹은 '도깨비시장'이라고 불렀다. 미군 부대의 군수품은 여러 경로를 통해 '양키시장'으로 넘어갔다. 군수품을 빼돌리는 일에는 미군과 한국인의 협력이 중요했다. 작은 물건은 미군 부대를 드나드는 한국인 종업원이 옷에 숨겨서 가지고 나왔다. 하지만 이런 방식으로는 시장을 형성할 만큼 대량으로 군수품을 빼돌리기 어려웠다. 좀 더 대담한 방법으로, 미국 군수품 수송선이 인천항에 도착하기 전 미군 관계자가 인천 앞바다에 송두리째 물건을 빠트리면 한국인이 작은 발동선으로 접근하여 건져 올려 양키시장으로 옮겼다. 만약 이 방법이 실패하면 미군의 협력하에 인천항에 하역되어 창고에 쌓여 있던 물품을 통째로 빼냈다. 이것도 여의치 않으면, 미군 부대 피엑스(PX)의 물품을 아예 트럭으로 빼돌리는 방법을 썼다.[96] 이렇게 미군 부대에서 빠져나온 물품 중에는 커피·케첩(ketchup)·마요네즈(mayonnaise)

1904년 미국의 블루라벨
(Blue Label) 토마토케첩
(Tomato Ketchup) 광고.

등이 있었다.

케첩은 과일이나 채소 따위를 끓여서 걸러낸 것에 설탕·소금·향신
료·식초 따위를 섞어서 조린 소스를 가리킨다. 케첩이란 말은 본래 중
국의 푸젠성(福建省) 남부와 타이완의 방언으로, '저장된 생선 소스', 즉
'젓갈'이라는 뜻이다.[97] 17세기 초반에 영국 선원이 인도네시아의 중
국인 상인들에게서 생선 소스인 케첩을 사서 런던으로 가져갔다. 이후
19세기 초반 런던에서 유럽의 젓갈인 안초비(anchovy)가 들어간 토마타
케첩(toamta ketchup, 당시에는 토마토를 '토마타'라고 불렀다)이 개발되었다.[98]

1850년대 중반 영국의 토마토케첩에서 안초비가 빠졌는데, 이 케첩
이 미국으로 건너갔다. 남북전쟁(American Civil War, 1861~1865) 이후 영국식
보다 좀 더 달콤하고 더 걸쭉한 토마토케첩이 만들어졌다. 1876년경 미

국의 식품회사 하인즈(Heinz)는 설탕과 식초를 많이 넣으면 케첩의 저장성이 더 좋아진다는 사실을 알고 달콤새콤한 맛의 토마토케첩 제품을 만들어 판매했다.[99] 이런 과정을 거쳐 미국에서는 케첩하면 토마토케첩을 가리키게 되었다.

하인즈의 토마토케첩은 유리병에 담겨서 팔렸다. 지금의 케첩용 튜브 용기는 1966년 일본의 토마토케첩 전문회사인 카고메(カゴメ)에서 개발한 것이다.[100] 카고메에서도 1908년 토마토케첩을 처음 출시할 당시 360밀리리터의 유리병 용기를 사용했다.[101] 그러다 1950년대 후반 일본 소비자들이 유리병에 담긴 토마토케첩을 제대로 다 사용할 수 없다고 불만을 제기하자 튜브 용기를 개발하게 된 것이다.

한국 최초의 토마토케첩 제품은 1971년 8월 풍림식품공업주식회사(지금의 오뚜기)가 제품화한 '오뚜기케첩'이다.[102] 식민지 시기 조선의 일본인과 일부 조선인 가정에서는 토마토케첩을 직접 만들거나 일본에서 들여온 제품을 사서 치킨라이스나 오므라이스 요리에 썼다.[103] 오뚜기케첩도 처음에는 유리병 용기를 사용했는데, 1980년대 초반에 에발(eval) 플라스틱 수지로 만든 튜브 용기로 바뀌었다.

1986년 미국의 하인즈사가 서울식품공업과 합작하여 서울하인즈를 설립하고 국내 토마토케첩 시장에 뛰어들었다. 1979년 8월 미원(지금의 대상그룹)은 미국의 CPC인터내셔널사와 합작하여 한국크노르사를 세우고 1981년부터 마요네즈와 토마토케첩을 생산했다. 1990년대 후반 이후 지금까지 한국과 미국의 식품회사가 한국의 토마토케첩 시장을 놓고 치열한 경쟁을 벌이고 있다.

국내산 토마토케첩의 원료 대부분은 중국·미국·칠레·이탈리아 등지에서 수입한 토마토 페이스트((paste)다. 이에 비해 미국의 하인즈사에서는 자신들의 제품에 맞는 토마토를 직접 재배하여 토마토케첩을 만든다. 그러나 보니 국내산 토마토케첩보다 하인즈 제품이 맛과 색이 더 진하다.

## 한국의 독특한 소스류 분류법

토마토케첩을 판매하는 식품회사 대부분은 마요네즈도 생산한다. 마요네즈는 달걀노른자·샐러드유·식초·소금·설탕 따위를 섞어 만든다. 마요네즈의 발명에 관한 주장은 여러 가지다. 마요네즈라는 이름만 하더라도 1756년 에스파냐의 항구 마온(Mahon)에서 발명되었으므로 마온의 본래 이름인 '마오네즈(mahonnaise)'에서 왔다는 주장과 프랑스어로 '섞는다'라는 뜻의 동사 '마니에(manier)'에서 나왔다는 주장이 있다. 미국 최초의 공장제 마요네즈 제품은 1913년 독일계 미국인 리처드 헬만(Richard Hellmann, 1876~1971)과 그의 부인이 헬만스 앤드 베스트 푸드(Hellmann's and Best Foods)를 설립하여 판매한 '헬만스 블루리본(Blue Ribbon) 마요네즈'다.[104]

토마토케첩과 마찬가지로 마요네즈도 일본을 통해 식민지 조선에 들어왔다. 일본의 마요네즈는 1925년 큐피(キユーピー)사에서 처음 생산되었다. 1937년 9월 7일자 《동아일보》에 실린 샌드위치 요리법 기사에서는 서울의 어떤 백화점이든지 식료품부에 가면 마요네즈가 있다고 했다.[105] 해방 이후 일본산 마요네즈를 구입할 수 없다가, 1960년대 초반 '양키시장'을 통해 미국산 마요네즈가 시중에 나왔다. 오뚜기에서는 1972년 6월 현대식 공장에서 마요네즈 제품을 생산했다.[106] 1980년대에 들어와서 오뚜기를 비롯하여 서울식품공업, 한국크노르, 서울하인즈 등의 식품회사가 국내 마요네즈 시장에서 경쟁했다.

정부에서 공장제 식품의 제조 규격을 정해놓은 《식품공전》에 따르면,

A more luscious flavor created by better blending

*Hellmann's* *Blue Ribbon*
MAYONNAISE

미국 최초의 공장제 마요
네즈 제품인 '헬만스 블루
리본 마요네즈'의 1928년
광고.

소스류는 동·식물성 원료에 향신료·장류·당류·소금·식초·식용유 등
을 섞어 만든 것으로, 요리 전후에 향과 맛을 보태는 데 사용되는 식품
이다. 종류로는 소스, 마요네즈, 토마토케첩, 복합조미식품의 네 가지가
있다. 그런데 한국의 이러한 분류는 북아메리카·서유럽과 다르다. 서유
럽 사람들은 조미식품 모두를 소스(sauce)라고 부르고, 북아메리카 사람
들은 이것을 샐러드 드레싱(salad dressing)이라고 부른다. 한국의 소매점에
서는 소스류를 한식 양념장과 서양식 소스류, 그리고 토마토케첩과 마
요네즈로 구분한다. 이처럼 토마토케첩과 마요네즈는 한국인에게 다른
서양식 소스류와 구분되는 독자적인 소스로 인식되어 있다.

　'국민영양통계(KHIDI)'[107]에 따르면, 2018년 1인당 마요네즈 소비량
은 약 905그램, 토마토케첩은 약 785그램이었다.[108] 1인당 1년에 800그

램짜리 마요네즈와 토마토케첩을 한 통씩 먹은 셈이다. 한국인의 마요네즈와 토마토케첩 소비는 1980년대 이후 꾸준히 증가하다가 2010년대 들어와서 점차 줄기 시작했다. 2013년 국내 토마토케첩 생산액은 약 691억 원, 마요네즈는 약 1,687억 원이었다. 그런데 2017년 국내 토마토케첩 생산액은 약 466억 원, 마요네즈는 약 807억 원으로 줄어들었다.[109] 이처럼 마요네즈와 토마토케첩의 국내 생산량이 줄어든 이유는 서양의 다양한 소스류가 국내 시장에 나왔기 때문이다. 여기에 국내산 마요네즈와 토마토케첩의 외국 수출량이 줄어든 것도 한 원인이다.[110]

## 소스류의 세계화와 변하는 입맛

국내의 한식 양념장 제품은 고기·찌개·조림·볶음용으로 나눌 수 있다.[111] 2010년대 중반부터 국내 공중파 방송과 종합편성 방송에서 인기를 끈 '쿡방'은 한식 양념장의 소비 증가를 이끈 중요한 요인이다. 2013년 한식 양념장 시장 규모는 234억 원이었지만, 2015년에 300억 원, 2017년 약 851억 원으로 커졌다.[112] 2017년 토마토케첩의 시장 규모는 약 400억 원, 마요네즈는 약 548억 원, 샐러드 드레싱은 약 593억 원, 파스타 소스는 약 768억 원 정도다.[113]

2010년대 이후 한류 붐에 힘입어 한식 양념장은 해외로 뻗어 나가고 있다. 2000년대 이전만 해도 북아메리카의 한국 식품 마트는 한국인 소비자가 대부분이었다. 그런데 2010년대 이후 중국인·홍콩인·베트남인·인도인 같은 아시아인들이 한국인과 함께 주요 고객층을 이루고 있다.

2000년대 이후 국내에서 유통되는 세계 각국의 소스가 무척 많다. 서양의 파스타 소스와 스테이크 소스, 중국의 굴 소스와 두반장 소스, 일

미국 뉴저지주의 한국 식품
마트에서 개최한 아시아 소스
를 활용한 요리교실 포스터.

본의 돈가스 소스와 데리야키 소스, 동남아시아의 팟타이 소스와 쌀국
수 소스 등이 식품 매장에서 팔린다. 서양의 오리엔탈 드레싱, 올리브유
발사믹, 프렌치 발사믹, 레드자몽 드레싱, 오렌지망고 드레싱 등도 식품
매장에 가면 쉽게 살 수 있다. 아마도 중산층 가정의 냉장고 문을 열면,
한식 양념장과 함께 몇 가지 외국 소스가 쉽게 눈에 띌 것이다.

2010년대 후반부터 국내 소스류 시장의 규모가 날이 갈수록 커지
고 있다. 그 이유는 여러 가지다. 첫째, 간편하게 요리를 하고 싶은 소비
자들이 늘어나면서 일명 '만능소스'가 큰 인기를 끌고 있다. 특히 짧은
시간에 간편하게 요리해 먹을 수 있는 가정식 대체식품(HMR, Home Meal
Replacement)의 소비 증가와 함께 소스류 구매가 늘어났다.[114] 둘째, 일부
외식업체에서 원가 절감, 인건비 감축, 맛의 균일성 등을 위해 이미 요

리된 소스 제품을 구매하는 비율이 높아졌다.[115] 셋째, 프랜차이즈 외식업 가맹점 증가와 밀접한 관련이 있다. 2013년 외식업 프랜차이즈 가맹점 수는 8만 4,046개였는데, 2017년 11만 2,719개로 34퍼센트나 증가했다. 프랜차이즈 본사는 자체 공장에서 기존의 소스류 제품을 사서 재가공하고 있다.[116]

국내에서 유통되고 있는 소스류와 샐러드 드레싱류는 국내 식품회사가 직접 만든 것과 외국에서 수입한 제품으로 구성된다. 주된 소비자는 미국과 유럽, 중국·일본·동남아시아를 직접 여행하고 현지의 소스류와 드레싱류를 먹어본 젊은이들이다. 2000년대 이후 급속하게 늘어난 국내 거주 외국인들도 소비자로서 한몫하고 있다. 이제 한국의 소스류와 샐러드 드레싱류 시장은 북아메리카와 서유럽과 크게 다르지 않다. 세계화와 함께 한국인의 입맛도 변하고 있다.

エ필로그    앞으로의 100년을 위한 성찰

## 21세기 K-푸드를 만들어낸 힘

"일본을 알면 30년 후의 한국이 보인다." 1980년대 후반까지 한국 식품 업계에서 널리 통용되던 말이다. 1965년 한국과 일본 사이에 외교 관계가 재개되기 이전에도 한국전쟁의 폐허에서 한국 식품회사는 일본 식품을 모방했다. 이런 방식의 모방은 제2차 세계대전 이후 독립한 대부분의 국가에서 나타나는 현상이었다. 학술 용어로 말하면, 포스트식민주의(postcolonialism)다. 포스트식민주의는 식민지 상태에서 벗어난 독립국가가 저항의 대상이었던 제국의 정치·경제·사회·문화 등의 정책을 답습하고 나아가 계속해서 전(前) 제국과의 관계를 지속하는 양상을 일컫는다.[1]

1960년대 후반부터 시작된 한국 식품산업의 현대화는 일본을 비롯한 미국과 서유럽의 식품회사를 벤치마킹(benchmarking)하여 새로운 제품을 개발하는 데 목표가 있었다. 이 과정에서 한국의 소비자는 이제껏 먹어보지 못한 새로운 식품을 먹을 기회를 얻었다. 그중 하나가 초코파이(Choco Pie)다. 초코파이의 효시는 미국 남부 테네시주의 채타누가 베이커리(Chatanooga Bakeries)에서 1917년 발매한 '문파이(Moon Pie)'다. 문파이는

1950년대가 되어서야 미국 사회에서 인기 제품으로 팔렸다. 일본의 모리나가(森永)제과회사는 미국의 문파이를 응용하여 소프트 케이크 안에 쫄깃쫄깃한 마시멜로(marshmallow)를 넣고 겉에 초콜릿을 입힌 '엔젤파이(エンゼルパイ)'라는 제품을 1958년 시판했다.

1970년대 중반 한국의 제과업체들은 '엔젤파이'를 '카피'하여 한국식으로 바꾸었다. 1980년대 초코파이를 판매하던 한 제과회사에서 "정(情)을 나누어요"라는 제목의 광고를 내보낸 이후 초코파이는 엄청난 인기를 끌면서 국민 간식의 자리에 올랐다. 1992년 공산권 국가들과의 수교 이후 초코파이는 중국으로 향했다.[2] 한국식 '정' 대신 중국식 '하오펑이유(好朋友)'를 앞세운 광고와 함께 초코파이는 중국에서도 큰 인기를 끌었다. 1996년 4월 동양제과의 초코파이는 중국 시장뿐 아니라, 러시아와 동유럽 국가에도 진출했다. 이 회사의 초코파이는 국내 판매량보다 수출량이 앞서는 놀라운 판매 실적을 올렸다.[3] 해방 이후 한국 식품업계에서 처음 보는 진귀한 사건이었다.

인스턴트라면 역시 일본의 기술을 들여와 1963년 9월 국내에 첫선을 보였다. 생소한 맛 때문에 시장의 반응이 좋지 않자 한국 소비자의 입맛에 맞게 한국화(Koreanization)의 과정을 밟았다. 1970년 초여름, 한 식품회사 연구원은 도가니탕으로 유명한 서울의 한 음식점에서 재료 배합을 조사했다.[4] 그 조사를 바탕으로 큰 가마솥에 도가니탕의 재료를 넣고 온종일 고아 농축액을 만들고 소금을 섞어 인스턴트라면의 스프 베이스(soup base)를 만들었다. 이 스프 베이스는 다시 건조 공정을 거쳐 '소고기라면'의 스프가 되었다. 1960년대 후반부터 1980년대 초반 사이에 개발된 소고기라면·짜장라면·해장국라면·된장라면·육개장라면·짬뽕라면 등의 인스턴트라면은 이름에서도 알 수 있듯이 한국인이 즐겨 먹는 음식의 국물을 스프 베이스로 삼은 한국화의 결과물이다.

1990년대 후반 러시아의 블라디보스토크에서 인기를 끌기 시작한 '팔도 도시락'은 '처녀라면'이라고 불리면서 지금까지도 인기를 끌고 있다.[5] 빙그레의 '메로나' 아이스바는 1995년 하와이, 2008년 브라질에 진출했다.[6] 오늘날 브라질의 핫플레이스(hot place)에는 어김없이 메로나 아이스바를 판매하는 점포가 있다. 이처럼 한국의 식품회사가 제조한 공장제 식품이 해외에서 인기를 끌자 2010년대 이후 'K-푸드'라는 용어가 등장했다. K-푸드는 한식뿐만 아니라 세계 각지에서 인기를 끌고 있는 한국의 음식점 메뉴와 공장제 식품을 두루 일컫는 말이다.

최근 BTS를 비롯한 K-팝이 인기를 얻으면서 그 영향으로 미국 식품 시장에서 K-푸드 시장도 확대되었다. 2014년 유튜브(YouTube)를 통해 알려진 삼양식품의 '불닭볶음면'은 해외 매출액이 2015년 100억 원에서 2016년 660억 원, 2017년 1,800억 원으로 늘어났다.[7] 1991년 미국에 진출한 풀무원두부는 2018년 미국 두부 시장의 약 74퍼센트를 점유하고 있다.[8] CJ제일제당의 '비비고만두'는 '원더풀 헬시푸드(Healthy Food)'로 인정받으면서 2019년 미국의 만두 시장에서 중국업체를 제쳤다. '비비고만두'는 중국 만두와 달리 속이 비칠 정도로 피가 얇고 "속이 꽉 찼다"는 평을 들었다.[9] 농심의 '신라면'은 2019년 외국에 수출하여 8,557억 원 정도를 벌어들였다. '신라면블랙'은 2020년 6월 미국 《뉴욕타임스》에서 운영하는 제품 리뷰 사이트 《와이어커터(The Wirecutter)》가 맛이 좋은 인스턴트라면의 하나로 꼽았다.[10]

해외에서의 K-푸드 인기는 1960년대 중반 이후 음식료품 제조업과 음식점업 종사자들이 외국 음식을 한국인의 입맛에 맞추기 위해 노력해온 결과이다. 여기에 새롭고 생소한 가공식품에 대한 소비자들의 반응도 보태졌다. 압축성장 기간에 가공식품에서 길거리 음식(street food)까지 대부분 로컬리제이션(localization), 즉 한국화의 길을 걸었다. 한국식 가공식품과 음식점의 메뉴는 한국 사회가 외국에 개방된 세계화 시대에 한국을 방문한 외국인에게 호의적인 평가를 받았다. K-푸드의 인기는 압축성장과 세계화를 거치면서 한국 사회가 수용한 사회문화적 혼종성(hybridization)의 결과물이기도 하다.

인터넷망과 함께 초국가적 정보 공유의 개인화를 가능하게 한 스마트폰(smart phone)의 보급은 K-푸드의 세계화를 이끈 큰 힘이다. K-팝, K-드라마, K-영화가 지구촌 곳곳에서 인기를 끌자 세계 여러 나라 사람들은 한국인의 일상생활에도 관심을 보였다. 그중에 K-푸드도 있었다. 거꾸로 한국인도 컴퓨터나 스마트폰을 통해, 혹은 여행을 통해 지구촌 곳곳의 사람들이 먹고사는 모습을 익히거나 체험했다. 이러한 과정에서 K-푸드는 세계화와 지역화를 조합한 글로컬라이제이션(glocalization)의 면모를 갖추었다. 이것이 바로 21세기 K-푸드를 만들어낸 힘이다.

### 개항에서 세계화까지

이 책은 1876~2020년, 145년 동안 한국인이 소비한 음식의 역사를 '개항·식민지·전쟁·냉전·압축성장·세계화'라는 여섯 가지 키워드로 조망한 서른 꼭지의 글로 구성되어 있다. 사실 여섯 가지 키워드는 근현대 한국인의 음식 역사를 살피는 특정한 시선에 지나지 않는다. 어쩌면 나의 편협한 시선으로 인해 제대로 보지 못한 점도 있을 것이다. 다만, 음식의 역사가 결코 에피소드 모음도 오락 프로그램의 소재도 아니라는 점은 분명하다. 역사는 과거와 현재의 대화이자 동시에 미래를 헤아려볼 수 있는 근거이다. 앞으로의 100년을 준비하기 위해 한국인의 식생활 역사에 대해 다시 한번 간략하게 정리해보자.

개항에서 대한제국 시기까지는 한국인의 식탁이 세계 식품체제에 개방된 때였다. 당시 한반도를 방문한 외국인 중 왕실에 초대받았던 이들은 조선의 격조 있는 음식 문화에 감탄했다. 그러나 세상은 이미 주도권을 쥔 서양을 표준으로 삼고 있었다. 조선의 지식인 일부는 북아메리카와 유럽을 방문하고 와서 그들의 식품산업을 배워볼 생각도 했다. 대한제국의 외교관은 서양 음식과 식사 방식을 배워 조선식으로 규칙을 만들어냈다. 그러나 서양화의 길로 출발하기도 전에 한반도는 제국 일본의 손에 넘어가고 말았다.

식민지 사람으로 살기에는 정신적으로도 물리적으로도 쉽지 않았다. 제국의 힘을 내세운 일본인들은 농수축산물과 식품 유통을 장악했다. 조선인은 가정과 음식점에서 조선 음식을 먹을 수 있었지만, 알게 모르게 일본식으로 변하고 있던 식재료와 음식을 거부할 수는 없었다. 많은 조선인이 서양 음식에 일본의 맛을 입힌 카레라이스와 돈가스 같은 '화양절충음식'을 서양 음식으로 이해하고 소비했다.

해방 이후에도 식민지의 영향은 지대하여 일본 음식을 한국 음식이라고 믿는 사람도 적지 않았다. 일본의 식품공학을 공부한 일부 식품공학자는 재래식 간장과 된장, 막걸리를 현대적인 식품이라고 인정하지 않았다. 그들의 잘못된 인식으로 인해서 재래식 간장은 2000년에 와서야 겨우 정부의 《식품공전》에서 '한식간장'이라는 이름으로 시민권을 얻었다. 장유라고 불리는 일본식 공장제 간장은 지금도 음식점에서 한국 음식을 요리할 때의 필수품 중 하나다. 설탕과 일본식 양조간장은 불고기와 양념간장, 간장게장 등의 바탕 맛이다.

태평양전쟁 때 강요된 대용식은 1950~1960년대 한국인의 식탁 위에서 재현되었다. 지금은 재료 대부분을 중국에서 수입하는 길거리 음식 '번데기조림'은 '총후'의 조선인 지식인들이 소고기를 대신할 수 있는 질 좋은 동물성 단백질이라고 내세운 대용식이었다. 1960년대 정부에서 누에치기를 권장하면서 번데기가 다시 등장했다. 일본식 산분해 간장을 넣고 조린 번데기조림은 학교 앞의 대표적인 불량식품이자 하굣길 입맛을 유혹한 길거리 음식이었다.

1950~1970년대 한국인들은 '분식 장려'의 시대를 살았다. '장발 단속'이 당시 대통령의 군인정신에서 나왔다면, '분식 장려'는 식량 부족 문제를 대하는 전제적 해결책이었다. 간신히 배급받은 미국산 밀가루로 수제비 김칫국을 만들어 끼니를 때웠던 사람들 중에는 밀가루 음식에 질려버려 쌀이 넉넉해진 1980년대 이후에는 수제비에 눈길도 주지 않는 이도 있다고 한다.

그러나 1960년대 후반 등장한 소고깃국 맛이 나는 인스턴트라면은 밥과 국을 갖추어 먹던 한국인에게 아주 반가운 음식이었다. 품질이 좋은지 나쁜지 따지지 않고 끓여 먹던 인스턴트라면은 온 가족의 특식이었다. 1960~1970년대에 어린 시절을 보낸 사람들은 1990년대 이후 인스턴트라면뿐 아니라 잔치국수·우동·짬뽕·파스타 같은 밀국수를 세계에서 가장 많이 먹는 세대다.

1970년대 말, 서울을 비롯한 대도시에 살았던 중산층 가족은 밥과 국, 그리고 채소·고기·생선 등이 골고루 갖추어진 한국식 '집밥'을 먹었다. 가정용으로 나온 전기냉장고 덕분에 음식을 보관할 수 있게 되어 반찬을 그전보다 덜 짜게 요리하게 되었다. 도시의 주택가에 있던 소규모 식품점은 전문적인 유통업체와 연계된 슈퍼마켓으로 변신했다. 슈퍼마켓은 물론이고 음식점과 술집 등 냉장 시설을 갖춘 상점들이 확산되면서 1980년대 후반부터 한국의 주당들은 맥주는 물론이고 희석식 소주도 차갑게 마셔야 맛있다는 인식을 갖게 되었다.

1980년대 중반부터 미국을 비롯하여 서유럽의 여러 나라는 한국 정부에 농수축산물 수입을 강력하게 요구해왔다. 농민들은 시장 개방에 반대하며 정부에 농수축산물 보호 조치를 요구했다. 공산품 수출을 통한 경제성장을 우선시하는 권력층 엘리트들은 농업 분야를 더 많은 무역과 더 높은 성장을 방해하는 걸림돌이라고 인식했다.[11] 세계화 시대에 한국의 식량 주권은 바닥으로 내려앉았다.

이런 어려운 상황에서 "전통 음식이 최고"라는 상투적인 구호가 정부·학계·언론·재계를 가리지 않고 무성하다. '음식 민족주의(food nationalism)'는 지난 IMF 외환위기 이후 잃어버린 농수축산물의 종자 재산권을 되찾아오는 데는 매우 효과적인 전략일 수 있다. 그러나 '폐쇄적인(closed)' 음식 민족주의가 지난 100여 년간 숨 가쁘게 시대를 헤쳐온 한국인의 식생활과 음식에 담긴 어두운 그림자를 거둬낼 해답은 아니다.[12]

## '코로나19' 감염병의 시대, 앞으로의 100년을 위하여

2020년 1월부터 전 세계에 유행하고 있는 코로나19 감염병이 멈출 기미를 보이지 않는다. 코로나19 감염병은 시장 중심 지구화의 결과물일지 모른다.[13] 일부 학자는 세계 식품체제의 글로벌 가치사슬 아래에서 운영되고 있는 거대 농축산업에서 코로나19 감염병이 발생했다는 주장을 펼친다.[14]

애그리비지니스(agribusiness)라고 불리는 거대 농축산업의 주도 세력인 다국적 축산기업의 농장들은 생물 안전(biosecurity)이 잘 지켜진다고 주장하지만, 가난한 나라의 소농들이 운영하는 소규모 농장은 언제나 전염병에 노출되어 있다.[15] 좁디좁은 공장식 농장에 다닥다닥 모아놓고 소·돼지·닭 따위를 키우는 가난한 나라의 축산농장에서 생산된 고기는 세계 농업생산망으로의 통합을 통해 바이러스의 연쇄 진화와 연결되어 있다는 것이다.[16] 이것이 세계적으로 전염병이 대유행하는 상태인 팬데믹(pandemic)을 만들어냈을 가능성이 크다.

농수축산물의 가치사슬이 만들어냈을지도 모르는 팬데믹을 해결할 방법 중 하나는 보존농업(conservation agriculture)일 수 있다. 보존농업은 화학비료나 석유로 움직이는 농기계를 덜 쓰면서 전통 농법을 발전시킨 친환경 농법으로 생산성을 늘리는 지속 가능한 농업 방식이다.[17] 최근 국내에서 시도되고 있는 유기농수축산업이나 스마트 팜(smart farm, 농수축산물의 생산·가공·유통 단계에서 정보 통신 기술(ICT)을 접목한 지능화된 농업 시스템)이 대안일 수도 있다. 이것이 진정한 대안이 되기 위해서는 한국의 낮은 식량 자급률을 높이는 데 목표를 두어야 한다. 그래야 한국인의 식탁을 둘러싸고 있는 세계 식품체제의 글로벌 가치사슬을 끊어낼 수 있다.

애그리비지니스에 대한 비판이 거시적 측면이라면, 당장 식탁에서 전개되고 있는 '비말(飛沫, 침방울) 감염'을 막는 방안을 마련하는 일은 미시적이면서 일상적인 측면이다. 정부에서는 음식 덜어 먹기, 위생적 수저 관리, 음식점 종사자 마스크 쓰기 같은 3대 식사 문화 개선 방안을 제시했다. 단체급식을 하는 식당에서는 이 제안이 지켜질 수 있지만, 일반 음식점이나 술집, 카페에서는 쉽지 않다.

'한국 음식'이라고 하면 식탁 위에 푸짐하게 차려진 온갖 반찬의 이미지가 떠오른다. 한국인은 난생처음 만난 사람이더라도 함께 식탁에 앉게 되면 자신의 입에 들어간 수저로 다른 사람과 함께 먹어야 할 나물이나 김치 심지어 찌개나 전골을 먹는다. 만약 한국 음식을 처음 먹어보는 서양인과 함께 식사를 한다면 그들에게 밥과 국만 빼고 "모든 반찬은 공용이다"라는 귀띔을 해주어야 한다.[18] 사실 이러한 식사 방식은 오래된 것이 아니다. 조선시대만 해도 양반 남성은 밥·국·반찬이 차려진 소반 앞에서 혼자 식사를 했다.[19] 요사이 말로 하면, '혼밥'이다.

가정에서의 반찬 공용은 가족이기 때문에 큰 문제가 되지 않는다. 그런데 가족이 아닌 사람들끼리 음식점에서 반찬을 공용하는 것은 코로나19 상황에서 '비말 감염'의 최전선이다. 식민지 시기에 음식점에서는 공동식탁을 사용했다. 한국전쟁을 거치면서 식량 부족 문제에 시달리다 보니 음식점에서는 반찬 공용이 널리 퍼졌다. 1960년대 중반부터 시작된 산업화와 도시화로 인구가 밀집된 도시에서는 음식점 업주와 손님 모두 반찬 공용을 당연시했다. 도시의 샐러리맨과 노동자 들은 일과를 마치고 퇴근하면서 밥집 겸 술집에서 반찬도 술잔도 공용하면서 하루의 피로를 풀었다.

음식점에서의 1인용 상차림은 '비말 감염' 문제를 해결할 방안 중 하나다. 이렇게 하면 음식물 쓰레기도 줄일 수 있다. 지구 온난화를 늦출 수 있는 일거양득의 방안이다. 그러나 이윤을 극대화해야 하는 음식점에서 물리적 거리를 둔 식탁 배치와 1인용 상차림을 실행할 수 있을까? '비말 감염'을 막는 방안을 마련한 음식점에 정부 차원의 지원이 필요한 이유다.

"인간은 함께 식사하는 동물이다."[20] 여러 사람과 함께 음식점에 가는 이유는 서로 인간적 유대관계를 맺거나 지속하기 위해서다. 그런데 '함께 식사'를 포기한다면 우리는 인류이기를 포기해야 할지 모른다. 가정에서는 더욱 자주 '함께 식사'를 해야 한다. 하지만 음식점이나 술집에서 '비말 감염' 없이 '함께 식사'를 즐길 방안을 마련하기 위한 토론이 필요하다. 정부나 사회 지도층의 일방적 계몽보다 폭넓은 의견 수렴이 더 절실하다.

음식은 문화이고 관습이지만, 본디 정치고 경제였다.《한서(漢書)》의 '왕자이민위천, 이민이식위천(王者以民爲天 而民以食爲天, 왕이 된 자는 백성을 하늘로 여기고, 백성은 음식을 하늘로 여긴다)'이라는 말은 음식이 정치이고 경제임을 상징적으로 보여준다. 조선 후기에 쓰인《산림경제(山林經濟)》,《증보산림경제(增補山林經濟)》,《임원경제지(林園經濟志)》에 나오는 농수축산물 기르기와 요리법은 굶지 않고 잘 먹기를 기원하면서 정리한 음식의 경제학이었다. 여기에 한 마디를 더 보태자면, 지구 온난화와 코로나19 감염병의 시대를 살아가는 오늘날, 음식은 생태학이어야 한다. 그래야 앞으로의 100년도, 생태를 고려한 식재료로 요리한 음식이 차려진[21] '생태학적 식탁'에서 여러 사람이 어울려 '함께 식사'하는 즐거움을 누릴 수 있다.

## 프롤로그 세계 식품체제의 형성과 한반도 편입의 역사

1  Zafar, Tasleem. and Sidhu, Jiwan S., "Avocado: Production, Quality, and Major Processed Products", Sinha, Nirmal K.(ed), *Handbook of Vegetables and Vegetable Processing*, Ames, Iowa: Wiley-Blackwel, 2011, p.527.

2  〈공산품은 전액 면제〉, 《매일경제》 1972년 2월 5일자 5면.

3  〈'인스타 스타' 아보카도, 알고 보면 환경 파괴 주범〉, 《동아사이언스》 2018년 10월 27일자 (인터넷판).

4  앙드레 마냥, 〈식품체제〉, 제프리 M. 필처 엮음, 김병순 옮김, 《옥스퍼드 음식의 역사: 27개 주제로 보는 음식 연구》, 서울: 따비, 2020, 605~607쪽.

5  주영하, 〈한국에서의 비판적 음식학 연구를 위하여〉, 제프리 M. 필처 엮음, 김병순 옮김, 《옥스퍼드 음식의 역사: 27개 주제로 보는 음식 연구》, 서울: 따비, 2020, 39~41쪽.

6  Cwiertka, Katarzyna J., *Cuisine, Colonialism and Cold War: Food in Twentieth-Century Korea*, London: Reaktion, 2013; 주영하, 《식탁 위의 한국사》, 서울: 휴머니스트, 2013; 김성보 외, 《한국현대생활문화사》(4책), 파주: 창비, 2016; 주영하·김혜숙·양미경, 《한국인, 무엇을 먹고 살았나: 한국 현대 식생활사》, 성남: 한국학중앙연구원출판부, 2017.

## 1부 개항의 식탁: 이국 음식과 만남

1  Griffis, William Elliot., *Corea: the hermit nation*, New York: Charles Scribner's Sons, 1882.

2  Oppert, Ernst J., *Ein verschlossenes Land: Reisen nach Corea*, Leipzig: F.A.Brochhaus, 1880.

3  Lowell, Percival., *ChosUön, the land of the morning calm; a sketch of Korea*, Boston: Ticknor and Company, 1886.

4  Duhart, Frédéric., "The early phases of the foie gras industry in south-west france(C.1780~1955): a Contribution to the history", *STVDIVM. Revista de Humanidades*, 17, 2011, p.169.

5  샤를 바라·샤이에 롱 지음, 성귀수 옮김,《조선기행》, 서울: 눈빛, 2001, 116~117쪽.

6  학부 편집국,《셔례슈지》, 한성: 학부, 1902, 16쪽.

7  《대한예전(大韓禮典)》 권5, 〈빈례서례(賓禮序例)〉, '연향도(宴饗圖)'〔한국학중앙연구원 장서각 소장(K2-2123)〕.

8  Hawley, Samuel., *Inside the Hermit Kingdom: The 1884 Korea Travel Journal of George Clayton Foulk*, Lanham: Lexington Books, 2008, pp.1~2.

9  손정숙, 〈한국 최초 미국 외교사절 보빙사의 견문과 그 영향〉,《한국사상사학(韓國思想史學)》 제29집, 2007, 263쪽.

10  홀리(Samuel Hawley)는 민영익 일행이 뉴욕항을 떠난 날을 11월 19일이라고 했다(Hawley, Samuel., *Inside the Hermit Kingdom: The 1884 Korea Travel Journal of George Clayton Foulk*, Lanham: Lexington Books, 2008, p.5). 그러나《승정원일기(承政院日記)》의 1884년(고종 21) 5월 9일자 기록에 의하면, 민영익은 음력 1883년 11월 3일에 미국 뉴욕에서 배로 출발했다고 고종에게 보고했으므로 양력 12월 1일에 뉴욕항을 떠난 것으로 보인다(《승정원일기》 고종 21년(1884) 5월 9일 38번째 기사: 上曰, 來時歷覽幾國乎? 泳翊曰, 昨年十一月初三日, 自美國紐約發船).

11  포크의 일기는 미국 캘리포니아대학 버클리 캠퍼스의 밴크로프트 도서관(Bancroft Library)에 보관되어 있다가, 2008년 미국에서 출판되었다.

12  Hawley, Samuel., *Inside the Hermit Kingdom: The 1884 Korea Travel Journal of George Clayton Foulk*, Lanham: Lexington Books, 2008, p.52.

13  Hawley, Samuel., *Inside the Hermit Kingdom: The 1884 Korea Travel Journal of George Clayton Foulk*, Lanham: Lexington Books, 2008, p.53.

14  Hawley, Samuel., *Inside the Hermit Kingdom: The 1884 Korea Travel Journal of George Clayton Foulk*, Lanham: Lexington Books, 2008, p.57.

15  Hawley, Samuel., *Inside the Hermit Kingdom: The 1884 Korea Travel Journal of George Clayton Foulk*, Lanham: Lexington Books, 2008, p.52.

16  손정숙, 〈한국 근대 주한 미국 공사 연구(1883~1905)〉, 이화여자대학교 대학원 사학과 박사학위청구논문, 2004, 188쪽.

17  이후의 일정은 민영환 지음, 서울대학교국사연구실 옮김,《해천추범(海天秋帆)》, 서울: 을유문화사, 1959를 참조했다.

18  김득련,《환구음초(環璆唫艸)》, 〈끽양찬희제(喫洋餐戲題)〉: 鋪巾長卓食單開, 牛奶麵包當面堆. 羹肉魚蔬供次第, 刀叉匙楪換輪回. 不時珍果登玻架, 各樣香醪滿瑪杯. 終到珈琲茶進後, 長廊散步吸烟來. 번역은 다음의 글을 참조했다. 김득련 지음, 최병준 옮김,《환구음초》, 서울: 송학문화사, 2010, 38쪽; 김득련 지음, 허경진 옮김,《환구음초: 춘파 김득련 시집》, 서울: 평민사, 2011, 24쪽.

19  윤치호가 정말로 김득련의 한문 편지를 영문으로 번역했는지 의문을 제기하는 연구도 있다

(이효정, 〈1896년 러시아 사절단의 기록 연구〉, 연세대학교 대학원 국어국문학과 석사학위청구논문, 2008, 13쪽). 윤치호가 조선인의 구미 경험을 희화하려고 꾸며서 이런 글을 썼을지 모른다는 것이다. 그러나 김득련의《환구음초》와 대조해보면 본문에 인용한 글은 영국 기선에서 김득련이 경험했던 내용으로 보인다.

20 Yun, T. H.(translated), "The Korean Abroad", *The Korean repository*, Vol. IV, No.3, 1897, p.104: One of the trials I have experienced since I left Seoul is to accustom myself to the food and manners at a foreign table. For the first few days I could not eat anything, as it requires considerable skill to handle knives and forks-the relics of old barbarism-without cutting your lips, pricking your tongue and dropping pieces of meat &c. all over your dress.

21 Yun, T. H.(translated), "The Korean Abroad", *The Korean repository*, Vol. IV, No.3, 1897, p.105: I pointed to something on the menu. The waiter smiled and came back with a cup of hot coffee. Holding the knife in my left hand, with the right I took a spoonful of what I thought to be sugar. Stirring the beverage well, I took a good mouthful of it-and I found out too late that the white thing I took to be sugar was really salt. Happening to look up, a meaning glance and smile darted around the table. I knew what it all meant, but I behaved as if nothing extraordinary had happened. I saw now the safest way out of the difficulty was to imitate others. Noticing that my neighbors were spreading a yellowish white substance on pieces of bread, I supposed it to be honey and taking a good lump of it, I put it into my mouth. O horror of horrors! there was no honey about it. English call it butter and to my latest hours no butter shall get me again. However, I swallowed the supposed honey with composure, and collecting all my courage, I pointed once more to something else on the menu. This time I was glad to see the waiter bring me a plate of something very decent-hot cake as I afterward learned from my friend, "Araisso". Not knowing exactly what it was and noticing some one flavoring something with sauce, I too proceeded to season my something with sauce, salt and pepper. I was just going to complete the seasoning process with some mustard, when our Minister said to me accross the table. "Kim, stop. that's cake!" Fortunately most people had left the table and I left the well seasoned cake, the famous coffee and the infamous butter without being much noticed.

22 민영환 지음, 서울대학교국사연구실 옮김,《해천추범》, 서울: 을유문화사, 1959, 13쪽.

23 민영환 지음, 서울대학교국사연구실 옮김,《해천추범》, 서울: 을유문화사, 1959, 13쪽.

24 김득련,《환구음초》,〈아공관지숙지소(我公館止宿止宵), 시류서기(示劉書記)〔燦)〉: 海外萍綠本不期, 挑燈却話一宵暹. 多謝朝餐炊我法, 適宜還勝在家時. 번역은 다음의 글을 참조했다. 김득련 지음, 최병준 옮김,《환구음초》, 서울: 송학문화사, 2010, 38쪽; 김득련 지음, 허경진 옮김,《환구음초: 춘파 김득련 시집》, 서울: 평민사, 2011, 31쪽.

25 민영환 지음, 조재곤 편역,《해천추범: 1896년 민영환의 세계일주》(eBook), 서울: 책과함께,

2013, 308쪽.

26 민영환 지음, 조재곤 편역, 《해천추범: 1896년 민영환의 세계일주》(eBook), 서울: 책과함께, 2013, 319쪽.

27 주영하, 《식탁 위의 한국사: 메뉴로 본 20세기 한국 음식문화사》, 서울: 휴머니스트, 2013, 42~50쪽.

28 김원모, 〈미스 손탁과 손탁호텔〉, 서울특별시사편찬위원회, 《향토서울》 제56호(1996. 12), 1996, 201쪽.

29 이순우, 《손탁호텔》, 서울: 하늘재, 2012, 181~189쪽.

30 까를로 로제티 지음, 서울학연구소 옮김, 《꼬레아 꼬레아니(백 년 전 이태리 외교관이 본 한국과 한국인)》, 서울: 숲과나무, 1996, 99쪽.

31 〈황실찬사(皇室饌師) 독일인 송탁(宋卓) 고빙계약 해제 통고문〉, 《장서각 소장 고문서대관(古 文書大觀) 3 - 외교류(外交類)》, 한국학중앙연구원출판부, 2012, 254~269쪽 ; 한국학중앙연구 원 장서각 소장(문서번호 716), 1909년, 종이.

32 엠마 크뢰벨 지음, 김영자 옮김, 《나는 어떻게 조선 황실에 오게 되었나?》, 서울: 민속원, 2015, 179쪽.

33 Kroebel, Emma., *Wie ich an den koreanischen Kaiserhof kam: Reise-Eindrücke und Erinnerungen*, berlin-Schoneberg: Verlag von R.Jacobsthal & Co, 1909(엠마 크뢰벨 지음, 김영자 옮김, 《나는 어떻게 조선 황실에 오게 되었나?》, 서울: 민속원, 2015).

34 엠마 크뢰벨 지음, 김영자 옮김, 《나는 어떻게 조선 황실에 오게 되었나?》, 서울: 민속원, 2015, 234쪽.

35 김원모, 〈루스벨트 양의 서울 방문과 대한제국의 운명(1905)〉, 《향토서울》 제44호, 1987, 30~31쪽.

36 주영하, 《한국인은 왜 이렇게 먹을까?: 식사 방식으로 본 한국 음식문화사》, 서울: 휴머니스 트, 2018, 236쪽.

37 Trubek, Amy B., *Haute cuisine: how the French invented the culinary profession*, Philadelphia, Pa.: University of Pennsylvania Press, 2000, p.7.

38 江原絢子·石川尚子·東四柳祥子, 《日本食物史》, 東京: 吉川弘文館, 2009, 199쪽.

39 엠마 크뢰벨 지음, 김영자 옮김, 《나는 어떻게 조선 황실에 오게 되었나?》, 서울: 민속원, 2015, 234쪽.

40 국립고궁박물관 편, 《서양식 생활유물》, 서울: 국립고궁박물관, 2019, 10~11쪽.

41 Longworth, Alice Roosevelt., *Crowded hours: reminiscences of Alice Roosevelt Longworth*, New York ; London: C. Scribner's Sons, 1933, pp.103~104.

42 Menu-For Miss Roosevelt (Alice Lee) Luncheon at Palace, Sept. 20. The Emperor Being present. This was the first occasion on which he had eaten in public with foreign ladies: Sept. 20, 1905.

Seoul. Korea(https://digitalcollections.nypl.org/items/510d47db-7434-a3d9-e040-e00a18064a99#/?uuid=510d47db-7434-a3d9-e040-e00a18064a99).

43 《[신축(辛丑)]진찬의궤(進饌儀軌)》 권2, 〈찬품(饌品)〉 '정일진별행과(正日進別行果)': 木麵 30沙里, 牛肉心肉 半半部, 鷄卵 5箇, 胡椒末 1夕, 荏子末 1夕, 艮醬 2合, 眞油 2夕, 生葱 3本.

44 주영하,《조선의 미식가들》, 서울: 휴머니스트, 2019, 55~59쪽.

45 이유원,《임하필기(林下筆記)》,〈춘명일사(春明逸史)〉, '근신감계(近臣鑑戒)': 純廟初年, 每於燕聞之夜, 招軍職宣傳諸臣, 與之玩月. 命軍職徒門隙買麵以入日, 欲與爾輩同喫冷麪. 一人自賣猪肉而來. 上問所買者爲用, 對以供於麵需, 不答之, 及麵之賜也. 獨置賣猪者而不與曰, 渠則自有所喫之物. 邇密之待者, 殊可以爲戒也.

46 김원모, 〈루스벨트 양의 서울 방문과 대한제국의 운명(1905)〉,《향토서울》 제44호, 1987, 32쪽.

47 최덕규, 〈포츠머스강화회의와 고종의 국권수호외교(1904~1906)〉,《아세아연구》 제54권 4호, 2011, 132~146쪽.

48 이정희, 〈대한제국기 원유회(園遊會) 설행과 의미〉,《한국음악연구》 제45집, 2009, 364~365쪽.

49 이정희, 〈대한제국기 원유회 설행과 의미〉,《한국음악연구》 제45집, 2009, 366쪽.

50 이정희, 〈대한제국기 원유회 설행과 의미〉,《한국음악연구》 제45집, 2009, 366쪽.

51 昭和女子大学食物学研究室 編,《近代日本食物史》, 東京: 昭和女子大学近代文化研究所, 1971, 293쪽.

52 주영하, 〈'유사길'에서 '위스키'까지, 한국 위스키의 역사〉,《위스키의 지구사》, 서울: 휴머니스트, 2016, 204~208쪽.

53 이사벨라 버드 비숍 지음, 이인화 옮김,《한국과 그 이웃 나라들》, 살림, 1994, 115쪽.

54 Jameson Buchanan & Co로 추정되지만 정확한 영국 회사명을 확인하지 못했다.

55 박기주, 〈제국의 황혼 '100년 전 우리는' 28―"한양상회가 외국 돈을 뺏어온다 하니…"〉,《조선일보》, 2009년 10월 8일자(인터넷판).

56 昭和女子大学食物学研究室 編,《近代日本食物史》, 東京: 昭和女子大学近代文化研究所, 1971, 328~329쪽.

**2부 식민지의 식탁: 조선의 일본식 음식과 일본의 조선식 음식**

1 위르겐 오스터함멜 지음, 박은영·이유재 옮김,《식민주의》, 서울: 역사비평사, 2006, 27~28쪽.

2 토드 A. 헨리 지음, 김백영·정준영·이향아·이연경 옮김,《서울, 권력 도시: 일본 식민 지배와 공공 공간의 생활 정치》, 서울: 산처럼, 2020, 8쪽.

3 〈상점평판기(商店評判記): 조선요리점의 시조 명월관〉,《매일신보》1912년 12월 18일자 3면.

4 〈카페-야화(夜話), 한숨 지는 공작(孔雀)들〉,《별건곤》 제55호, 1932년 9월 1일자, 42쪽.

5  이동훈, 〈'재조 일본인' 사회의 형성에 관한 고찰: 인구 통계 분석과 시기 구분을 통해〉, 글로
벌일본연구원, 《일본연구》 제29집, 2018, 236~237쪽.

6  1970년대 일본의 역사학계에서는 재일 조선인과 표리관계에 있는 식민지 시기 조선 거주 일
본인을 '재조 일본인'이라고 칭했다. 그러나 '재조 일본인'이란 용어에는 식민자(colonizer)의
의미가 들어 있지 않다(이동훈, 〈'재조 일본인' 사회의 형성에 관한 고찰: 인구 통계 분석과 시기 구분을
통해〉, 글로벌일본연구원, 《일본연구》 제29집, 2018, 232~234쪽).

7  旗田巍, 《朝鮮と日本人》, 東京: 勁草書房, 1984, 321쪽.

8  다카사키 소지 지음, 이규수 옮김, 《식민지 조선의 일본인들: 군인에서 상인, 그리고 게이샤
까지》, 서울: 역사비평사, 2006, 20~22쪽; 주영하, 《메뉴로 본 20세기 한국 음식문화사》, 서
울: 휴머니스트, 2013, 53쪽.

9  木村健二, 〈朝鮮居留地における日本人の生活態樣〉, 《一橋論叢》 第115卷 第2号, 1996, 49쪽.

10  〈잡보-일인 두부회사〉, 《대한매일신보》 1909년 6월 29일자 3면.

11  주영하, 《식탁 위의 한국사》, 서울: 휴머니스트, 51~53쪽.

12  국사편찬위원회, 《한국근현대인물자료》, 국사편찬위원회한국사데이터베이스(http://db.history.
go.kr/item/level.do;jsessionid=45215DC003D380F3936F9C22CF1F73A8?levelId=im_215_23649).

13  〈식산계-경성의 두부 제조〉, 《매일신보》 1911년 5월 19일자 1면.

14  榊原芳野(原稿)·服部雪齊(畵), 《敎草(十四) 豆腐一覽》, 博覽会事務局, 1872.

15  大阪朝日新聞経済部 編, 《商売うらおもて(正)》, 東京: 日本評論社, 1925, 263쪽.

16  〈두부 소리에 싸움〉, 《매일신보》 1916년 2월 29일자 3면.

17  石井研堂, 《明治事物起原》, 橋南堂, 1908, 392쪽; 유모토 고이치 지음, 연구공간 수유+너머
'동아시아 근대 세미나팀' 옮김, 《일본 근대의 풍경》, 서울: 그린비, 2004, 315쪽.

18  '빙수점 개업 광고', 《제국신문(帝國新聞)》) 1903년 5월 16일자 3면.

19  생영파(生影波), 〈빙수〉, 《별건곤》 제22호, 1929년 8월 1일자, 92쪽.

20  〈만화경(萬華鏡)〉, 《별건곤》 제39호, 1931년 4월 1일자, 9쪽.

21  〈여름철 복병 불량식품 경보(2) 얼음·청량음료〉, 《동아일보》 1975년 7월 9일자 7면.

22  국립국어원 《표준국어대사전》(https://stdict.korean.go.kr/search/searchView.do?word_
no=250373&searchKeywordTo=3).

23  (漢)揚雄, 《輶軒使者絶代語釋別國方言》(四部叢刊景宋本): 餠謂之飥(音毛), 或謂之餦餛(長渾兩
音).

24  源順 撰, 那波道圓(1617), 《倭名類聚抄》 卷第16, '飮食部': 餠到肉麵裏煮之.

25  岡玲子, 〈うどんの歷史〉, 人間関係学部 編, 《福岡女学院大学紀要》 第7号, 2006, 33쪽.

26  宇都宮黒竜, 《食物史》, 東京: 国史講習会, 1923, 155~156쪽.

27  宮崎柳条 編纂, 〈索麪の工〉, 《(広益)農工全書(四)》, 東京: 牧野氏蔵版, 1881.

28  德田紫水, 《実験苦学案内: 独立自活》, 大阪: 矢島誠進堂, 1903, 81쪽.

29 주영하,《차폰 잔폰 짬뽕: 동아시아 음식 문화의 역사와 현재》, 파주: 사계절, 2009, 27~31쪽.

30 〈폭리(暴利) 순찰(巡察)〉,《동아일보》1931년 1월 22일자 7면; 이정희,《한반도 화교사: 근대의 초석부터 일제강점기까지의 경제사》, 서울: 동아시아, 2018, 277쪽.

31 〈젊은 개척자(開拓者)(2)〉,《동아일보》1929년 1월 8일자 3면; 이정희,《한반도 화교사: 근대의 초석부터 일제강점기까지의 경제사》, 서울: 동아시아, 2018, 278쪽.

32 특허의 제목은 〈글루탐산염을 주성분으로 한 조미료 제조법(グルタミン酸塩を主成分とする調味料製造法)〉이다.

33 味の素株式會社,《味の素グループの百年: 新價值創造と開拓者精神》, 東京: 味の素株式會社, 2009, 36쪽.

34 주영하, 〈동아시아 식품산업의 제국주의와 식민지주의〉, 서울대학교아시아연구소,《아시아리뷰》제5권 제1호(통권 9호), 2015, 77쪽.

35 정근식, 〈맛의 제국, 광고, 식민지적 유산〉,《사회와 역사》66권, 2004, 77쪽.

36 토드 A. 헨리 지음, 김백영·정준영·이향아·이연경 옮김,《서울, 권력 도시: 일본 식민 지배와 공공 공간의 생활 정치》, 서울: 산처럼, 2020, 213쪽.

37 주영하, 〈동아시아 식품산업의 제국주의와 식민지주의〉, 서울대학교아시아연구소,《아시아리뷰》제5권 제1호(통권 9호), 2015, 86쪽.

38 味の素株式會社,《味の素沿革史》. 東京: 味の素株式會社, 1951, 441쪽.

39 한복려·한복진·이소영,《음식 고전: 옛 책에서 한국 음식의 뿌리를 찾다》, 서울: 현암사, 2016, 242~243쪽.

40 한복려·한복진·이소영,《음식 고전: 옛 책에서 한국 음식의 뿌리를 찾다》, 서울: 현암사, 2016, 243쪽.

41 자세한 내용은 전순의 지음, 한복려 엮음,《다시 보고 배우는 산가요록》, 궁중음식연구원, 2007, 81~82쪽을 참조하기 바란다.

42 〈장유고내인숙사주위판병평면도(醬油庫內人宿舍周圍板塀平面圖)〉(한국학중앙연구원 장서각 소장, RD04542).

43 〈장유회사〉,《대한매일신보》1909년 2월 28일자 2면.

44 石川寬子 編著,《食生活と文化》川崎: 弘學出版, 1989, 129쪽.

45 昭和女子大学食物学研究室 編,《近代日本食物史》, 東京: 昭和女子大学近代文化研究所, 1971, 177쪽.

46 梅野明二郎,《最新醬油醸造論》, 東京: 大谷商店, 1913.

47 이한창, 〈장(醬) 역사와 문화와 공업〉, 서울: 신광출판사, 1999, 81~114쪽.

48 김재은, 〈사랑함으로써 위해서 근심(3)〉,《동아일보》1926년 3월 3일자 3면.

49 〈가정 일용품 상식〉,《동아일보》1935년 5월 16일자 석간 4면: 우리가 '왜간장'이니 또는 '진간장'이니 하는 것은 일본 내지인이 소금, 콩, 보리를 가지고 만든 것인데 우리 조선 사람의

간장보다 맛이 좋습니다. 이 진간장의 좋고 그른 것을 아는 데에는 빛을 보고 아는 것이 제1 인데 그 빛이 흑갈색(黑褐色)이어서 흰 접시에 떨어트려보아서 검붉은 빛(紅褐色)을 이루면 가장 좋은 것이고 담갈색(淡褐色)인 것은 중길, 흑갈색이거나 또는 흑청색(黑靑色)을 이루면 하등품입니다. 이것은 가장 하기 쉬운 진간장의 좋고 그른 것을 알아내는 법입니다. 진간장은 붉고도 검고 진한 것이 좋은 것입니다.

50 三木彌兵衛, 〈アミノ酸調味料製造に関する研究(第3報): アミノ酸原料としての醬油粕〉, 大阪醸造學會, 《醸造學雜誌》 13(6), 1935.

51 石川寛子 編著, 《食生活と文化》 川崎: 弘學出版, 1989, 130쪽.

52 〈생산 원가 저렴과 쾌속조(快速調)로 아미노 산양조(酸醸造)에 성공〉, 《공업신문(工業新聞)》 1948년 4월 10일자 1면.

53 주영하, 〈동아시아 식품산업의 제국주의와 식민지주의〉, 서울대학교아시아연구소 《아시아리뷰》 제5권 제1호(통권 9호), 2015, 83~86쪽.

54 조성운, 〈"여행의 발견, 타자의 표상": 일제하 조선총독부의 관광정책〉, 한양대학교동아시아문화연구소, 《동아시아문화연구》 제46집, 2009, 22~27쪽.

55 김을한, 〈보고 듯는 대로(12) 만리이역에 조선요리집〉, 《조선일보》 1929년 3월 23일자 석간 5면.

56 佐佐木道雄, 《燒肉の文化史》, 東京: 明石書店, 2004, 94쪽.

57 조풍연, 《서울잡학사전》, 서울: 정동출판사, 1989, 452쪽.

58 外村大, 〈戦前日本における朝鮮料理業の展開〉, 東京: 味の素食の文化セント研究造成金報告書, 2003.

59 天籟居士, 《職業案内全書》, 東京: 実業社, 1911, 48~49쪽.

60 이규경, 《오주연문장전산고(五洲衍文長箋散稿)·북어변증설(北魚辨證說)》, 한국고전종합DB.

61 주영하, 《식탁 위의 한국사: 메뉴로 본 20세기 한국 음식문화사》, 서울: 휴머니스트, 2013, 274쪽.

62 주영하, 《식탁 위의 한국사: 메뉴로 본 20세기 한국 음식문화사》, 서울: 휴머니스트, 2013, 275~276쪽.

63 〈함남의 명태어(2)〉, 《동아일보》 1930년 3월 4일자 석간 8면.

64 〈명란 생산의 개량협의회〉, 《동아일보》 1933년 8월 27일자 조간 4면.

65 〈急テンポの激増 大半は滿支向き: 鮮産輸出品の打診〉, 《京城日報》 1939년 5월 8일자.

66 〈주요 도시 순회 좌담(140) 제29 홍원 편〉, 《동아일보》 1931년 3월 8일자 석간 5면.

67 今西一·中谷三男, 《明太子開発史: そのルーツを探る》, 東京: 成山堂書店, 2008, 84~87쪽.

68 今西一·中谷三男, 《明太子開発史: そのルーツを探る》, 東京: 成山堂書店, 2008, 87쪽.

69 林采成, 《飲食朝鮮》, 名古屋: 名古屋大學出版會, 2019, 188쪽.

70 펠리페 페르난데스-아르메스토 지음, 유나영 옮김, 《음식의 세계사 여덟 번의 혁명》, 서울:

소와당, 2018.

71 콜린 테일러 셴 지음, 강경이 옮김, 《커리의 지구사》, 서울: 휴머니스트, 2013.

## 3부 전쟁의 식탁: 배급, 통제, 그리고 구호의 식생활

1 이송순, 〈일제 말 전시체제하 '국민생활'의 강제와 그 실태-일상적 소비생활을 중심으로〉, 고려사학회, 《한국사학보(韓國史學報)》 제44호, 2011, 306쪽.

2 허영란, 〈전시체제기(1937~1945) 생활필수품 통제 연구〉, 국사편찬위원회, 《국사관논총(國史館論叢)》 제88집, 2000, 290쪽.

3 〈총후의 국민은 쌀을 절약하고 대용식을 먹읍시다〉, 《부산일보》 1939년 8월 1일자 석간 2면.

4 이성우 편, 《한국고식문헌집성, 고조리서 Ⅵ》, 서울: 수학사, 1992, 2349쪽.

5 홍선표, 〈대용식이란 무엇인가(상)〉, 《매일신보》 1939년 1월 3일자 11면.

6 〈대용식일(代用食日) 설정 매월 10일-연 9만 석 절미(節米) 정동경성연맹원분기(精動京城聯盟員奮起)〉, 《매일신보》 1940년 2월 4일자 석간 2면.

7 〈매월 "대용식일" 설정 절미운동에 박차-강원(江原)서 각 군에 통첩〉, 《매일신보》 1940년 2월 9일자 석간 3면.

8 〈代用食日は一と六の日〉, 《부산일보》 1942년 5월 18일자 2면.

9 〈식보국운동(食報國運動)-면미(麵米)가 대용식으로〉, 《매일신보》 1942년 5월 20일자 석간 2면.

10 〈참외 대용식운동-경기도서 일반에 장려〉, 《매일신보》 1942년 8월 8일자 석간 2면.

11 鳥越靜岐·薄田斬雲, 《朝鮮漫畫》, 京城: 日韓書房, 1909, 126~127쪽.

12 〈가정특집-가정생활을 어떻게 개선할까〉, 《매일신보》 1938년 5월 4일자 기념호 2면,

13 〈쇠고기 대신에 무엇을 먹을가-갑싸고 조키는 메루치가 제일?〉, 《매일신보》 1938년 5월 4일자 기념호 2면.

14 오창현, 〈한국 멸치 소비 문화에 관한 일상의 민속학: 한일 멸치 어업 기술의 전파와 수용에 따른 식생활 변동을 중심으로〉, 한국문화인류학회, 《문화인류학》 제51집 3호, 2018, 139쪽.

15 오창현, 〈한국 멸치 소비 문화에 관한 일상의 민속학: 한일 멸치 어업 기술의 전파와 수용에 따른 식생활 변동을 중심으로〉, 한국문화인류학회, 《문화인류학》 제51집 3호, 2018, 140쪽.

16 오창현, 〈한국 멸치 소비 문화에 관한 일상의 민속학: 한일 멸치 어업 기술의 전파와 수용에 따른 식생활 변동을 중심으로〉, 한국문화인류학회, 《한국문화인류학》 제51권 제3호, 2018, 146~147쪽.

17 〈시급한 학교급식(學校給食)〉, 《매일경제》 1969년 10월 14일자 5면: 멸치볶음(멸치 20g, 기름 10g); 〈도시락과 영양(營養)〉, 《매일경제》 1974년 7월 12일자 8면: 멸치 30g, 기름 8g, 설탕 5g.

18 김민철, 〈친일인물: 정춘수(鄭春洙)〉, 민족문제연구소, 《민족문제연구》2호, 1992, 7쪽.

19 〈대용식 한담(閑談)①-메뚜기〉, 《매일신보》1942년 10월 5일자 조간 2면; 〈대용식 한담②-개
고리〉, 《매일신보》1942년 10월 6일자 조간 2면; 〈대용식 한담③-번데기〉, 《매일신보》
1942년 10월 7일자 조간 2면; 〈대용식 한담④-아기벌〉, 《매일신보》1942년 10월 8일자 조간
2면; 〈대용식 한담⑤-잠자리〉, 《매일신보》1942년 10월 9일자 조간 2면; 〈대용식 한담⑥-도
토리〉, 《매일신보》1942년 10월 10일자 조간 2면; 〈대용식 한담⑦-칡뿌리〉, 《매일신보》
1942년 10월 11일자 조간 2면; 〈대용식 한담⑧-버섯 종류(상)〉, 《매일신보》1942년 10월
12일자 조간 2면; 〈대용식 한담⑨-버섯 종류(하)〉, 《매일신보》1942년 10월 13일자 조간
2면.

20 〈대용식 한담①-메뚜기〉, 《매일신보》1942년 10월 5일자 조간 2면.

21 김란, 〈1910년대 조선총독부의 뽕나무 재배정책과 조선인의 대응〉, 한양대학교 대학원 사학
과 석사학위청구논문, 2020, 9~10쪽.

22 〈대용식 한담③-번데기〉, 《매일신보》1942년 10월 7일자 조간 2면.

23 최수복, 〈누에〉, 《동아일보》1934년 6월 8일자 조간 6면.

24 〈대용식 한담③-번데기〉, 《매일신보》1942년 10월 7일자 조간 2면.

25 〈번데기 가루 수출 상품으로〉, 《매일경제》1967년 8월 16일자 4면.

26 〈수송교(校) 어린이들 "불량품(不良品) 사먹지 말자"〉, 《동아일보》1970년 6월 8일자 7면.

27 〈혼식과 대용식-일대국민운동(一大國民運動)으로 실천〉, 《매일신보》1939년 7월 31일자 2면.

28 〈혼식과 대용식-일대국민운동으로 실천〉, 《매일신보》1939년 7월 31일자 2면.

29 〈철도식당(鐵道食堂)서도 혼식〉, 《동아일보》1939년 10월 29일자 석간 2면.

30 〈절미운동의 표본〉, 《매일신보》1939년 11월 9일 조간 3면.

31 〈《쌀 인식(認識)》은 심각-양 줄이며 감식(減食)까지〉, 《매일신보》1939년 11월 9일 조간 3면.

32 〈경성 제일 경복정회 천팔십 호 상황〉, 《매일신보》1939년 11월 9일 조간 3면.

33 〈경성 인천 개성 혼식 성적 불량-삼부(三府)의 공사립 소학생 점심 일제 조사한 결과-백미
(白米)만 너무 먹는다〉, 《매일신보》1940년 2월 27일 조간 3면.

34 〈해설: 아국(我國) 소맥(小麥) 수급(需給)(하)〉, 《매일신보》1939년 7월 6일자 석간 4면.

35 〈거리의 "호떡" 장사, 대용식 장려로 세월 맛나!〉, 《매일신보》1940년 3월 14일자 조간 3면.

36 朝鮮總督府, 《朝鮮に於ける支那人》, 京城: 朝鮮總督府, 1924, 62~63쪽.

37 이정희, 《한반도 화교사》, 서울: 동아시아, 2018, 276쪽.

38 〈부내(府內) 지나요리점(支那料理店) 팔할 이상이 폐·휴업: 호떡·우동·탕수육 맛볼 수 없어
미각(味覺)에도 비상시래(非常時來)!〉, 《동아일보》1937년 9월 19일자 조간 2면.

39 〈대리허가(代理許可)는 고려: 각지 서장(署長) 권한(權限)에 일임(一任)한다〉, 《동아일보》1937
년 9월 19일자 조간 2면.

40 川流堂, 《軍隊料理法》, 東京: 川流堂, 1910, 124~125쪽.

41 〈원산소면(元山素麪) 축일(逐日) 발전〉,《동아일보》1935년 10월 1일자 조간 4면.

42 〈한 달에 세 번 대용식 건면(乾麪)을 배급한다〉,《매일신보》1942년 6월 29일자 조간 3면.

43 〈대용식계의 왕 함남소면 강원도서 주문〉,《매일신보》1942년 6월 22일자 조간 4면.

44 〈제면기(製麪機) 발명자 금강철강소(金剛鐵鋼所) 김규홍(金圭弘) 씨〉,《동아일보》1937년 11월 30일자 조간 4면.

45 장석흥·채영국·최계수·김영택·여성구·윤선자·이현주·남윤삼,《해방 후 한인 귀환의 역사적 과제》, 서울: 역사공간, 2012, 15쪽.

46 국사편찬위원회 편,《한국사 52. 대한민국의 성립》, 과천: 국사편찬위원회, 2002, 230쪽.

47 오소백, 〈청계천 노점(露店) 풍경(거리의 정보실)〉,《신천지(新天地)》1948년 4·5월(통권 25호, 제3권 제4호), 1948, 164~166쪽.

48 오소백, 〈청계천 노점 풍경(거리의 정보실)〉,《신천지》1948년 4·5월(통권 25호, 제3권 제4호), 1948, 164~166쪽; 〈서울의 단면-"삶"을 위한 노상전신(露商轉身)④ 청계천 변두리에 "와글와글"〉,《경향신문》1948년 10월 5일자 4면.

49 오소백, 〈청계천 노점 풍경(거리의 정보실)〉,《신천지》1948년 4·5월(통권 25호, 제3권 제4호), 1948, 164쪽.

50 오소백, 〈청계천 노점 풍경(거리의 정보실)〉,《신천지》1948년 4·5월(통권 25호, 제3권 제4호), 1948, 166쪽.

51 방종현,《일사국어학논집(一蓑國語學論集)》, 서울: 민중서관, 1963, 259~260쪽.

52 주영하,《식탁 위의 한국사》, 서울: 휴머니스트, 2013, 362~365쪽.

53 〈노점을 정리〉,《자유신문》1947년 12월 15일자 2면.

54 〈음식점 조사〉,《동아일보》1949년 3월 17일자 2면.

55 〈거리의 화제(話題)⑤ 날로 번창하는 빈자떡집〉,《경향신문》1947년 6월 28일자 2면.

56 〈남조선의 식량정책에 대하야: 러취 장관 성명(聲明)〉,《경향신문》1946년 10월 24일자 3면.

57 〈남조선의 식량정책에 대하야: 러취 장관 성명〉,《경향신문》1946년 10월 24일자 3면.

58 〈금후(今後) 일절(一切)로 "술" 못 만든다: 일반은 물론 군정관리공장(軍政管理工場)도 적용〉,《경향신문》1946년 10월 31일자 3면.

59 〈약탁주(藥濁酒)를 제조 중지〉,《동아일보》1940년 4월 18일자 석간 6면.

60 〈효과가 의문: 국일관(國一館) 지배인 안호신(安浩臣) 씨 담(談)〉,《경향신문》1946년 10월 31일자 3면; 〈간상배(奸商輩)를 조장: 일시민(一市民) 우복인(禹福仁) 씨 담〉,《경향신문》1946년 10월 31일자 3면.

61 〈긴급부득이(緊急不得已)한 조처: 아프로 이백구십만 명에 배급, 이(李) 농림장관(農林長官) 담〉,《동아일보》1949년 3월 22일자 2면.

62 김동춘, 〈한국전쟁의 미시적 분석-서울 시민과 한국전쟁: '잔류'·'도강'·'피난'〉,《역사비평》제51호, 2000, 45쪽.

63 〈"김장"도 눈앞에 닥쳐왓다: 서울시서 수급만전책(需給萬全策) 강구〉,《동아일보》1950년 10월 30일자 2면.

64 〈눈보라치는 국(國)경선, 지금(只今)도 싸우고 있다〉,《동아일보》1950년 11월 21일자 2면.

65 강성현, 〈'난민'이라는 존재의 인식과 삶〉,《한국현대생활문화사 1950년대》, 파주: 창비, 2016, 97쪽; 주영하·김혜숙·양미경,《한국인, 무엇을 먹고 살았나: 한국 현대 식생활사》, 성남: 한국학중앙연구원출판부, 2017, 32~34쪽.

66 박완서,《그 산이 정말 거기 있었을까》, 서울: 웅진지식하우스, 2005.

67 강성현, 〈'난민'이라는 존재의 인식과 삶〉,《한국현대생활문화사 1950년대》, 파주: 창비, 2016, 97쪽.

68 손소희, 〈향연(饗宴)〉,《신천지》1952년 1월호(통권 49호, 제7권 제1호), 15쪽.

69 〈난민용(難民用) 천막사(天幕舍) 백오십 동 신축(新築)〉,《동아일보》1951년 11월 9일자 2면.

70 〈우유 배급〉,《경향신문》1953년 1월 18일자 2면.

71 〈삼월 상순분(上旬分) 시(市) 구호용(救護用) 양곡(糧穀)〉,《경향신문》1953년 3월 1일자 2면.

72 〈우방(友邦)의 구호물자(救護物資) 쇄도(殺到): 버-마서 백미(白米) 사백 톤(噸) 기증을 위시〉,《동아일보》1951년 2월 16일자 2면; 〈고마운 구호물자 삼만이천이백삼십 톤〉,《동아일보》1951년 2월 22일자 2면.

73 강성현, 〈'난민'이라는 존재의 인식과 삶〉,《한국현대생활문화사 1950년대》, 파주: 창비, 2016, 98쪽.

74 〈국제시장(國際市場)을 해부(解剖)함: 동란한국(動亂韓國)의 심장(下)〉,《동아일보》1952년 3월 2일자 2면.

75 Cwiertka, Katarzyna J., *Cuisine, Colonialism and Cold War: Food in Twentieth-Century Korea*, London: Reaktion, 2013, p.80.

**4부 냉전의 식탁: 미국의 잉여농산물 유입과 녹색혁명**

1 Orwell, George., "You and the Atomic Bomb", *Tribune*, 19 October 1945.

2 Baruch, Bernard M., *The Public Years*, vol. 2, New York: Holt, Rinehart and Wiston, 1960, p.388.

3 Cumings, Bruce., "The Wicked Witch of the West Is Dead. Long Live the Wicked Witch of the East" In M. Hogan(Ed.), *The End of the Cold War: Its Meaning and Implications*, Cambridge: Cambridge University Press, 1992, pp.88~89; 권헌익 지음, 이한중 옮김,《또 하나의 냉전: 인류학으로 본 냉전의 역사》, 서울: 민음사, 2013, 36쪽.

4 〈PL480호〉,《매일경제》1974년 7월 22일자 1면.

5 대선제분주식회사, 《대선제분 50년》, 서울: 대선제분주식회사, 2009, 46쪽.

6 〈PL480호〉, 《매일경제》 1974년 7월 22일자 1면.

7 〈PL480호〉, 《매일경제》 1974년 7월 22일자 1면.

8 김성보, 《[20세기 한국사] 북한의 역사 1: 건국과 인민민주주의의 경험 1945~1960》, 서울: 역사비평사, 2011, 179~181쪽.

9 에리히 레셀(사진)·백승종(글), 《동독 도편수 레셀의 북한 추억: 50년대의 북녘, 북녘 사람들》, 서울: 효형출판, 2000, 11쪽.

10 에리히 레셀(사진)·백승종(글), 《동독 도편수 레셀의 북한 추억: 50년대의 북녘, 북녘 사람들》, 서울: 효형출판, 2000, 31쪽.

11 최은경, 〈분단 이후 북한 식생활의 시기별 변화 연구〉, 이화여자대학교 대학원 식품영양학과 박사학위청구논문, 2020, 42~43쪽.

12 조선과학백과사전출판사·한국평화문제연구소, 《조선향토대백과사전 18. 민속》, 서울: 평화문제연구소, 2003, 87쪽. 2008년에 출간된 《우리 민족료리》의 머리말에는 "오랜 역사적 과정을 거쳐 선조들이 창조한 전통적인 민족음식을 적극 장려하고 발전시켜나가는 것은 우리 근로자들의 식생활을 개선하며 주체성과 민족성을 고수하고 살려나가는 데서 매우 중요한 의의를 가진다"라고 했다(지명희·김익천, 《우리 민족료리》, 평양: 근로단체출판사, 2008, 1쪽).

13 조선과학백과사전출판사·한국평화문제연구소, 《조선향토대백과사전 1. 평양시》, 서울: 평화문제연구소, 2003, 404쪽.

14 지명희·김익천, 《우리 민족료리》, 평양: 근로단체출판사, 2008, 23쪽.

15 조선과학백과사전출판사·한국평화문제연구소, 《조선향토대백과사전 18. 민속》, 서울: 평화문제연구소, 2003, 67쪽.

16 조선과학백과사전출판사·한국평화문제연구소, 《조선향토대백과사전 18. 민속》, 서울: 평화문제연구소, 2003, 67쪽.

17 조선시대와 식민지 시기 북한에는 양강도(兩江道)라는 지명이 없었다. 1954년 함경남도와 함경북도 일부 지역을 분리하여 새로 도를 만들고 압록강과 두만강을 끼고 있는 지역이라는 의미에서 양강도라는 이름을 붙였다(조선과학백과사전출판사·한국평화문제연구소, 《조선향토대백과사전 16. 량강도》, 서울: 평화문제연구소, 2003, 23쪽).

18 조선과학백과사전출판사·한국평화문제연구소, 《조선향토대백과사전 12. 함경남도》, 서울: 평화문제연구소, 2003, 54쪽.

19 "옛 방식으로 감자녹말 만들기"(http://blog.daum.net/momo530214/13701659).

20 지명희·김익천, 《우리 민족료리》, 평양: 근로단체출판사, 2008, 45쪽.

21 조선과학백과사전출판사·한국평화문제연구소, 《조선향토대백과사전 18. 민속》, 서울: 평화문제연구소, 2003, 71쪽.

22 지명희·김익천, 《우리 민족료리》, 평양: 근로단체출판사, 2008, 46쪽.

23 정일준, 〈대만과 한국의 발전국가로의 전환 비교연구-1950년대 미국의 아시아 냉전전략을 중심으로〉, 한국사회사학회, 《사회와 역사》 제100집, 2013, 447~484쪽.

24 이세진, 〈1950년대 후반 미국의 전략 변화와 한국 경제성장의 조건〉, 한국외국어대학교역사문화연구소, 《역사문화연구》 제59집, 2016, 79~80쪽.

25 速水健朗, 《ラーメンと愛国》, 東京: 講談社, 2011, 26쪽.

26 鈴木猛夫, 《「アメリカ小麦戦略」と日本人の食生活》, 東京: 藤原書店, 2003, 17~21쪽.

27 日清食品株式會社社史編纂プロジェクト (編輯), 《日清食品創業者·安藤百福傳》, 池田: 日清食品株式會社, 2008, 23쪽.

28 주영하, 〈《라면의 지구사》 출판을 위한 기초 연구〉, 《2014년 기초연구과제총서》, 서울: 율촌재단, 2015, 677~683쪽.

29 日清食品株式會社社史編纂プロジェクト 編輯, 《日清食品創業者·安藤百福傳》, 池田: 日清食品株式會社, 2008, 33쪽.

30 日清食品株式會社社史編纂プロジェクト 編輯, 《日清食品創業者·安藤百福傳》, 池田: 日清食品株式會社, 2008, 34쪽.

31 무라야마 도시오 지음, 김윤희 옮김, 《라면이 바다를 건넌 날: 한국과 일본, 라면에 사활을 건 두 남자 이야기》, 파주: 21세기북스, 2015, 225~226쪽.

32 농심40년사편찬팀, 《농심 40년사》, 서울: (주)농심, 2006, 149쪽.

33 삼양식품21년사편찬위원회, 《삼양식품 21년사》, 서울: 삼양식품공업주식회사, 1982, 78쪽.

34 최동주, 〈베트남 파병이 한국 경제의 성장 과정에 미친 영향〉, 한국동남아학회, 《동남아시아연구》 제11권(봄호), 2001, 213쪽.

35 국방부군사편찬연구소, 《증언을 통해 본 베트남전쟁과 한국군 3: 청룡부대 전쟁의 평가 및 교훈》, 서울: 국방부군사편찬연구소, 2003, 695쪽.

36 채명신, 《베트남전쟁과 나: 채명신 회고록》, 서울: 팔복원, 2006, 224~225쪽.

37 〈주월 한국군에 K레이션. 1,120만 불 한미 계약〉, 《조선일보》 1969년 6월 27일자 조간 2면.

38 〈순한국식 C레이션 국내 제조에 성공-국방부, 「15만 식」 파월 장병에 선물키로〉, 《조선일보》 1966년 12월 8일자 조간 7면.

39 〈월남에 처녀수출, 「삼양라면」 10만 식〉, 《매일경제》 1967년 9월 5일자 5면.

40 채명신, 《베트남전쟁과 나: 채명신 회고록》, 서울: 팔복원, 2006, 230~236쪽.

41 《관보》 1963년 2월 26일자, 재무부고시 제313호.

42 영창서관편집부 찬, 《조선무쌍신식요리제법(朝鮮無雙新式料理製法)》, 경성: 영창서관, 1936, 54~55쪽.

43 《관보》 1965년 3월 29일자, 재무부고시 제377호.

44 허정구, 〈1970~80년대 막걸리 소비 퇴조에 관한 민속학적 연구〉, 중앙대학교 대학원 석사학위청구논문, 2011, 24쪽.

45  허정구, 〈1970~80년대 막걸리 소비 퇴조에 관한 민속학적 연구〉, 중앙대학교 대학원 석사학위청구논문, 2011, 24쪽.

46  허정구, 〈1970~80년대 막걸리 소비 퇴조에 관한 민속학적 연구〉, 중앙대학교 대학원 석사학위청구논문, 2011, 55쪽.

47  허정구, 〈1970~80년대 막걸리 소비 퇴조에 관한 민속학적 연구〉, 중앙대학교 대학원 석사학위청구논문, 2011, 39쪽.

48  〈주정·소주 제조에 쌀·잡곡 사용 일체 금지〉, 《동아일보》 1964년 12월 21일자 3면.

49  〈고구마로 알콜 제조〉, 《동아일보》 1938년 8월 6일자 석간 4면.

50  Medeiros, A.B.P., Matos, M.E., Monteiro, A. de Pinho, Carvalho, J.C., Soccol, C.R., "Cachaca and Rum", *Current Developments in Biotechnology and Bioengineering*, Amsterdam, Netherlands: Elsevier, 2017, pp.462~464.

51  〈대만 당밀(糖蜜) 이입으로 소주계(燒酎界) 대활기〉, 《동아일보》 1939년 3월 20일자 석간 4면.

52  〈대만산 당밀 입하 한중 무역의 제일착〉, 《동아일보》 1952년 2월 12일자 조간 2면.

53  〈당밀주 적극 증산〉, 《동아일보》 1953년 6월 22일자 조간 2면.

54  〈당밀 수입 금지〉, 《경향신문》 1953년 10월 11일자 2면.

55  엄예지, 〈위기 시 청중 비용과 1960년대 한국의 아시아-아프리카 외교정책: ASPAC 창설과 아프리카 신생국 순방을 중심으로〉, 이화여자대학교 대학원 정치외교학과 석사학위청구논문, 2016, 51~56쪽.

56  〈한(韓)·태(泰)무역협정 조인〉, 《경향신문》 1961년 9월 15일자 1면; 〈버마와 통상 협의〉, 《동아일보》 1962년 3월 25일자 석간 2면; 〈인도니시아 통상사절단의 내한(來韓)을 맞이하여〉, 《경향신문》 1963년 5월 28일자 2면.

57  〈술 만드는 원료 도입에 백만 불 배정이란 무슨 소린가〉, 《경향신문》 1963년 9월 5일자 2면.

58  〈술 만드는 원료 도입에 백만 불 배정이란 무슨 소린가〉, 《경향신문》 1963년 9월 5일자 2면.

59  〈타피오카 본격 수입 주정(酒精) 원료 대체 사용〉, 《매일경제》 1974년 3월 8일자 7면.

60  〈유지공업(油脂工業), 원료난에 신음, 원료 배급은 여지껏 전무!, 필요한 국가적인 지도〉, 《공업신문》 1947년 5월 13일자 1면.

61  〈강유(糠油) 원재료 계획생산, 오십구만여 석(石) 예상, 휴면 상태의 유지공업에 희소식〉, 《공업신문》 1948년 1월 6일자 2면.

62  大蔵省印刷局 編, 《官報》 4161号(1897年 5月 19日), 237쪽.

63  USSEC, *Chapter One: The Soybean, It's History, and It's Opportunities*, United States Soybean Export Council, Chesterfield, Missouri., 2015, p.1-1.

64  〈잉여농산물 도입과 대책〉, 《경향신문》 1956년 10월 31일자 2면.

65  〈군사비(軍事費): 엇바뀌는 비중(比重)-안팎의 부담률(負担率)〉, 《경향신문》 1964년 12월 7일자 3면.

66  신동방, 《신동방 30년사(新東邦三十年史): 1966~1996》, 서울: 신동방, 1997, 194~199쪽.

67  石川寬子 編,《食生活と文化》, 川崎: 弘學出版, 1989, 130쪽.

68  〈최근 조선산업(朝鮮産業) 발달의 대관(大觀)(27)〉,《동아일보》1921년 10월 3일자 1면.

69  김재춘, 〈사료 수급 전망과 그 대책〉, 대한양계협회,《월간양계》1971년 1월, 29~30쪽; 오세정, 〈1971년도 부로일러 전망〉, 대한양계협회,《월간양계》1971년 1월, 43~44쪽.

70  〈산패(酸敗)되기 쉬운 유지식품(油脂食品) 조심〉,《경향신문》1972년 6월 29일자 5면.

71  Hoselitz, Bert F., 〈한국의 녹색혁명－특별강연〉, 한국사회사학회,《한국사회학회 세미나 보고서: 도시와 농촌의 격차》, 서울: 한국사회학회, 1969, 104쪽.

72  〈도시와 농촌의 격차: 사회학회 세미나에 비친 현실과 대책〉,《동아일보》1969년 6월 26일자 4면.

73  제프리 M. 필처 엮음, 김병순 옮김,《옥스퍼드 음식의 역사: 27개 주제로 보는 음식 연구》, 서울: 따비, 2020, 117쪽.

74  이완주,《실록 통일벼》, 파주: 들녘, 2017, 82~83쪽.

75  이완주,《실록 통일벼》, 파주: 들녘, 2017, 50쪽.

76  이완주,《실록 통일벼》, 파주: 들녘, 2017, 96쪽.

77  김태호,《근현대 한국 쌀의 사회사》, 파주: 들녘, 2017, 120쪽.

78  小松良行·升尾洋一郎, 〈稚苗移植による水稲晩期培法に関する研究: 第1報 晩期栽培における稚苗移植の晩限と品種選定〉,《日本作物学会四国支部紀事》(6), 1968, 18~19쪽; 和田定, 〈水稲新品種「ゆきひかり」の育成について〉,《北海道立農業試驗場集報》第54号, 1986, 58쪽.

79  이완주,《실록 통일벼》, 파주: 들녘, 2017, 97쪽.

80  이완주,《실록 통일벼》, 파주: 들녘, 2017, 100쪽.

81  김태호,《근현대 한국 쌀의 사회사》, 파주: 들녘, 2017, 127쪽.

82  이완주,《실록 통일벼》, 파주: 들녘, 2017, 124쪽.

83  김태호, 〈밥으로 읽는 한국 현대사〉,《광복 70년 기념 학술대회-광복 70년 한국 사회와 한국인의 삶》, 2015, 365~366쪽.

84  김태호, 〈밥으로 읽는 한국 현대사〉,《광복 70년 기념 학술대회-광복 70년 한국 사회와 한국인의 삶》, 2015, 366쪽.

85  김태호, 〈밥으로 읽는 한국 현대사〉,《광복 70년 기념 학술대회-광복 70년 한국 사회와 한국인의 삶》, 2015, 366쪽.

86  김인환, 〈한국의 녹색혁명: 벼 신품종의 개발과 보급〉, 농촌진흥청, 1978, 205쪽; 김태호, 〈밥으로 읽는 한국 현대사〉,《광복 70년 기념 학술대회-광복 70년 한국 사회와 한국인의 삶》, 2015, 366쪽.

87  〈식량 자급 기반 굳힌 대풍(大豐)〉,《매일경제》1976년 11월 26일자 7면.

88  김태호, 〈밥으로 읽는 한국 현대사〉,《광복 70년 기념 학술대회-광복 70년 한국 사회와 한국인의 삶》, 2015, 369쪽.

89 〈통일쌀 밥 짓는 법〉,《동아일보》1972년 10월 24일자 5면.

90 김태호,《근현대 한국 쌀의 사회사》, 파주: 들녘, 2017, 220쪽.

91 정용인, 〈우리의 '밥맛'은 어디서 왔을까〉,《주간경향》911호, 2011년 2월 8일자.

92 〈농촌 새 풍속도〈11〉 모내기: 농민들의 큰 관심 개량종(改良種) 볍씨〉,《경향신문》1977년 6월 7일자 6면.

93 김태호,《근현대 한국 쌀의 사회사》, 파주: 들녘, 2017, 221쪽.

94 오츠보켄이치·식미연구회 지음, 배상면·양수진 옮김,《일본 제일의 맛있는 쌀의 비밀》, 서울: 우곡출판사, 2009, 140쪽.

95 엔리케 C. 오초아, 〈음식의 정치사〉, 제프리 M. 필처 엮음, 김병순 옮김,《옥스퍼드 음식의 역사: 27개 주제로 보는 음식 연구》, 서울: 따비, 2020, 117쪽.

96 Cullather, Nick., *The Hungry World: America's Cold War Battle Against Poverty in Asia*, Cambridge, Massachusetts: Harvard University Press, 2010.

## 5부 압축성장의 식탁: 먹는장사 전국시대

1 강준만, 〈강준만의 이론으로 보는 세상: 왜 대한민국은 졸지에 '삼류 국가'가 되었는가? 압축성장〉,《인물과사상》2014년 1월호, 2014, 34쪽.

2 복거일 외, 〈한국 지식인, 무엇을 생각하는가: 아웃사이더의 목소리〉,《계간 현대사상 특별증간호: 1998 지식인 리포트》제2권 제1호(1998년 여름), 서울: 민음사, 1998, 18쪽.

3 김육훈,《살아있는 한국 근현대사 교과서》, 서울: 휴머니스트, 2007, 318쪽.

4 정혜경, 〈한국의 사회·경제적 변동에 따른 식생활 변천: 조선 말기부터 1980년대까지〉, 이화여자대학교 식품영양학과 박사학위청구논문, 1988, 57쪽.

5 정혜경, 〈한국의 사회·경제적 변동에 따른 식생활 변천: 조선 말기부터 1980년대까지〉, 이화여자대학교 식품영양학과 박사학위청구논문, 61쪽.

6 〈종합식품회사 설립〉,《경향신문》1966년 8월 31일자 2면.

7 김재수,《식품산업의 현재와 미래》, 2007, 서울: 백산출판사, 178쪽.

8 주영하,《식탁 위의 한국사: 메뉴로 본 20세기 한국 음식문화사》, 서울: 휴머니스트, 2013, 505~510쪽.

9 피터 버크 지음, 강상우 옮김,《문화 혼종성: 뒤섞이고 유동하는 문화를 이해하기 위한 가이드》, 서울: 이음, 2012, 84쪽; 주영하,《식탁 위의 한국사: 메뉴로 본 20세기 한국 음식문화사》, 서울: 휴머니스트, 2013, 515쪽.

10 〈싱싱한 여름 야채 농약 독성 조심을〉,《동아일보》1981년 8월 5일자 7면.

11 주영하·김혜숙·양미경,《한국인, 무엇을 먹고 살았나: 한국 현대 식생활사》, 성남: 한국학중

앙연구원, 2017, 218~220쪽.

12 최낙언·노중섭,《아무도 알려주지 않는 감칠맛과 MSG 이야기》, 서울: 리북, 2013.

13 〈쇠고기 3백 톤 수입, 6백 g에 2백 원으로 산매(散賣)될 듯〉,《경향신문》1968년 5월 25일자 2면.

14 《[기해(己亥)]진연의궤(進宴儀軌)》, 〈찬품(饌品)〉(1719년);《[을유(乙酉)]수작의궤(受爵儀軌)》, 〈예빈사(禮賓寺)〉(1765년);《원행을묘정리의궤(園幸乙卯整理儀軌)》, 〈찬품〉(1795년).

15 영창서관편집부 찬,《조선무쌍신식요리제법(朝鮮無雙新式料理製法)》, 경성: 영창서관, 1936, 181쪽.

16 〈갈비 수입 쉬쉬〉,《매일경제》1988년 12월 27일자 15면.

17 〈한우 갈비 공급 크게 달려〉,《매일경제》1989년 8월 24일자 13면.

18 〈쇠고기 사기 4곳 확인〉,《동아일보》1992년 2월 17일자 15면.

19 〈식생활 순회 계몽〉,《경향신문》1976년 3월 12일자 5면 ; 〈주부교실 좌담: 쇠고기값 인상 앞서 대용 단백질 장려를〉,《동아일보》1976년 3월 22일자 5면; 〈술에 맞는 영양(營養) 안주〉,《경향신문》1976년 4월 26일자 4면; 〈나의 제언(提言): 쇠고기만 좋은 단백질 아니다(김숙희)〉,《경향신문》1976년 6월 12일자 4면.

20 이용빈·이원, 〈양돈〉,《한국축산발달사》, 서울: 사단법인한국낙농육우협회, 1998, 489쪽; 김재민·김태경·황병무·옥미영·박현옥,《대한민국 돼지산업사: 삼겹살, 한국인의 소울푸드가 되기까지》, 서울: 팜커뮤니케이션, 2019, 25쪽.

21 〈식품산업전쟁-육가공 제품〉,《매일경제》1984년 7월 20일자 7면.

22 김종엽, 〈80년대의 먹거리 문화, 삼겹살과 양념통닭〉,《한국현대생활문화사 1980년대》, 파주: 창비, 2016, 68쪽.

23 한국농촌경제연구원,《2000년도 식품수급표》, 서울: 한국농촌경제연구원, 2001, 36쪽; 한국농촌경제연구원,《2002년도 식품수급표》, 서울: 한국농촌경제연구원, 2003, 164~165쪽; 한국농촌경제연구원,《2007년도 식품수급표》, 서울: 한국농촌경제연구원, 2008, 32~33쪽.

24 〈식품산업전쟁-프롤로그〉,《매일경제》1984년 7월 18일자 1면.

25 김인상, 〈우리나라 육가공 산업의 현황〉,《식품과학과 산업》23권 4호, 1980, 3쪽.

26 김재민·김태경·황병무·옥미영·박현옥,《삼겹살, 한국인의 소울푸드가 되기까지 대한민국 돼지산업사》, 서울: 팜커뮤니케이션, 2019, 226쪽.

27 《동아일보》1972년 1월 11일자 7면 하단 광고.

28 〈싫증 안 나는 어린이 도시락-요리연구가 왕준련(王晙連) 씨가 말하는 '비법'〉,《동아일보》1984년 3월 15일자 10면.

29 이하의 내용은 주영하, 〈한국 아이스크림의 역사〉,《아이스크림의 지구사》, 서울: 휴머니스트, 2013, 248~253쪽.

30 이은희, 〈박정희 시대 빙과열전(氷菓熱戰)〉,《역사비평》제121호, 2017, 322쪽.

31 〈식품산업전쟁(5)-아이스크림〉,《매일경제》1984년 7월 24일자 7면.

32 이하의 내용은 주영하, 〈'유사길'에서 '위스키'까지, 한국 위스키의 역사〉,《위스키의 지구사》, 서울: 휴머니스트, 2016, 233~236쪽.

33 〈식품산업전쟁(2)-주류(酒類)〉,《매일경제》1984년 7월 19일자 7면.

34 〈상전(商戰)-치열한 기업 경쟁의 현장, 청량음료-뜨거운 판촉 공방〉,《동아일보》1986년 7월 18일자 5면.

35 〈상전-치열한 기업 경쟁의 현장, 청량음료-뜨거운 판촉 공방〉,《동아일보》1986년 7월 18일자 5면.

36 한국 콜라 시장의 전개 과정에 대한 논저는 김덕호,《욕망의 코카콜라》, 고양: 지호, 2014, 332~341쪽; 이은희, 〈박정희 시대 콜라전쟁〉,《역사문제연구》34권, 2015를 참조하기 바란다.

37 《경향신문》1962년 2월 15일자 1면 하단 광고.

38 김영일, 〈청량음료공업의 현황〉, 한국식품산업협회,《좋은식품》15집, 1973, 62쪽.

39 이수동, 〈국내 청량음료 시장의 유통 경로〉, 한국마케팅연구원,《월간 경영과 마케팅》1989년 9월호, 1989, 73쪽.

40 〈상전-치열한 기업 경쟁의 현장, 청량음료-뜨거운 판촉 공방〉,《동아일보》1986년 7월 18일자 5면.

41 이민철, 〈음료산업〉,《식품과학과 산업》21권 3호, 1988, 93~94쪽.

42 〈농개공 보리 천연음료 개발〉,《매일경제》1979년 9월 27일자 6면.

43 대한민국특허청 특허공보 공고번호 특1980-0001041, 〈맥아를 이용한 청량음료의 제조법〉, 발명자 석호문.

44 고은빛, 〈[틈새강자] 콜라·사이다 틈바구니서 우뚝 선 37살 맥콜〉,《한국경제》2019년 7월 18일자(인터넷판).

45 이영희, 〈[이달의 광고] 음료 시장에서 자리 굳힌 맥콜 광고의 성공 요인〉, 한국마케팅연구원,《마케팅》1988년 7월호, 92~94쪽.

46 고은빛, 〈[틈새강자] 콜라·사이다 틈바구니서 우뚝 선 37살 맥콜〉,《한국경제》2019년 7월 18일자(인터넷판).

47 김종엽, 〈1980년대, 5월에서 6월로, 그리고…〉,《한국현대생활문화사 1980년대》, 파주: 창비, 2016, 14쪽.

48 정준영·최민규, 〈프로야구에 열광하다〉,《한국현대생활문화사 1980년대》, 파주: 창비, 2016, 106~107쪽.

49 Kays, Joe. & Phillips-Han, Arline., "Gatorade: The Idea That Launched an Industry", *Explore Research at the University of Florida* (https://research.ufl.edu/publications/explore/v08n1/gatorade.html)

50 〈「88」 열기…스포츠드링크 5파전(巴戰)〉,《경향신문》1987년 5월 16일자 5면.

51 신중현, 〈청량음료의 생산 및 업체 현황〉, 《식품기술》 제8권 제 3호, 1995, 23쪽.

52 김영인·김기숙, 〈한국 대도시 가정의 부엌 설비 및 조리기구에 관한 실태 조사-제2보; 조리 기구의 보유 실태 조사〉, 《한국식품조리과학회지》 제6권 제3호, 1990, 97쪽.

53 정준영·최민규, 〈프로야구에 열광하다〉, 《한국현대생활문화사 1980년대》, 파주: 창비, 2016, 106~118쪽.

54 오호성, 〈한국 수산업의 당면 과제와 진로-자원 보전과 증·양식어업 문제를 중심으로〉, 한 국농촌경제연구원, 《농촌경제》 제1권 제1호, 1978, 47쪽.

55 한중건, 〈수산업의 비중 문제〉, 《경향신문》 1955년 1월 1일자 5면.

56 〈명란 첫 수출-일본에 삼천관〉, 《동아일보》 1960년 11월 29일자 4면.

57 〈1억 불 돌파〉, 《동아일보》 1964년 12월 1일자 2면.

58 〈만선(滿船) 꿈에 부푼 황금어장 입하(立夏)살이…성어기(盛魚期) 맞는 서남해(西南海)〉, 《경향 신문》 1966년 5월 4일자 3면.

59 오호성, 〈한국 수산업의 당면 과제와 진로-자원 보전과 증·양식어업 문제를 중심으로〉, 한 국농촌경제연구원, 《농촌경제》 제1권 제1호, 1978, 48쪽.

60 주영하, 《음식인문학: 음식으로 본 한국의 역사와 문화》, 서울: 휴머니스트, 2011, 217~248쪽.

61 조선총독부, 《시정(施政)30년사》, 경성: 조선총독부, 1940, 215쪽.

62 〈「보사부(保社部)서 착수」 폐(肺)디스토마 박멸(撲滅)한다 간(肝)디스토마〉, 《경향신문》 1964년 12월 18일자 3면.

63 〈디스토마 6백만-담수어(淡水魚)회 못 팔게〉, 《경향신문》 1966년 6월 11일자 7면.

64 유계완, 〈미조리-물 좋은 생선회, 단무지도 일미(一味)〉, 《매일경제》 1969년 2월 28일자 8면.

65 〈부산 해운대 명물 횟집 가건물 정화(淨化) 내세워 철거〉, 《동아일보》 1973년 5월 14일자 7면.

66 이일균, 〈어시장 홍콩빠를 기억하시나요〉, 《경남도민일보》 2005년 9월 3일자 (인터넷판).

67 문화공보부문화재관리국, 《한국민속종합조사보고 제3책 경남편》, 서울: 문화공보부문화재관 리국, 1972, 483쪽.

68 〈서울25시(2) 「활선어(活鮮魚)의 바다」 새벽 수산시장〉, 《동아일보》 1984년 6월 5일자 3면.

69 〈남해 수산물 총집합: 부산 자갈치시장〉, 《동아일보》 1984년 10월 24일자 11면.

70 한종수·계용준·강희용, 《강남의 탄생: 대한민국의 심장 도시는 어떻게 태어났는가?》, 서울: 미지북스, 2016, 91쪽.

71 〈「일본바람」이 부는가〈4〉 「일식」 음식 즐기는 사람 늘어난다〉, 《동아일보》 1984년 10월 23일자 3면.

72 공병호, 《김재철평전》, 파주: 21세기북스, 2016, 462~463쪽.

73 〈서울 시민은 얼마나 벌고 얼마나 썼나〉, 《동아일보》 1977년 1월 18일자 2면.

74 〈서울의 으뜸-유흥가〉, 《동아일보》 1969년 12월 13일자 8면.

75 〈'미풍한국(美風韓國)' 흐리는 '외빈 접대'〉, 《동아일보》 1971년 11월 25일자 6면.

76 주영하, 《한국인은 왜 이렇게 먹을까?: 식사 방식으로 본 한국 음식문화사》, 서울: 휴머니스트, 2018, 229~255쪽.

77 〈현대판 불가사리(2) 복부인 부대(상)〉, 《경향신문》 1978년 2월 14일자 3면.

78 이희봉·양영균·이대화·김혜숙, 《한국인, 어떤 집에서 살았나: 한국 현대 주생활사》, 성남: 한국학중앙연구원출판부, 2017, 185쪽.

79 〈주택정책 이대로 좋은가(1)〉, 《매일경제》, 1978년 11월 6일자 1면.

80 〈강남 새 풍속도(11) 초대형 전원(田園) 갈비집〉, 《경향신문》 1982년 11월 11일자 7면.

81 〈돈은 어디로 흐르나(10) 홍청대는 공원식(公園式) 갈비집〉, 《동아일보》 1983년 5월 2일자 3면.

82 〈돈은 어디로 흐르나(10) 홍청대는 공원식 갈비집〉, 《동아일보》 1983년 5월 2일자 3면.

83 〈토속(土俗) 음식점 대도시 분점(分店)시대, 「고향의 맛」 속속 서울 진출〉, 《경향신문》 1993년 10월 21일자 20면.

84 〈토속 음식점 대도시 분점시대, 「고향의 맛」 속속 서울 진출〉, 《경향신문》 1993년 10월 21일자 20면.

85 배기철, 〈한국 외식산업의 이용 실태에 관한 연구: 서울 지역 속성음식(fast food) 체인점을 중심으로〉, 경기대학교 대학원 석사학위청구논문, 1988, 35쪽.

86 〈전통 음식도 「체인점」 시대〉, 《동아일보》 1986년 7월 21일자 7면.

87 Watson, L. James., "Introduction: Transnationalism, Localization and Fast Foods in East Asia", *Golden Arches East: McDonald's in East Asia(2nd ed.)*, Stanford: Stanford University Press, 2006, p.33.

88 조지 리처 지음, 김종덕 옮김, 《맥도날드 그리고 맥도날드화-유토피아인가, 디스토피아인가》, 서울: 시유시, 2003.

## 6부 세계화의 식탁: 한국인의 식탁을 장악한 세계 식품체제

1 앙드레 마냥, 〈식품체제〉, 제프리 M. 필처 지음, 김병순 옮김, 《옥스퍼드 음식의 역사: 27개 주제로 보는 음식 연구》, 서울: 따비, 2020, 619~621쪽.

2 〈김 대통령 「세계화」 구상 난국 돌파 「정치적」 포석〉, 《동아일보》 1994년 11월 24일자 4면.

3 Sheffield, Jim., Korotayev, Andrey. & Grinin, Leonid.(ed), *Globalization: Yesterday, Today, and Tomorrow*, Litchfield Park, AZ: Emergent Publications, 2013, p.6.

4 Yeates, Nicola., *Globalization and Social Policy*, England Thousand Oaks, Calif.: Sage, 2001.

5 Reich, Simon., "What is Globalization?: Four Possible Answers", *Working paper(Helen Kellogg Institute for International Studies) #261*, Helen Kellogg Institute for International Studies, 1998,

pp.12~18.

6  이제민, 〈한국의 외환위기-원인, 해결 과정과 결과〉, 한국경제발전학회, 《경제발전연구》 제13권 제2호, 2007, 8쪽.

7  양승룡·이원진, 〈한국 농산물 수입 시장에서 주요 수출국의 시장 지배력 분석〉, 한국농업경제학회, 《농업경제연구》 제142권 제1호, 2001, 13쪽.

8  〈바나나 수입 개방 초비상〉, 《매일경제》 1990년 9월 24일자 1면.

9  陳慈玉, 〈日本統治期における台湾輸出産業の発展と変遷(上)〉, 《立命館経済学》 第60巻 第5号, 2012, 22쪽.

10  谷ケ城秀吉, 〈戦間期における青果物流通機構の形成と「帝国」-台湾バナナを事例に-〉, 《立教經濟學研究》 第63巻 第3号, 2010, 97쪽; 陳慈玉, 〈台湾バナナ産業と対日貿易: 1912~1972年〉, 《立命館経済学》 第59巻 第2号, 2010, 37쪽; 西川榮一, 《臺灣風景 : 日治時代日籍攝影師西川榮一的作品》, 臺北: 南港山文史工作室, 2016.

11  〈점두에 널닌 바나나〉, 《조선중앙일보》 1933년 6월 2일자 3면.

12  김봉식, 〈「빠나나」 이야기-대만 시찰에서 본 대로(하)〉, 《동아일보》 1934년 2월 9일자 4면.

13  〈영화 배급조합의 명화대회〉, 《동아일보》 1939년 1월 21일자 4면.

14  谷ケ城秀吉, 〈戦間期における青果物流通機構の形成と「帝国」-台湾バナナを事例に-〉, 《立教經濟學研究》 第63巻 第3号, 2010. 89쪽.

15  〈「바나나」가 사천 근 인천에 온 무역선에〉, 《국제신문》 1948년 11월 21일자 2면.

16  〈먹자판도 이만하면 가관(可觀)-「사과」 수출코 「빠나나」 수입-계획 없는 무역정책에 물의〉, 《동아일보》 1952년 7월 16일자 2면.

17  〈사과와 바나나 20만 상자 교환 수입키로 합의〉, 《동아일보》 1979년 9월 16일자 2면.

18  양명석, 〈우리나라 연계무역의 추진 동기에 관한 실증적 연구〉, 동아대학교 대학원 무역학과 석사학위청구논문, 1992, 10~12쪽.

19  〈백 평(坪)의 열대(熱帶)〉, 《경향신문》 1964년 2월 6일자 7면.

20  〈향토의 숨결(4) 서귀포 「바나나 해변」〉, 《동아일보》 1986년 1월 29일자 9면.

21  〈제주 해변 광어 양식(養殖) 붐〉, 《동아일보》 1989년 5월 19일자 13면.

22  공병호, 《김재철 평전》, 파주: 21세기북스, 2016, 457~458쪽.

23  공병호, 《김재철 평전》, 파주: 21세기북스, 2016, 460쪽.

24  〈독자의 편지-말썽 난 「자몽」 일본말에서 따온 것 우리말 「왕귤」이라 부르면 어떨지〉, 《동아일보》 1989년 10월 9일자 11면.

25  《동아일보》 1989년 3월 25일자 11면 광고.

26  〈자몽에 발암물질〉, 《경향신문》 1989년 6월 16일자 10면.

27  〈「자몽」 발암물질 없다-미 대사관 해명〉, 《동아일보》 1989년 6월 22일자 14면.

28  《동아일보》 1989년 7월 4일자 4면 하단 광고.

29 〈미국, '자몽' 불매운동에 보복 위협〉, 《한겨레》 1989년 7월 9일자 11면.

30 〈수입 식품 갈수록 기승-미·덴마크 정부 차원서 적극 공략 나서〉, 《매일경제》 1990년 2월 16일자 13면.

31 〈제상(祭床) 위의 바나나〉, 《매일경제》 1990년 9월 28일자 5면.

32 박선미·김희순, 《빈곤의 연대기: 제국주의, 세계화 그리고 불평등한 세계》, 서울: 갈라파고스, 2002, 146~147쪽.

33 박선미·김희순, 《빈곤의 연대기: 제국주의, 세계화 그리고 불평등한 세계》, 서울: 갈라파고스, 2002, 147쪽.

34 이기완·박영심·박태배·김은경·장미라, 《한국인의 식생활 100년 평가(Ⅰ)-20세기를 중심으로》, 서울: 신광출판사, 1998, 85쪽.

35 〈육류 섭취 10년 새 3배 늘어〉, 《동아일보》 1992년 12월 10일자 21면.

36 김종엽, 〈80년대의 먹거리 문화, 삼겹살과 양념통닭〉, 《한국현대생활문화사 1980년대》, 파주: 창비, 2016, 68쪽.

37 「「서양 채소」 날로 인기〉, 《동아일보》 1985년 9월 14일자 11면.

38 〈녹즙 전문점 주택가·오피스 주변 성행〉, 《매일경제》 1989년 9월 15일자 13면.

39 〈횡설수설〉, 《동아일보》 1985년 3월 22일자 1면.

40 〈신종(新種) 야채들① 셀러리〉, 《동아일보》 1972년 1월 13일자 5면.

41 〈신종 야채들② 20일 무〉, 《동아일보》 1972년 1월 21일자 5면.

42 〈신종 야채들③ 양상치〉, 《동아일보》 1972년 1월 25일자 5면.

43 〈신종 야채들④ 파슬리〉, 《동아일보》 1972년 1월 27일자 5면.

44 〈신종 야채들⑤ 피망〉, 《동아일보》 1972년 2월 1일자 5면.

45 〈신종 야채들⑥ 보라색 캐비지〉, 《동아일보》 1972년 2월 4일자 5면.

46 〈신종 야채들⑦ 꽃양배추〉, 《동아일보》 1972년 2월 9일자 5면.

47 〈양채류(洋菜類) 생산 확대〉, 《매일경제》 1983년 3월 1일자 11면.

48 박미성·이용선·박한울·박지원, 《서양 채소 수급 실태 분석과 과제》, 나주: 한국농촌경제연구원, 2016, 23쪽.

49 박미성·이용선·박한울·박지원, 《서양 채소 수급 실태 분석과 과제》, 나주: 한국농촌경제연구원, 2016, 22쪽.

50 박미성·이용선·박한울·박지원, 《서양 채소 수급 실태 분석과 과제》, 나주: 한국농촌경제연구원, 2016, 24쪽.

51 박미성·이용선·박한울·박지원, 《서양 채소 수급 실태 분석과 과제》, 나주: 한국농촌경제연구원, 2016, 26쪽.

52 박미성·이용선·박한울·박지원, 《서양 채소 수급 실태 분석과 과제》, 나주: 한국농촌경제연구원, 2016, 33쪽.

53 박미성·이용선·박한울·박지원,《서양 채소 수급 실태 분석과 과제》, 나주: 한국농촌경제연구원, 2016, 32쪽.

54 한국채소종자산업발달사편찬위원회편,《한국채소종자산업발달사》, 서울: 서울대학교출판부, 2008, 271쪽, 370~371쪽, 280쪽.

55 박기환·박현태·정정길·유일웅·신종수,《종자산업의 동향과 국내 종자기업 육성 방안》, 서울: 한국농촌경제연구원, 2010, 9쪽.

56 이기섭,〈다국적 거대 종자기업이 국내 종자산업에 미치는 영향〉,《한국국제농업개발학회지》제31권 1호, 2019, 85쪽.

57 KBS 스페셜《종자, 세계를 지배하다》제작팀,《종자, 세계를 지배하다: 종자는 누가 소유하는가》, 서울: 시대의창, 2014, 273~283쪽.

58 이남수·강경희·조국훈·김대영,〈'국민 횟감' 자리매김한 연어, 안정적인 먹거리 차원 관리 필요〉,《KMI동향분석》51, 2017, 1쪽.

59 《파이낸셜뉴스》2020년 1월 27일자(인터넷판).

60 Olsen, Bjørn Erick., "New Sources of Seafood Supply: Norwegian Salmon for the Asian Table", *Økonomisk fiskeriforskning*, vol. 6, 1996, p.99.

61 이남수·강경희·조국훈·김대영,〈'국민 횟감' 자리매김한 연어, 안정적인 먹거리 차원 관리 필요〉,《KMI동향분석》51, 2017, 8쪽; 김봉태,〈노르웨이 신선·냉장 연어의 한국 수출 가격에 대한 FTA 관세 철폐 영향 분석〉, 한국수산경영학회,《수산경영론집》49권 2호, 2018, 37~38쪽; 김지웅·박지현·강효슬,〈20대 소비자의 광어·연어 소비 성향 비교에 관한 연구-표적집단면접(FGI)을 중심으로〉, 한국수산경영학회,《수산경영론집》50권 3호, 2019, 2쪽.

62 이남수·강경희·조국훈·김대영,〈'국민 횟감' 자리매김한 연어, 안정적인 먹거리 차원 관리 필요〉,《KMI동향분석》51, 2017, 8쪽.

63 해양수산부 수산정보포털(https://www.fips.go.kr/p/S020706/#).

64 정인교,〈한미 FTA의 거시경제 및 대세계 무역수지에 대한 영향〉, 한국외국어대학교 국제지역연구센터,《국제지역연구》제10권 제2호, 2006, 251쪽.

65 김봉덕,〈우리나라의 수입 자유화와 미국의 수입 개방 장력에 대한 대응 방안〉, 경희대학교 경영대학원 석사학위청구논문, 1989, 23~24쪽.

66 《매일경제》1989년 9월 27일자 1면 광고;〈호텔 소식〉,《매일경제》1989년 10월 16일자 12면.

67 《경향신문》1994년 5월 13일자 25면 광고.

68 《매일경제》1994년 12월 12일자 3면 광고.

69 Holmyard, Nicki. & Franz, Nicole., *GLOBEFISH RESEARCH PROGRAMME Volume 87: Lobster Markets*, FAO's Fishery Industries Division, 2006, p.1.

70 〈새해부터 이렇게 달라진다〉,《매일경제》1994년 12월 30일자 24면.

71 TRIDGE: Top Importing Countries of Lobster(https://www.tridge.com/intelligences/norway-lobster/

import, 2020년 7월 4일 검색).

72 〈게맛살 게살로 만드나〉,《매일경제》1986년 3월 10일자 9면.

73 〈동해 고기가 안 잡힌다〉,《동아일보》1989년 11월 8일자 19면.

74 강수경·박정호·김수암, 〈1970~1990년대 동해에서 어획된 명태의 체장에 따른 체급별 어획 마릿수 추정〉,《한국수산과학회지》제46권 제4호, 2013, 450쪽.

75 김선래·김은미, 〈한국의 러시아 명태 수입과 러시아 수산업 투자 고찰-러시아 명태 수입 의 존도 분석을 중심으로〉, 배재대학교한국시베리아센터,《한국시베리아연구》제18권 제1호, 2014, 69쪽.

76 〈원양업계 원양 어획물 국내 판매 추진〉,《매일경제》1979년 8월 8일자 6면.

77 〈수입 농수산물, 시장·상가 급속 잠식〉,《연합뉴스》1994년 12월 5일자(인터넷판).

78 한혜영, 〈한·칠레 FTA가 한국 수산업에 미친 영향에 관한 연구〉, 인하대학교 대학원 국제통 상학과 석사학위청구논문, 2014, 30쪽.

79 강건희, 〈홍어의 세계적 분포와 기능성〉, 여수대학교 산업대학원 석사학위청구논문, 2003, 11쪽; 김준, 〈[김준의 바다인문학] 홍어〉,《영남일보》2019년 11월 8일자 38면.

80 주영하, 〈한국 향신료의 오래된 역사를 찾아서〉,《향신료의 지구사》, 서울: 휴머니스트, 2014, 242~249쪽.

81 〈농무부에서 신소채 수입〉,《동아일보》1947년 4월 4일자 2면.

82 https://www.seedsavers.org/hot-portugal-pepper(2020년 7월 7일 검색).

83 〈극조생(極早生) 고추-밭에서 돈 따네〉,《경향신문》1966년 9월 22일자 3면.

84 〈농진청(農振廳) 재래종(在來種)보다 35% 증수-외국산 개량 고추 재배 성공〉,《매일경제》1969년 12월 18일자 7면.

85 이은희,《설탕, 근대의 혁명: 한국 설탕산업과 소비의 역사》, 파주: 지식산업사, 2018, 466쪽.

86 이은희,《설탕, 근대의 혁명: 한국 설탕산업과 소비의 역사》, 파주: 지식산업사, 2018, 470쪽.

87 주영하,《음식인문학: 음식으로 본 한국의 역사와 문화》, 서울, 휴머니스트, 2011, 100~106쪽.

88 한국채소종자산업발달사편찬위원회 편, 《한국채소종자산업발달사》, 서울: 서울대학교출판 부, 2008, 299쪽.

89 이기섭, 〈다국적 거대 종자기업이 국내 종자산업에 미치는 영향〉,《한국국제농업개발학회 지》제31권 1호, 2019, 85쪽.

90 미국 핫소스 산업의 역사에 관한 내용은 다음의 자료를 참고했다. DeWitt, Dave., "A Brief History of U.S. Commercial Hot Sauces", 2008년 12월, http://www.fieryfoodscentral. com/2008/12/27/a-brief-history-of-us-commercial-hot-sauces; Crispy, Extra., "The History of Hot Sauce in America", https://www.myrecipes.com/extracrispy/history-of-hot-sauce-america, 2019년 1월(2020년 7월 7일 검색).

91 〈「서양 소스」 우리 식탁 파고든다〉,《동아일보》1995년 4월 18일자 17면.

백년 식사

92  방성훈·김수현, 〈한국계 중국인 밀집 주거지의 분화에 관한 연구-서울시 가리봉동과 자양 동을 중심으로〉, 《한국사회정책》 제19집 제2호, 2012; 이석준·김경민, 〈서울시 조선족 밀집 지 간 특성 분석과 정책적 함의〉, 《서울도시연구》 제15권 제4호, 2014; 천현진, 〈서울 속의 소연변(小延邊): 대림동 중국인 거주지 문화경관 해석〉, 서울대학교 대학원 박사학위청구논 문, 2015, 27쪽.

93  조하영, 〈외국인 밀집 지역 내 한국인과 중국인의 상호인식: 접촉의 효과를 중심으로〉, 서울 대학교 대학원 사회학과 석사학위청구논문, 2018, 31~36쪽.

94  서울 열린데이터 광장(http://data.seoul.go.kr).

95  한국관광공사, 《2015 한국관광통계》, 원주: 한국관광공사, 5~10쪽.

96  〈홍성대는 양키시장〉, 《동아일보》 1955년 5월 16일자 2면.

97  댄 주래프스키 지음, 김병화 옮김, 《음식의 언어: 세상에서 가장 맛있는 인문학》, 서울: 어크 로스, 2015, 108쪽.

98  댄 주래프스키 지음, 김병화 옮김, 《음식의 언어: 세상에서 가장 맛있는 인문학》, 서울: 어크 로스, 2015, 112~119쪽.

99  댄 주래프스키 지음, 김병화 옮김, 《음식의 언어: 세상에서 가장 맛있는 인문학》, 서울: 어크 로스, 2015, 119쪽.

100  加藤道昭·川地眞由, 〈토마토케첩 튜브 용기의 변천〉, (사)한국포장협회 《포장계(包裝界)》 250호, 2014, 71~72쪽.

101  加藤道昭·川地眞由, 〈토마토케첩 튜브 용기의 변천〉, (사)한국포장협회 《포장계》 250호, 2014, 70쪽.

102  오뚜기30년사편찬위원회, 《오뚜기 30년사》, 서울: 오뚜기, 2000, 131쪽.

103  〈도마도로 쏘-쓰나 『잼』을 만드는 법, 잘 익은 바로 요즈음이 재료 얻기가 적당합니다〉, 《조 선중앙일보》 1933년 8월 31일자 3면; 〈찬밥 처치하기에 조흔 밥요리 두세 가지〉, 《동아일 보》 1938년 9월 27일자 석간 3면.

104  "The History Of Mayonnaise", The Nibble: Great Food Finds, 2010년 8월(https://www. thenibble.com/reviews/main/cheese/eggs/mayonnaise-history.asp).

105  〈다과회 대접하기 조흔 쌘드위치 제법〉, 《동아일보》 1937년 9월 7일자 석간 3면.

106  오뚜기30년사편찬위원회, 《오뚜기 30년사》, 서울: 오뚜기, 2000, 132쪽.

107  https://www.khidi.or.kr/nutristat(2020년 7월 9일 검색).

108  한국농수산식품유통공사, 《2018 가공식품 세분 시장 현황-소스류》, 나주: 한국농수산식품 유통공사, 2018, 4쪽.

109  한국농수산식품유통공사, 《2018 가공식품 세분 시장 현황-소스류》, 나주: 한국농수산식품 유통공사, 2018, 38쪽.

110  한국농수산식품유통공사, 《2018 가공식품 세분 시장 현황-소스류》, 나주: 한국농수산식품

유통공사, 2018, 38쪽.

111 한국농수산식품유통공사, 《2018 가공식품 세분 시장 현황-소스류》, 나주: 한국농수산식품
유통공사, 2018, 17쪽.

112 한국농수산식품유통공사, 《2015 가공식품 세분 시장 현황-소스류/드레싱류 시장》, 나주:
한국농수산식품유통공사, 2015, 40쪽,

113 한국농수산식품유통공사, 《2018 가공식품 세분 시장 현황-소스류》, 나주: 한국농수산식품
유통공사, 2018, 68쪽.

114 한국농수산식품유통공사, 《2018 가공식품 세분 시장 현황-소스류》, 나주: 한국농수산식품
유통공사, 2018, 35쪽.

115 한국농수산식품유통공사, 《2018 가공식품 세분 시장 현황-소스류》, 나주: 한국농수산식품
유통공사, 2018, 36쪽.

116 한국농수산식품유통공사, 《2018 가공식품 세분 시장 현황-소스류》, 나주: 한국농수산식품
유통공사, 2018, 37쪽.

## 에필로그 앞으로의 100년을 위한 성찰

1 Ching, Leo T. S., *Becoming "Japanese" Colonial Taiwan and the Politics of Identity Formation*,
Losangels: University of California Press. 2001; 주영하, 〈동아시아 식품산업의 제국주의와 식
민지주의: 깃코망형 간장, 아지노모토, 그리고 인스턴트라면〉, 서울대학교아시아연구소, 《아
시아리뷰》 제5권 제1호, 2015, 71~96쪽.

2 주영하, 〈한반도 초콜릿의 역사에서 제국의 그림자를 보다〉, 《초콜릿의 지구사》, 휴머니스트,
2012.

3 〈초코파이 수출량 내수 판매 앞질러 매년 100%씩 성장〉, 《동아일보》 1996년 5월 22일자
10면.

4 농심40년사편찬팀, 《농심 40년사》, 서울: (주)농심, 2006, 157쪽.

5 이광희, 〈러 블라디보스토크 한국 「처녀라면」 "인기 최고"〉, 《동아일보》 1996년 12월 14일자
31면.

6 견다희, 〈월드푸드가 된 'K-푸드' TOP 12〉, 《이코노믹리뷰》 2019년 1월 21일자(인터넷판).

7 견다희, 〈월드푸드가 된 'K-푸드' TOP 12〉, 《이코노믹리뷰》 2019년 1월 21일자(인터넷판).

8 〈두부로 미국 시장 사로잡은 풀무원의 비결은?〉, 《한경비즈니스》 2019년 2월 18일자(인터넷
판).

9 고성연, 《CJ의 생각: 문화에서 꿈을 찾다, 7가지 창조적 여정》, 파주: 열림원, 2016, 200쪽.

10 Perling, Anna,. "The Best Instant Noodles, According to Chefs, Cookbook Authors, and Ramen

Fanatics*, *The Wirecutter*, 2020년 6월 17일자(인터넷판).

11 김종철,《비판적 상상력을 위하여: 녹색평론 서문집》, 대구: 녹색평론사, 2008, 259쪽.

12 김종철,《발언I》, 서울: 녹색평론사, 2016, 21~22쪽.

13 슬라보예 지젝 지음, 강우성 옮김,《팬데믹 패닉》, 서울: 북하우스, 2020, 89쪽.

14 롭 월러스 지음, 구정은·이지선 옮김,《팬데믹의 현재적 기원-거대 농축산업과 바이러스성 전염병의 지정학》, 서울: 너머북스, 2020.

15 롭 월러스 지음, 구정은·이지선 옮김,《팬데믹의 현재적 기원-거대 농축산업과 바이러스성 전염병의 지정학》, 서울: 너머북스, 2020, 97쪽.

16 구정은·이지선, 〈옮긴이 서문: 글로벌 시대, 전염병이 우리에게 던지는 고민들〉, 롭 월러스 지음, 구정은·이지선 옮김,《팬데믹의 현재적 기원-거대 농축산업과 바이러스성 전염병의 지정학》, 서울: 너머북스, 2020, 6쪽.

17 롭 월러스 지음, 구정은·이지선 옮김,《팬데믹의 현재적 기원-거대 농축산업과 바이러스성 전염병의 지정학》, 서울: 너머북스, 2020, 244쪽.

18 주영하,《한국인은 왜 이렇게 먹을까?: 식사 방식으로 본 한국 음식문화사》, 서울: 휴머니스트, 2018, 20~21쪽, 228쪽.

19 주영하,《한국인은 왜 이렇게 먹을까?: 식사 방식으로 본 한국 음식문화사》, 서울: 휴머니스트, 2018, 76~94쪽.

20 주영하,《한국인은 왜 이렇게 먹을까?: 식사 방식으로 본 한국 음식문화사》, 서울: 휴머니스트, 2018, 351~363쪽.

21 호세 루첸베르거·프란츠 테오 고트발트 지음, 홍명희 옮김,《지구적 사고 생태학적 식생활》, 서울: 생각의나무, 2000.

## 참고문헌

### 1. 고문헌

《관보》
《[기해(己亥)]진연의궤(進宴儀軌)》
《대한예전(大韓禮典)》
《셔례슈지》
《승정원일기》
《시의전서(是議全書)·음식방문(飮食方文)》
〈신축 사월 이십팔일 진찬도감 사찬하오신 발기〉
《[신축(辛丑)]진찬의궤(進饌儀軌)》
《오주연문장전산고(五洲衍文長箋散稿)·북어변증설(北魚辨證說)》
《왜명류취초(倭名類聚抄)》
《원행을묘정리의궤(園幸乙卯整理儀軌)》
《유헌사자절대어석별국방언(輶軒使者絶代語釋別國方言)》
《[을유(乙酉)]수작의궤(受爵儀軌)》
《임하필기(林下筆記)》
〈장유고내인숙사주위판병평면도(醬油庫內人宿舍周圍板塀平面圖)〉
《환구음초(環璆唫艸)》
〈황실찬사(皇室饌師) 독일인 송탁(宋卓) 고빙계약 해제 통고문〉

### 2. 국문 문헌

강건희, 〈홍어의 세계적 분포와 기능성〉, 여수대학교 산업대학원 석사학위청구논문, 2003.
강성현, 〈'난민'이라는 존재의 인식과 삶〉, 《한국현대생활문화사 1950년대》, 파주: 창비, 2016.

강수경·박정호·김수암, 〈1970~1990년대 동해에서 어획된 명태의 체장에 따른 체급별 어획 마
릿수 추정〉, 《한국수산과학회지》 제46권 제4호, 2013.

강준만, 〈강준만의 이론으로 보는 세상: 왜 대한민국은 졸지에 '삼류 국가'가 되었는가? 압축성장〉,
《인물과사상》 2014년 1월호, 2014.

고성연, 《CJ의 생각: 문화에서 꿈을 찾다, 7가지 창조적 여정》, 파주: 열림원, 2016.

공병호, 《김재철평전》, 파주: 21세기북스, 2016.

국립고궁박물관 편, 《서양식 생활유물》, 서울: 국립고궁박물관, 2019.

국방부군사편찬연구소, 《증언을 통해 본 베트남 전쟁과 한국군 3: 청룡부대 전쟁의 평가 및 교훈》,
서울: 국방부군사편찬연구소, 2003.

국사편찬위원회 편, 《한국사 52. 대한민국의 성립》, 과천: 국사편찬위원회, 2002.

권헌익 지음, 이한중 옮김, 《또 하나의 냉전: 인류학으로 본 냉전의 역사》, 서울: 민음사, 2013.

김덕호, 《욕망의 코카콜라》, 고양: 지호, 2014.

김동춘, 〈한국전쟁의 미시적 분석-서울 시민과 한국전쟁: '잔류'·'도강'·'피난'〉, 《역사비평》 제
51호, 2000.

김득련 지음, 최병준 옮김, 《환구음초》, 서울: 송학문화사, 2010.

김득련 지음, 허경진 옮김, 《환구음초: 춘파 김득련 시집》, 서울: 평민사, 2011.

김란, 〈1910년대 조선총독부의 뽕나무 재배정책과 조선인의 대응〉, 한양대학교 대학원 사학과
석사학위청구논문, 2020.

김민철, 〈친일인물: 정춘수(鄭春洙)〉, 민족문제연구소, 《민족문제연구》 2호, 1992.

김봉덕, 〈우리나라의 수입 자유화와 미국의 수입 개방 장력에 대한 대응 방안〉, 경희대학교 경영
대학원 석사학위청구논문, 1989.

김봉태, 〈노르웨이 신선·냉장 연어의 한국 수출가격에 대한 FTA 관세 철폐 영향 분석〉, 한국수
산경영학회, 《수산경영론집》 49권 2호, 2018.

김선래·김은미, 〈한국의 러시아 명태 수입과 러시아 수산 업투자 고찰-러시아 명태 수입 의존도 분
석을 중심으로〉, 배재대학교한국시베리아센터, 《한국시베리아연구》 제18권 제1호, 2014.

김성보 외, 《한국현대생활문화사》(4책), 파주: 창비, 2016.

김성보, 《[20세기 한국사] 북한의 역사 1: 건국과 인민민주주의의 경험 1945~1960》, 서울: 역사
비평사, 2011.

김영인·김기숙, 〈한국 대도시 가정의 부엌 설비 및 조리기구에 관한 실태 조사-제2보; 조리기구
의 보유 실태 조사〉, 《한국식품조리과학회지》 제6권 제3호, 1990.

김영일, 〈청량음료공업의 현황〉, 한국식품산업협회, 《좋은식품》 15집, 1973.

김원모, 〈루스벨트 양의 서울 방문과 대한제국의 운명(1905)〉, 《향토서울》 제44호, 1987.

김원모, 〈미스 손탁과 손탁호텔〉, 서울특별시사편찬위원회, 《향토서울》 제56호(1996. 12), 1996.

김육훈,《살아있는 한국 근현대사 교과서》, 서울: 휴머니스트, 2007.

김인상,〈우리나라 육가공 산업의 현황〉,《식품과학과 산업》23권 4호, 1980.

김인환,《한국의 녹색혁명: 벼 신품종의 개발과 보급》, 농촌진흥청, 1978.

김재민·김태경·황병무·옥미영·박현옥,《대한민국 돼지산업사: 삼겹살, 한국인의 소울푸드가 되기까지》, 서울: 팜커뮤니케이션, 2019.

김재수,《식품산업의 현재와 미래》, 서울: 백산출판사, 2007.

김재춘,〈사료 수급 전망과 그 대책〉, 대한양계협회,《월간양계》1971년 1월.

김종엽,〈1980년대, 5월에서 6월로, 그리고…〉,《한국현대생활문화사 1980년대》, 파주: 창비, 2016.

김종철,《비판적 상상력을 위하여: 녹색평론 서문집》, 대구: 녹색평론사, 2008.

김종철,《발언 I》, 서울: 녹색평론사, 2016.

김지웅·박지현·강효슬,〈20대 소비자의 광어·연어 소비 성향 비교에 관한 연구-표적집단면접(FGI)을 중심으로〉, 한국수산경영학회,《수산경영론집》50권 3호, 2019.

김태호,〈밥으로 읽는 한국 현대사〉,《광복 70년 기념 학술대회-광복 70년 한국 사회와 한국인의 삶》, 2015.

김태호,《근현대 한국 쌀의 사회사》, 파주: 들녘, 2017.

까를로 로제티 지음, 서울학연구소 옮김,《꼬레아 꼬레아니(백 년 전 이태리 외교관이 본 한국과 한국인)》, 서울: 숲과나무, 1996.

농심40년사편찬팀,《농심 40년사》, 서울: (주)농심, 2006.

다카사키 소지 지음, 이규수 옮김,《식민지 조선의 일본인들: 군인에서 상인, 그리고 게이샤까지》, 서울: 역사비평사, 2006.

대선제분주식회사,《대선제분 50년》, 서울: 대선제분주식회사, 2009, 46쪽.

대한민국특허청 특허공보 공고번호 특1980-0001041,〈맥아를 이용한 청량음료의 제조법〉, 발명자 석호문.

댄 주래프스키 지음, 김병화 옮김,《음식의 언어: 세상에서 가장 맛있는 인문학》, 서울: 어크로스, 2015.

롭 월러스 지음, 구정은·이지선 옮김,《팬데믹의 현재적 기원: 거대 농축산업과 바이러스성 전염병의 지정학》, 서울: 너머북스, 2020.

무라야마 도시오 지음, 김윤희 옮김,《라면이 바다를 건넌 날: 한국과 일본, 라면에 사활을 건 두 남자 이야기》, 파주: 21세기북스, 2015.

문화공보부문화재관리국,《한국민속종합조사보고 제3책 경남편》, 서울: 문화공보부문화재관리국, 1972.

민영환 지음, 서울대학교국사연구실 옮김,《해천추범(海天秋帆)》, 서울: 을유문화사, 1959.

민영환 지음, 조재곤 편역,《해천추범: 1896년 민영환의 세계일주》(eBook), 서울: 책과함께, 2013.

박기환·박현태·정정길·유일웅·신종수,《종자산업의 동향과 국내 종자기업 육성 방안》, 서울: 한국농촌경제연구원, 2010.

박미성·이용선·박한울·박지원,《서양 채소 수급 실태 분석과 과제》, 나주: 한국농촌경제연구원, 2016.

박선미·김희순,《빈곤의 연대기: 제국주의, 세계화 그리고 불평등한 세계》, 서울: 갈라파고스, 2002.

박완서,《그 산이 정말 거기 있었을까》, 서울: 웅진지식하우스, 2005.

방성훈·김수현,〈한국계 중국인 밀집 주거지의 분화에 관한 연구-서울시 가리봉동과 자양동을 중심으로〉,《한국사회정책》제19집 제2호, 2012.

방종현,《일사국어학논집(一蓑國語學論集)》, 서울: 민중서관, 1963.

배기철,〈한국 외식산업의 이용 실태에 관한 연구: 서울 지역 속성음식(fast food) 체인점을 중심으로〉, 경기대학교 대학원 석사학위청구논문, 1988.

복거일 외,〈한국 지식인, 무엇을 생각하는가: 아웃사이더의 목소리〉,《계간 현대사상 특별증간 호: 1998 지식인 리포트》제2권 제1호(1998년 여름), 서울: 민음사, 1998.

삼양식품21년사편찬위원회,《삼양식품 21년사(三養食品二十一年史), 1961~1982》, 서울: 삼양식품공업주식회사, 1982.

삼양식품그룹,《삼양식품 30년사(三養食品三十年史)》, 서울: 삼양식품그룹, 1991.

샤를 바라·샤이에 롱 지음, 성귀수 옮김,《조선기행》, 서울: 눈빛, 2001, 116~117쪽.

손정숙,〈한국 근대 주한 미국 공사 연구(1883~1905)〉, 이화여자대학교 대학원 사학과 박사학위청구논문, 2004.

손정숙,〈한국 최초 미국 외교사절 보빙사의 견문과 그 영향〉,《한국사상사학(韓國思想史學)》제29집, 2007.

슬라보예 지젝 지음, 강우성 옮김,《팬데믹 패닉》, 서울: 북하우스, 2020.

신동방,《신동방 30년사(新東邦三十年史): 1966~1996》, 서울: 신동방, 1997.

신중현,〈청량음료의 생산 및 업체 현황〉,《식품기술》제8권 제3호, 1995.

앙드레 마냥,〈식품체제〉, 제프리 M. 필처 엮음, 김병순 옮김,《옥스퍼드 음식의 역사: 27개 주제로 보는 음식 연구》, 서울: 따비, 2020.

양명석,〈우리나라 연계무역의 추진 동기에 관한 실증적 연구〉, 동아대학교 대학원 무역학과 석사학위청구논문, 1992.

양승룡·이원진,〈한국 농산물 수입 시장에서 주요 수출국의 시장 지배력 분석〉, 한국농업경제학회,《농업경제연구》제142권 제1호, 2001.

엄예지,〈위기 시 청중 비용과 1960년대 한국의 아시아-아프리카 외교정책: ASPAC 창설과 아프리카 신생국 순방을 중심으로〉, 이화여자대학교 대학원 정치외교학과 석사학위청구논문, 2016.

에리히 레셀(사진)·백승종(글),《동독 도편수 레셀의 북한 추억: 50년대의 북녘, 북녘 사람들》, 서울: 효형출판, 2000.

엔리케 C. 오초아, 〈음식의 정치사〉, 제프리 M. 필처 엮음, 김병순 옮김,《옥스퍼드 음식의 역사: 27개 주제로 보는 음식 연구》, 서울: 따비, 2020.

엠마 크뢰벨 지음, 김영자 옮김,《나는 어떻게 조선 황실에 오게 되었나?》, 서울: 민속원, 2015.

영창서관 편집부 찬,《조선무쌍신식요리제법(朝鮮無雙新式料理製法)》, 경성: 영창서관, 1936.

오뚜기30년사편찬위원회,《오뚜기 30년사》, 서울: 오뚜기, 2000.

오세정, 〈1971년도 부로일러 전망〉, 대한양계협회,《월간양계》1971년 1월.

오창현, 〈한국 멸치 소비 문화에 관한 일상의 민속학: 한일 멸치 어업 기술의 전파와 수용에 따른 식생활 변동을 중심으로〉, 한국문화인류학회,《문화인류학》제51집 3호, 2018.

오츠보켄이치·식미연구회 지음, 배상면·양수진 옮김,《일본 제일의 맛있는 쌀의 비밀》, 서울: 우곡출판사, 2009.

오호성, 〈한국 수산업의 당면 과제와 진로-자원 보전과 증·양식어업 문제를 중심으로〉, 한국농촌경제연구원,《농촌경제》제1권 제1호, 1978.

위르겐 오스터함멜 지음, 박은영·이유재 옮김,《식민주의》, 서울: 역사비평사, 2006.

유모토 고이치 지음, 연구공간 수유+너머 '동아시아 근대 세미나팀' 옮김,《일본 근대의 풍경》, 서울: 그린비, 2004.

이기섭, 〈다국적 거대 종자기업이 국내 종자산업에 미치는 영향〉,《한국국제농업개발학회지》제31권 1호, 2019.

이기완·박영심·박태배·김은경·장미라,《한국인의 식생활 100년 평가(Ⅰ)-20세기를 중심으로》, 서울: 신광출판사, 1998.

이남수·강경희·조국훈·김대영, 〈'국민 횟감' 자리매김한 연어, 안정적인 먹거리 차원 관리 필요〉,《KMI동향분석》51, 2017.

이동훈, 〈'재조 일본인' 사회의 형성에 관한 고찰: 인구 통계 분석과 시기 구분을 통해〉, 글로벌일본연구원,《일본연구》제29집, 2018.

이민철, 〈음료산업〉,《식품과학과 산업》21권 3호, 1988.

이사벨라 버드 비숍 지음, 이인화 옮김,《한국과 그 이웃 나라들》, 서울: 살림, 1994.

이석준·김경민, 〈서울시 조선족 밀집지 간 특성 분석과 정책적 함의〉,《서울도시연구》제15권 제4호, 2014.

이성우 편,《한국고식문헌집성, 고조리서 Ⅵ》, 서울: 수학사, 1992.

이세진, 〈1950년대 후반 미국의 전략 변화와 한국 경제성장의 조건〉, 한국외국어대학교역사문화연구소,《역사문화연구》제59집, 2016.

이송순, 〈일제말 전시체제하 '국민생활'의 강제와 그 실태-일상적 소비생활을 중심으로〉, 고려 사학회, 《한국사학보(韓國史學報)》 제44호, 2011.

이수동, 〈국내 청량음료 시장의 유통 경로〉, 한국마케팅연구원, 《월간 경영과 마케팅》 1989년 9월호, 1989.

이순우, 《손탁호텔》, 서울: 하늘재, 2012.

이영희, 〈[이달의 광고] 음료 시장에서 자리 굳힌 맥콜 광고의 성공 요인〉, 한국마케팅연구원, 《마케팅》 1988년 7월호.

이완주, 《실록 통일벼》, 파주: 들녘, 2017.

이용빈·이원, 〈양돈〉, 《한국축산발달사》, 서울: 사단법인한국낙농육우협회, 1998.

이은희, 〈박정희 시대 콜라전쟁〉, 《역사문제연구》 34권, 2015.

이은희, 〈박정희 시대 빙과열전(氷菓熱戰)〉, 《역사비평》 제121호, 2017.

이은희, 《설탕, 근대의 혁명: 한국 설탕산업과 소비의 역사》, 파주: 지식산업사, 2018.

이정희, 〈대한제국기 원유회(園遊會) 설행과 의미〉, 《한국음악연구》 제45집, 2009.

이정희, 《한반도 화교사: 근대의 초석부터 일제강점기까지의 경제사》, 서울: 동아시아, 2018.

이제민, 〈한국의 외환위기-원인, 해결 과정과 결과〉, 한국경제발전학회, 《경제발전연구》 제13권 제2호, 2007.

이한창, 《장(醬) 역사와 문화와 공업》, 서울: 신광출판사, 1999.

이효정, 〈1896년 러시아 사절단의 기록 연구〉, 연세대학교대학원 국어국문학과 석사학위청구논 문, 2008.

이희봉·양영균·이대화·김혜숙, 《한국인, 어떤 집에서 살았나: 한국 현대 주생활사》, 성남: 한국 학중앙연구원출판부, 2017.

장석흥·채영국·최계수·김영택·여성구·윤선자·이현주·남윤삼, 《해방 후 한인 귀환의 역사적 과제》, 서울: 역사공간, 2012.

전순의 지음, 한복려 엮음, 《다시 보고 배우는 산가요록》, 서울: 궁중음식연구원, 2007.

정근식, 〈맛의 제국, 광고, 식민지적 유산〉, 《사회와 역사》 66권, 2004.

정용인, 〈우리의 '밥맛'은 어디서 왔을까〉, 《주간경향》 911호, 2011년 2월 8일자.

정인교, 〈한미 FTA의 거시경제 및 대세계 무역수지에 대한 영향〉, 한국외국어대학교 국제지역 연구센터, 《국제지역연구》 제10권 제2호, 2006.

정일준, 〈대만과 한국의 발전국가로의 전환 비교연구-1950년대 미국의 아시아 냉전전략을 중심 으로〉, 한국사회사학회, 《사회와 역사》 제100집, 2013.

정준영·최민규, 〈프로야구에 열광하다〉, 《한국현대생활문화사 1980년대》, 파주: 창비, 2016.

정지석·오영석, 《틀을 돌파하는 미술: 정현웅 미술작품집》, 서울: 소명출판, 2012.

정현웅 지음, 정현웅기념사업회 엮음, 《정현웅 전집: 1910~1976》, 파주: 청년사, 2011.

정혜경, 〈한국의 사회·경제적 변동에 따른 식생활 변천: 조선 말기부터 1980년대까지〉, 이화여
　　자대학교 식품영양학과 박사학위청구논문, 1988.

제프리 M. 필처 엮음, 김병순 옮김, 《옥스퍼드 음식의 역사: 27개 주제로 보는 음식 연구》, 서울:
　　따비, 2020.

조선과학백과사전출판사·한국평화문제연구소, 《조선향토대백과사전 1. 평양시》, 서울: 평화문
　　제연구소, 2003.

조선과학백과사전출판사·한국평화문제연구소, 《조선향토대백과사전 12. 함경남도》, 서울: 평화
　　문제연구소, 2003.

조선과학백과사전출판사·한국평화문제연구소, 《조선향토대백과사전 16. 량강도》, 서울: 평화문
　　제연구소, 2003.

조선과학백과사전출판사·한국평화문제연구소, 《조선향토대백과사전 18. 민속》, 서울: 평화문제
　　연구소, 2003.

조성운, 〈"여행의 발견, 타자의 표상": 일제하 조선총독부의 관광정책〉, 한양대학교동아시아문화
　　연구소, 《동아시아문화연구》 제46집, 2009.

조유경, 〈태평양전쟁기(1941~45) 잡지 《半島の光》의 표지 이미지 연구〉, 이화여자대학교 대학
　　원 미술사학과 석사학위청구논문, 2016.

조지 리처, 김종덕 옮김, 《맥도날드 그리고 맥도날드화─유토피아인가, 디스토피아인가》, 서울: 시
　　유시, 2003.

조풍연, 《서울잡학사전》, 서울: 정동출판사, 1989.

조하영, 〈외국인 밀집 지역 내 한국인과 중국인의 상호인식: 접촉의 효과를 중심으로〉, 서울대학
　　교 대학원 사회학과 석사학위청구논문, 2018.

주영하, 《차폰 잔폰 짬뽕: 동아시아 음식 문화의 역사와 현재》, 파주: 사계절, 2009.

주영하, 《음식인문학: 음식으로 본 한국의 역사와 문화》, 서울: 휴머니스트, 2011.

주영하, 〈한반도 초콜릿의 역사에서 제국의 그림자를 보다〉, 《초콜릿의 지구사》, 서울: 휴머니스트,
　　2012.

주영하, 《식탁 위의 한국사: 메뉴로 본 20세기 한국 음식문화사》, 서울: 휴머니스트, 2013.

주영하, 〈한국 아이스크림의 역사〉, 《아이스크림의 지구사》, 서울: 휴머니스트, 2013.

주영하, 〈한국 향신료의 오래된 역사를 찾아서〉, 《향신료의 지구사》, 서울: 휴머니스트, 2014.

주영하, 《《라면의 지구사》 출판을 위한 기초 연구〉, 《2014년 기초연구과제총서》, 서울: 율촌재단,
　　2015.

주영하, 〈동아시아 식품산업의 제국주의와 식민지주의: 깃코망형 간장, 아지노모토, 그리고 인스
　　턴트라면〉, 서울대학교아시아연구소, 《아시아리뷰》 제5권 제1호, 2015.

주영하, 〈'유사길'에서 '위스키'까지, 한국 위스키의 역사〉, 《위스키의 지구사》, 서울: 휴머니스트,

2016.

주영하, 《한국인은 왜 이렇게 먹을까?: 식사 방식으로 본 한국 음식문화사》, 서울: 휴머니스트, 2018.

주영하, 《조선의 미식가들》, 서울: 휴머니스트, 2019.

주영하, 〈한국에서의 비판적 음식학 연구를 위하여〉, 제프리 M. 필처 엮음, 김병순 옮김, 《옥스퍼드 음식의 역사: 27개 주제로 보는 음식 연구》, 서울: 따비, 2020.

주영하·김혜숙·양미경, 《한국인, 무엇을 먹고 살았나: 한국 현대 식생활사》, 성남: 한국학중앙연구원출판부, 2017.

지명희·김익천, 《우리 민족료리》, 평양: 근로단체출판사, 2008.

채명신, 《베트남전쟁과 나: 채명신 회고록》, 서울: 팔복원, 2006.

천현진, 〈서울 속의 소연변(小延邊): 대림동 중국인 거주지 문화경관 해석〉, 서울대학교 대학원 박사학위청구논문, 2015.

최낙언·노중섭, 《아무도 알려주지 않는 감칠맛과 MSG 이야기》, 서울: 리북, 2013.

최덕규, 〈포츠머스강화회의와 고종의 국권수호외교(1904~1906)〉, 《아세아연구》 제54권 4호, 2011.

최동주, 〈베트남 파병이 한국 경제의 성장 과정에 미친 영향〉, 한국동남아학회, 《동남아시아연구》 제11권(봄호), 2001.

최은경, 〈분단 이후 북한 식생활의 시기별 변화 연구〉, 이화여자대학교 대학원 식품영양학과 박사학위청구논문, 2020.

콜린 테일러 센 지음, 강경이 옮김, 《커리의 지구사》, 서울: 휴머니스트, 2013.

토드 A. 헨리 지음, 김백영·정준영·이향아·이연경 옮김, 《서울, 권력 도시: 일본 식민 지배와 공공 공간의 생활 정치》, 서울: 산처럼, 2020.

펠리페 페르난데스-아르메스토 지음, 유나영 옮김, 《음식의 세계사 여덟 번의 혁명》, 서울: 소와당, 2018.

피터 버크 지음, 강상우 옮김, 《문화 혼종성: 뒤섞이고 유동하는 문화를 이해하기 위한 가이드》, 서울: 이음, 2012.

한국관광공사, 《2015 한국관광통계》, 원주: 한국관광공사, 2016.

한국농수산식품유통공사, 《2015 가공식품 세분시장 현황-소스류/드레싱류 시장》, 나주: 한국농수산식품유통공사, 2015.

한국농수산식품유통공사, 《2018 가공식품 세분시장 현황-소스류》, 나주: 한국농수산식품유통공사, 2018.

한국농촌경제연구원, 《2000년도 식품수급표》, 서울: 한국농촌경제연구원, 2001.

한국농촌경제연구원, 《2002년도 식품수급표》, 서울: 한국농촌경제연구원, 2003.

한국농촌경제연구원, 《2007년도 식품수급표》, 서울: 한국농촌경제연구원, 2008.

한국채소종자산업발달사편찬위원회 편, 《한국채소종자산업발달사》, 서울: 서울대학교출판부, 2008.

한복려·한복진·이소영, 《음식 고전: 옛 책에서 한국 음식의 뿌리를 찾다》, 서울: 현암사, 2016.

한종수·계용준·강희용, 《강남의 탄생: 대한민국의 심장 도시는 어떻게 태어났는가?》, 서울: 미지북스, 2016.

한혜영, 〈한·칠레 FTA가 한국 수산업에 미친 영향에 관한 연구〉, 인하대학교 대학원 국제통상학과 석사학위청구논문, 2014.

허영란, 〈전시체제기(1937~1945) 생활필수품 통제 연구〉, 국사편찬위원회, 《국사관논총(國史館論叢)》 제88집, 2000.

허정구, 〈1970~80년대 막걸리 소비 퇴조에 관한 민속학적 연구〉, 중앙대학교 대학원 석사학위청구논문, 2011.

호세 루첸베르거, 프란츠 테오 고트발트 지음, 홍명희 옮김, 《지구적 사고 생태학적 식생활》, 서울: 생각의나무, 2000.

Hoselitz, Bert F., 〈한국의 녹색혁명-특별강연〉, 한국사회사학회, 《한국사회학회 세미나 보고서: 도시와 농촌의 격차》, 서울: 한국사회학회, 1969.

KBS 스페셜 《종자, 세계를 지배하다》 제작팀, 《종자, 세계를 지배하다: 종자는 누가 소유하는가》, 서울: 시대의창, 2014.

加藤道昭·川地眞由, 〈토마토케첩 튜브 용기의 변천〉, (사)한국포장협회 《포장계(包裝界)》 250호, 2014.

## 3. 일문 문헌

岡玲子, 〈うどんの歷史〉, 人間関係学部 編, 《福岡女学院大学紀要》 第7号, 2006.

江原絢子·石川尚子·東四柳祥子, 《日本食物史》, 東京: 吉川弘文館, 2009.

谷ケ城秀吉, 〈戦間期における青果物流通機構の形成と「帝国」-台湾バナナを事例に-〉, 《立教経済学研究》 第63卷 第3号, 2010.

宮崎柳条 編纂, 〈索麫の工〉, 《(広益)農工全書(四)》, 東京: 牧野氏蔵版, 1881.

今西一·中谷三男, 《明太子開発史: そのルーツを探る》, 東京: 成山堂書店, 2008.

旗田巍, 《朝鮮と日本人》, 東京: 勁草書房, 1984.

大蔵省印刷局(編), 《官報》 4161号(1897年 5月 19日).

大阪朝日新聞経済部 編, 《商売うらおもて(正)》, 東京: 日本評論社, 1925.

徳田紫水, 《実験苦学案内: 独立自活》, 大阪: 矢島誠進堂, 1903.

鈴木商店,《四季의 朝鮮料理》, 京城: 鈴木商店, 1935.

鈴木猛夫,《「アメリカ小麦戦略」と日本人の食生活》, 東京: 藤原書店, 2003.

林采成,《飲食朝鮮》, 名古屋: 名古屋大學出版會, 2019.

栂野明二郎,《最新醬油醸造論》, 東京: 大谷商店, 1913.

木村健二,〈朝鮮居留地における日本人の生活態様〉,《一橋論叢》第115卷 第2号, 1996.

味の素株式會社,《味の素沿革史》, 東京: 味の素株式會社, 1951.

味の素株式會社,《味の素グループの百年: 新價値創造と開拓者精神》, 東京: 味の素株式會社, 2009.

山本三生 編,《日本 地理大系 第12卷: 朝鮮篇》, 東京: 改造社, 1930.

三木彌兵衛,〈アミノ酸調味料製造に関する研究(第3報): アミノ酸原料としての醬油粕〉, 大阪醸造學會,《醸造學雜誌》13(6), 1935.

西川榮一,《臺灣風景：日治時代日籍攝影師西川榮一的作品》, 臺北: 南港山文史工作室, 2016.

石井研堂,《明治事物起原》, 東京: 橋南堂, 1908.

石川寬子 編著,《食生活と文化》川崎: 弘學出版, 1989.

栂野明二郎,《最新醬油醸造論》, 東京: 大谷商店, 1913.

小松良行・升尾洋一郎,〈稚苗移植による水稲晩期栽培法に関する研究: 第1報 晩期栽培における稚苗移植の晩限と品種選定〉,《日本作物学会四国支部紀事》(6), 1968.

昭和女子大学食物学研究室 編,《近代日本食史》, 東京: 昭和女子大学近代文化研究所, 1971.

速水健朗,《ラーメンと愛国》, 東京: 講談社, 2011.

榊原芳野(原稿)・服部雪齊(畫),《教草(十四) 豆腐一覧》, 東京: 博覧会事務局, 1872.

外村大,〈戦前日本における朝鮮料理業の展開〉, 東京: 味の素食の文化セント研究造成金報告書, 2003.

宇都宮黒竜,《食物史》, 東京: 国史講習会, 1923.

日清食品株式會社社史編纂プロジェクト 編輯,《日清食品創業者・安藤百福傳》, 池田: 日清食品株式會社, 2008.

朝鮮總督府,《朝鮮に於ける支那人》, 京城: 朝鮮總督府, 1924.

朝鮮總督府,《施政三十年史》, 京城: 朝鮮總督府, 1940.

鳥越靜岐・薄田斬雲,《朝鮮漫畫》, 京城: 日韓書房, 1909.

佐佐木道雄,《燒肉の文化史》, 東京: 明石書店, 2004.

陳慈玉,〈台湾バナナ産業と対日貿易: 1912~1972年〉,《立命館経済学》第59卷 第2号, 2010.

陳慈玉,〈日本統治期における台湾輸出産業の発展と変遷(上)〉,《立命館経済学》第60卷 第

5号, 2012.

陳慈玉,〈日本統治期における台湾輸出産業の発展と変遷(下)〉,《立命館経済学》第61巻 第1
号, 2012.

天籟居士,《職業案内全書》, 東京: 実業社, 1911.

川流堂,《軍隊料理法》, 東京: 川流堂, 1910.

和田定,〈水稲新品種「ゆきひかり」の育成について〉,《北海道立農業試験場集報》第54号, 1986.


## 4. 영문·독문 문헌

Baruch, Bernard M., *The Public Years, vol. 2*, New York: Holt, Rinchart and Wiston, 1960.

Ching, Leo T. S., *Becoming "Japanese" Colonial Taiwan and the Politics of Identity Formation*, Losangels: University of California Press, 2001.

Cullather, Nick., *The Hungry World: America's Cold War Battle Against Poverty in Asia*, Cambridge, Massachusetts: Harvard University Press, 2010.

Cumings, Bruce., "The Wicked Witch of the West Is Dead. Long Live the Wicked Witch of the East" In M. Hogan(Ed.), *The End of the Cold War: Its Meaning and Implications*, Cambridge: Cambridge University Press, 1992.

Cwiertka, Katarzyna J., *Cuisine, Colonialism and Cold War: Food in Twentieth-Century Korea*, London: Reaktion, 2013.

Duhart, Frédéric., "The early phases of the foie gras industry in south-west france(C. 1780~1955): a Contribution to the history", *STVDIVM. Revista de Humanidades*, 17, 2011.

Griffis, William Elliot., *Corea: the hermit nation*, New York: Charles Scribner's Sons, 1882.

Hawley, Samuel., *Inside the Hermit Kingdom: The 1884 Korea Travel Journal of George Clayton Foulk*, Lanham: Lexington Books, 2008.

Holmyard, Nicki. & Franz, Nicole., *GLOBEFISH RESEARCH PROGRAMME Volume 87 : Lobster Markets*, FAO's Fishery Industries Division, 2006.

Kroebel, Emma., *Wie ich an den koreanischen Kaiserhof kam: Reise-Eindrücke und Erinnerungen*, berlin-Schoneberg: Verlag von R.Jacobsthal & Co, 1909.

Longworth, Alice Roosevelt., *Crowded hours: reminiscences of Alice Roosevelt Longworth*, New York ; London: C. Scribner's Sons, 1933.

Lowell, Percival., *Chosön, the land of the morning calm; a sketch of Korea*, Boston: Ticknor and Company, 1886.

Medeiros, A.B.P., Matos, M.E., Monteiro, A. de-Pinho, Carvalho, J.C., Soccol, C.R., "Cachaca and Rum", *Current Developments in Biotechnology and Bioengineering*, Amsterdam, Netherlands : Elsevier, 2017.

Olsen, Bjørn Erick., "New Sources of Seafood Supply: Norwegian Salmon for the Asian Table", *Økonomisk fiskeriforskning*, vol. 6, 19969.

Oppert, Ernst J., *Ein verschlossenes Land: Reisen nach Corea*, Leipzig: F.A.Brochhaus, 1880.

Orwell, George., "You and the Atomic Bomb", *Tribune*, 19 October 1945.

Reich, Simon., "What is Globalization?: Four Possible Answers", *Working paper(Helen Kellogg Institute for International Studies) 261*, Helen Kellogg Institute for International Studies, 1998.

Sheffield, Jim., Korotayev, Andrey. & Grinin, Leonid.(ed), *Globalization: Yesterday, Today, and Tomorrow*, Litchfield Park, AZ: Emergent Publications, 2013.

Trubek, Amy B., *Haute cuisine: How the French invented the culinary profession*, Philadelphia, Pa. : University of Pennsylvania Press, 2000.

USSEC, *Chapter One: The Soybean, It's History, and It's Opportunities*, United States Soybean Export Council, Chesterfield, Missouri., 2015.

Watson, L. James., "Introduction: Transnationalism, Localization and Fast Foods in East Asia", *Golden Arches East: McDonald's in East Asia(2nd ed.)*, Stanford: Stanford University Press, 2006.

Yeates, Nicola., *Globalization and Social Policy*, England Thousand Oaks, Calif.: Sage, 2001.

Yun, T. H.(translated), "The Korean Abroad", *The Korean repository*, Vol. IV, No.3, 1897.

Zafar, Tasleem. and Sidhu, Jiwan S., "Avocado: Production, Quality, and Major Processed Products", Sinha, Nirmal K.(ed), *Handbook of Vegetables and Vegetable Processing*, Ames, Iowa: Wiley-Blackwel, 2011.

## 5. 신문 및 잡지

《경남도민일보》
《경성일보(京城日報)》
《경향신문》
《공업신문(工業新聞)》
《국제신문》

《대한매일신보(大韓每日申報)》
《동아사이언스》
《동아일보》
《매일경제》
《매일신보(每日申報)》
《별건곤》
《부산일보》
《신천지(新天地)》
《연합뉴스》
《영남일보》
《이코노믹리뷰》
《자유신문》
《제국신문(帝國新聞)》
《조선신문(朝鮮新聞)》
《조선일보》
《조선중앙일보》
《파이낸셜뉴스》
《한겨레》
《한경비즈니스》
《한국경제》

## 6. 웹사이트

국사편찬위원회, 《한국근현대인물자료》, 국사편찬위원회한국사데이터베이스(db.history.go.kr/
    item/level.do;jsessionid=45215DC003D380F3936F9C22CF1F73A8?levelId=
    im_215_23649).
김영미, "옛 방식으로 감자녹말 만들기"(blog.daum.net/momo530214/13701659).
서울 열린데이터 광장(data.seoul.kr).
한국보건산업진흥원 국민영양통계(www.khidi.or.kr/nutristat).
해양수산부 수산정보포털 수산물 수출입 통계(www.fips.go.kr/p/S020706/#).
Crispy, Extra., "The History of Hot Sauce in America", 2019년 1월(www.myrecipes.com/
    extracrispy/history-of-hot-sauce-america).

DeWitt, Dave., "A Brief History of U.S. Commercial Hot Sauces", 2008년 12월, (www. fieryfoodscentral.com/2008/12/27/a-brief-history-of-us-commercial-hot-sauces).

Kays, Joe. & Phillips – Han, Arline., "Gatorade: The Idea That Launched an Industry", Explore Research at the University of Florida(research.ufl.edu/publications/explore/v08n1/gatorade. html).

Matt Gross, "The History of Hot Sauce in America", 2019년 1월 4일(www.myrecipes.com/ extracrispy/history-of-hot-sauce-america).

Perling, Anna,. "The Best Instant Noodles, According to Chefs, Cookbook Authors, and Ramen Fanatics", The Wirecutter, 2020년 6월 17일자(www.nytimes.com/wirecutter/blog/best-instant-noodles/).

Seed Savers Exchange(www.seedsavers.org/hot-portugal-pepper).

THE NEW YORK PUBLIC LIBRARY DIGITAL COLLECTIONS(digitalcollections.nypl.org/ items/510d47db-7434-a3d9-e040-e00a18064a99#/?uuid=510d47db-7434-a3d9-e040-e00a18064a99).

"The History Of Mayonnaise", The Nibble: Great Food Finds, 2010년 8월(www.thenibble.com/ reviews/main/cheese/eggs/mayonnaise-history.asp).

TRIDGE: Top Importing Countries of Lobster(www.tridge.com/intelligences/norway-lobster/ import).

025 (위) Hawley, Samuel., *Inside the Hermit Kingdom: The 1884 Korea Travel Journal of George Clayton Foulk*, Lanham: Lexington Books, 2008, p.54. (아래) 전주시청, 《전주 맛》 Vol.1, 2019년 가을호, 전주: 전주시청, 2019, 5쪽 참고

026 국립민속박물관 소장

028 한식진흥원

031 romanovempire.org

033 gjenvick.com

037 한국학중앙연구원 장서각 소장

039 Kroebel, Emma., *Wie ich an den koreanischen Kaiserhof kam*, 명지-LG한국학자료관

040 Kroebel, Emma., *Wie ich an den koreanischen Kaiserhof kam*, 명지-LG한국학자료관

041 국립고궁박물관 소장

045 미국 뉴욕공공도서관 소장

046 한국학중앙연구원 장서각 소장

047 문화재청

050 문화재청

052 한미사진미술관 소장

054 grand-bazaar.tumblr.com

064 마산박물관 소장

066 榊原芳野(原稿)·服部雪齊(畵), 《教草(十四) 豆腐一覽》, 博覽会事務局, 1872

067 大阪朝日新聞経済部(編), 《商売うらおもて(正)》, 東京: 日本評論社, 1925, 263쪽

069 국립중앙도서관 대한민국 신문 아카이브, (왼쪽)《조선신문》1927년 3월 23일자, (오른쪽)《조선신문》1929년 6월 28일자

072 인천광역시 중구청 소장

074 宮崎柳条 編纂, 〈索綯の工〉, 《(広益)農工全書(四)》, 東京: 牧野氏蔵版, 1881

076 《동아일보》1923년 10월 16일자

078 《동아일보》1925년 3월 10일자

080 《동아일보》1929년 10월 22일자

081 (위 왼쪽)《동아일보》1929년 5월 11일자, (위 오른쪽)《동아일보》1929년 10월 30일자, (아래 왼쪽)《동아일보》1929년 11월 13일자, (아래 오른쪽)《동아일보》1929년 12월 13일자

082 味の素株式会社内味の素沿革史編纂会 編纂,《味の素沿革史》, 東京: 味の素, 1951, 440쪽

084 鈴木商店,《四季의 朝鮮料理》, 京城: 鈴木商店, 1935

086 주영하 제공

090 《동아일보》1935년 5월 16일자

093 주영하 제공

096 山本三生 編,《日本 地理大系 第12卷: 朝鮮篇》, 東京: 改造社, 1930, 227쪽

098 山本三生 編,《日本 地理大系 第12卷: 朝鮮篇》, 東京: 改造社, 1930, 227쪽

108 국립중앙도서관 대한민국 신문 아카이브,《부산일보》1939년 8월 1일자

110 국립중앙도서관 대한민국 신문 아카이브,《매일신보》1939년 1월 3일자

112 鳥越靜岐·薄田斬雲,《朝鮮漫畫》, 京城: 日韓書房, 1909, 126~127쪽.

114 국립중앙도서관 대한민국 신문 아카이브,《매일신보》1938년 5월 4일자

118 셔터스톡

124 국립중앙도서관 대한민국 신문 아카이브,《매일신보》1940년 3월 14일자

126 국립중앙도서관 대한민국 신문 아카이브,《조선신문》1930년 7월 11일자

129 국립민속박물관 소장

131 〈불경기, 파란 많던 갑오년도 저물어 시름 풀려는 발길은 빈대떡집〉,《조선일보》1954년 12월 20일자

133 미국 국립문서기록관리청 소장

136 미국 국립문서기록관리청 소장

138 blog.naver.com/texasatm / Adam Ewert 소장

140 부경근대사료연구소 소장

152 에리히 레셀(사진)·백승종(글),《동독 도편수 레셀의 북한 추억: 50년대의 북녘, 북녘 사람들》, 서울: 효형출판, 2000, 170쪽

153 leitesculinaria.com

155 연합뉴스

157 blog.naver.com/kleejh999/20070606043

161 gigazine.net

163 (왼쪽) 삼양식품 홈페이지, (오른쪽) 삼양식품그룹,《삼양식품 30년사(三養食品三十年史)》, 서울:삼양식품그룹, 1991, 75쪽

166 전쟁기념관

169 《동아일보》1969년 10월 14일자

172  《동아일보》1967년 11월 23일자

174  셔터스톡

176  위키미디어 커먼즈

178  신동방,《신동방 30년사(新東邦三十年史): 1966~1996》, 서울: 신동방, 1997, 54쪽

180  셔터스톡

184  flickr.com

186  sujipbank.com

188  《경향신문》1975년 11월 12일자

202  한식진흥원 한식포털

204  (왼쪽) 연합뉴스, (오른쪽) 셔터스톡

206  셔터스톡

210  《동아일보》1980년 9월 24일자

212  《경향신문》1978년 9월 27일자

215  셔터스톡

221  《동아일보》1982년 9월 13일자

223  flicker.com

228  《동아일보》1984년 6월 5일자

231  셔터스톡

233  〈'미풍한국(美風韓國)' 흐리는 '외빈접대'〉,《동아일보》1971년 11월 25일자

236  〈가족 외식(外食) 이젠 특별행사 아니다〉,《매일경제》1997년 5월 13일자

238  《경향신문》1984년 5월 12일자

250  타이완 개방박물관(openmuseum.tw)

252  연합뉴스

255  《동아일보》1989년 7월 4일자

258  〈육류 섭취 10년 새 3배 늘어〉,《동아일보》1992년 12월 10일자

260  연합뉴스

266  게티이미지뱅크

269  셔터스톡

271  셔터스톡

274  specialtyproduce.com

277  carolinasauces.com, 셔터스톡

280  셔터스톡

283  amazon.com

286  ebay.com

288  hmart.com

---------- **음식과 식품** ----------

─────── 문헌 자료 ───────

# 백년 식사

## 대한제국 서양식 만찬부터 K-푸드까지

**1판 1쇄 발행일** 2020년 11월 2일
**1판 6쇄 발행일** 2022년 8월 22일

**지은이** 주영하

**발행인** 김학원
**발행처** (주)휴머니스트출판그룹
**출판등록** 제313-2007-000007호(2007년 1월 5일)
**주소** (03991) 서울시 마포구 동교로23길 76(연남동)
**전화** 02-335-4422 **팩스** 02-334-3427
**저자·독자 서비스** humanist@humanistbooks.com
**홈페이지** www.humanistbooks.com
**유튜브** youtube.com/user/humanistma **포스트** post.naver.com/hmcv
**페이스북** facebook.com/hmcv2001 **인스타그램** @humanist_insta

**편집주간** 황서현 **편집** 최인영 엄귀영 **디자인** 유주현
**조판** 홍영사 **용지** 화인페이퍼 **인쇄** 청아디앤피 **제본** 정민문화사

ⓒ 주영하, 2020

ISBN 979-11-6080-503-1 03910